理论经济学本科系列教材

LILUN
JINGJIXUE

# 政治经济学学习与思考辅导读物

ZHENGZHI JINGJIXUE
XUEXI YU SIKAO FUDAO DUWU

（第三版）

主编　李萍　陈维达

西南财经大学出版社
Southwestern University of Finance & Economics Press

**图书在版编目(CIP)数据**

政治经济学:学习与思考辅导读物/李萍,陈维达主编.—3版.—成都:西南财经大学出版社,2018.9(2021.8重印)
ISBN 978-7-5504-3594-0

Ⅰ.①政… Ⅱ.①李…②陈… Ⅲ.①政治经济学—高等学校—教材参考资料 Ⅳ.①F0

中国版本图书馆CIP数据核字(2018)第156458号

**政治经济学:学习与思考辅导读物(第三版)**

主编 李萍 陈维达

责任编辑:李晓嵩
助理编辑:袁婷
封面设计:杨红鹰 张姗姗
责任印制:朱曼丽

| | |
|---|---|
| 出版发行 | 西南财经大学出版社(四川省成都市光华村街55号) |
| 网　　址 | http://cbs.swufe.edu.cn |
| 电子邮件 | bookcj@swufe.edu.cn |
| 邮政编码 | 610074 |
| 电　　话 | 028-87353785 |
| 照　　排 | 四川胜翔数码印务设计有限公司 |
| 印　　刷 | 四川新财印务有限公司 |
| 成品尺寸 | 185mm×260mm |
| 印　　张 | 13.75 |
| 字　　数 | 304千字 |
| 版　　次 | 2018年9月第3版 |
| 印　　次 | 2021年8月第3次印刷 |
| 印　　数 | 3001—4000册 |
| 书　　号 | ISBN 978-7-5504-3594-0 |
| 定　　价 | 35.00元 |

# 前 言

为有利于学生的课后学习，满足广大社会读者的学习要求，根据政治经济学教学实践中的一些问题，尤其是与学生教学互动中反映出来的问题以及收集到的有关社会读者反馈的信息，西南财经大学经济学院政治经济学研究所、经济系的任课教师于2010年共同编写了这本与刘诗白主编的《政治经济学》教科书（西南财经大学出版社2008年9月第一版、2014年11月第四版）相配套的辅导读物（西南财经大学出版社2010年8月第一版、2017年1月第二版）。近几年来，中国经济学理论与经济实践有了许多变化。为了反映这种变化，我们决定对本书进行一次必要的修改，主要是在第二版的基础上，结合理论与实践的最新变化进行适当的修改、补充和完善。

在政治经济学学科带头人刘灿教授、丁任重教授的组织带领下，我们经过集体讨论和认真研究，明确了本书编写的主导思想：以中国转型与发展及经济全球化进程向马克思主义政治经济学提出的新问题、新挑战为背景，帮助学生理解和把握由重要的经济学概念、范畴构成的主要知识点及其经济学逻辑、经济学原理；在此基础上，进一步归纳、概括出一些重要问题和疑难问题，并提供理解与研究这些重要问题和疑难问题的思想和方法，以期拓展学生的视野，培养和训练学生理论联系实际的学习方法，提高学生运用经济学理论去观察现实、发现问题、思考问题、寻求经济学解释的专业敏感度与研究能力。

为此，本书各章的题目完全与原教科书相同，但内容则不完全局限于教科书，主要包括四个方面：一是本章内容简介；二是本章主要知识点；三是重点问题解答，着重阐述各章的主要原理或重大理论问题；四是疑难问题和学术争鸣，客观地介绍各章的疑难点和学术界的不同观点，或介绍学术界结合社会经济的新现实对旧理论的新理解、某些基本原理的新发展，或结合社会热点问题介绍新的相关学术成果。

本书由西南财经大学经济学院政治经济学研究所、经济系的任课教师共同编写。李萍、陈维达任主编。各章编写者为：导论，刘灿、丁任重、吴垠；第一章，罗英；第二章，陈继钊；第三章，王朝明；第四章，王卉；第五章，杨慧玲；第六章，李秋红；第七章，姜凌；第八章，盖凯程；第九章，王雪苓，韩文龙；第十章，戴歌新；第十一章，陈志舟；第十二章，陈师；第十三章，陈维达；第十四章，李萍，李标。在写作过程中，李萍、陈维达与承担各章写作的老师进行了多次沟通，对全书各章做了认真细致的审读和反复修改等工作。在此，谨向参加此书编写的全体老师深表谢意。由于我们水平有限，本书在编写过程中不可避免地会存在一些缺点和不足。我们真诚地希望广大同学和读者提出宝贵意见，以有利于我们在再版时予以修正。

本书的写作和出版也得到了西南财经大学出版社社长冯卫东教授、曾召友总编辑等的大力支持，借此书付印之机也向他们表示衷心的感谢。

李萍　陈维达

2018 年 6 月于光华园

# 目 录

# 导 论

## 一、本章内容简介

导论介绍了马克思主义政治经济学在经济学中的地位和意义，介绍了这门学科的研究对象和研究方法，并指明了政治经济学的历史任务以及现实意义。

第一节分析了政治经济学的产生与发展。从“经济学”和“政治经济学”等基本理论分析入手，本节介绍了古典政治经济学和马克思主义政治经济学的产生和发展，并着重介绍了中国在改革开放后根据社会主义经济实践对马克思主义政治经济学的创新和发展。

第二节分析了政治经济学的研究对象与方法。本节从物质资料生产的角度提出，政治经济学是一门以生产关系及其发展规律作为研究对象的科学；分析了政治经济学的根本方法是唯物辩证法。

第三节分析了政治经济学的任务和中国经济学的发展。本节指出政治经济学的任务是通过对生产关系的研究，揭示各种生产关系产生、发展和变化的规律，即经济规律；提出了构建中国经济学需要注意的基本问题。

第四节分析了学习政治经济学的意义。政治经济学不仅能为无产阶级提供阶级斗争的思想武器，而且也是社会主义经济建设的行动指南。

## 二、本章主要知识点

### （一）政治经济学的研究对象和研究方法

（1）政治经济学的研究对象。政治经济学研究的出发点是物质资料的生产，而研究的对象是生产关系。政治经济学要联系生产力和上层建筑、联系物质资料生产总过程来研究生产关系。

（2）政治经济学的研究方法。政治经济学研究的根本方法是唯物辩证法，同时，要借鉴其他科学所运用的方法，如数量分析方法、系统分析方法等。

### （二）生产力与生产关系

（1）生产力包括劳动对象、劳动资料和劳动者三个要素。

（2）科学技术也是一种生产力，而且是第一生产力。不过，科学技术是通过影响生产力的三个构成要素来影响生产力的发展的，因此，它本身并不成为生产力的一个独立要素。

（3）在生产过程中，人们只有结成一定的关系进行共同活动和互相交换的活动，才能与自然界发生联系。人们在生产过程中结成的这种关系，叫作生产关系。

### （三）生产力与生产关系的矛盾运动

（1）生产力和生产关系的统一，构成物质资料的生产方式。

（2）生产力是生产方式的物质内容，生产关系是生产方式的社会形式。它们既矛盾又统一，推动了人类社会生产方式的发展运动。

（3）在生产力和生产关系的矛盾统一体中，生产力是矛盾的主要方面。

（4）生产关系可以积极地反作用于生产力。

### （四）经济基础和上层建筑的矛盾

（1）生产关系的总和构成社会的经济基础。在这个经济基础之上建立起来的政治法律制度以及与它相适应的政治、法律、哲学、宗教、文艺等意识形态，统称为上层建筑。

（2）经济基础决定上层建筑，上层建筑对经济基础也有反作用。

### （五）物质资料生产的总过程

（1）物质资料生产的总过程，是由生产、分配、交换、消费四个环节组成的有机整体。

（2）生产、分配、交换、消费互相制约、互相依赖，构成生产总过程的矛盾运动。生产在总过程中具有决定意义。

### （六）经济规律

（1）经济规律是关于生产关系运动变化的规律。它是经济现象之间的内在的、本质的、必然的联系。

（2）经济规律总是在一定的经济条件下产生和发生作用的，并随着经济条件的变化，或者退出历史舞台，或者在新的条件下改变其作用形式。所以，除了个别的在一切社会形态都起作用的经济规律，经济规律都是历史的规律。

（3）经济规律同自然规律一样，具有客观性质，即经济规律的产生和发挥作用，不以人的意志为转移。人们可以充分发挥自己的主观能动性，自觉利用经济规律较快地实现预定的目标。

（4）经济规律按它们发生作用的经济条件不同，大体上可以分为：在一切社会经济形态中均发生作用的经济规律；在某几个社会经济形态中发生作用的经济规律；只在某一种社会经济形态中发生作用的经济规律。

### （七）广义、狭义的政治经济学

（1）广义的政治经济学，着重揭示人类社会发展过程中的一般经济规律或共有经济规律。

（2）狭义的政治经济学，着重揭示的是个别社会发展过程中的经济运动的规律，即适用于人类社会个别发展阶段的特有经济规律。

### （八）马克思主义政治经济学的阶级性、科学性与发展性

（1）政治经济学的阶级性：政治经济学研究的对象是生产关系，生产关系实际上也就是人们的经济利益关系。

（2）马克思主义政治经济学代表无产阶级的经济利益，并为无产阶级斗争服务。

（3）马克思主义政治经济学是阶级性与科学性的统一。

（4）马克思主义政治经济学的发展性：它具有科学的内在品质，即科学总是发展中的科学，科学的本性就是与时俱进。

### （九）社会主义初级阶段理论

（1）社会主义初级阶段是社会主义的不发达阶段。

（2）从经济上来说，社会主义初级阶段是逐步摆脱不发达状况，实现工业化和经济的社会化、市场化、现代化而不可逾越的、相当长的历史阶段。

（3）党的十九大报告提出了一个重大政治判断：中国特色社会主义进入新时代，我国社会主要矛盾已经转化为人民日益增长的美好生活需要和不平衡不充分的发展之间的矛盾。

### （十）社会主义市场经济理论

（1）社会主义市场经济理论指出，计划和市场都是配置资源的手段和调节经济的方式，市场经济可以与社会主义基本制度相结合。

（2）在社会主义经济中，市场并不是发挥一般的调节作用。市场机制应该对资源配置起作用，同时要更好地发挥政府的作用。

## 三、重点问题解答

**1. 政治经济学研究的对象是什么？**

政治经济学研究的对象，是在一定生产力状况基础之上的社会生产关系及其发展的规律性。政治经济学是在生产关系和生产力的相互关系中研究生产关系的。

（1）物质资料的生产是政治经济学的出发点。这个规定表明，马克思主义政治经济学既不同于以流通为对象的重商主义，也不同于仅仅以农业部门为对象的重农主义。政治经济学研究的对象以生产为出发点，反映这样的事实：物质资料的生产是人类社会存在和发展的基础。

物质资料的生产不仅涉及人与自然的关系，也涉及人们在生产过程中的相互关系。政治经济学研究的生产不是生产的自然属性，而是生产的社会属性，但对生产的社会属性的分析不能脱离生产的自然属性，原因是反映自然属性的生产力发展水平直接制约生产的社会属性。

（2）生产力是指人们运用生产资料创造社会财富的能力，生产力是推动社会生产发展的决定因素；生产关系是指人们在生产过程中结成的各种经济关系。在物质资料的生产过程中，人们只有结成一定的关系共同活动和互相交换活动，才能与自然界发生联系。由于生产活动是最基本的实践活动，因而生产关系是人们最基本的社会关系。

（3）生产关系包括三个方面：生产资料的所有制形式；人们在直接生产过程和交换过程中所处的地位和关系；产品的分配关系。其中，生产资料所有制是整个生产关系的基础，它决定着生产关系中的其他两个方面。

（4）生产力和生产关系的统一，构成物质资料的生产方式。生产力是生产方式的物质内容，生产关系是生产方式的社会形式。它们既矛盾又统一，构成了人类社会生产方式的不断运动。在生产力和生产关系的矛盾统一体中，生产力是矛盾的主要方面，而生产关系对生产力具有反作用。

（5）分析生产力与生产关系的矛盾运动是马克思主义政治经济学的基本分析框架，但资本主义社会和社会主义社会的这种矛盾有根本性的不同。根据马克思主义理论，当资本主义发展到一定阶段，社会生产力和生产关系的对抗性矛盾单靠资本主义自身的力量是不能从根本上得到解决的，因而资本主义必然为社会主义所代替。而社会主义社会的这种矛盾，可以通过社会主义制度的自我发展和自我完善得到解决。因此，以资本主义为对象的政治经济学分析生产力与生产关系的矛盾运动，目的是揭示资本主义生产关系对生产力的阻碍作用，寻求改变这种生产关系的动力。

**2. 如何理解经济规律的客观性？**

政治经济学研究的经济规律是关于生产关系运动变化的规律。它是经济现象之间的内在的、本质的、必然的联系。

（1）经济规律同自然规律一样，具有客观性质，即经济规律的产生和发挥作用，不以人的意志为转移。社会经济运动是“一定规律的自然历史过程，这些规律不仅不以人们的意志、意识和愿望为转移，反而决定人们的意志、意识和愿望”①。人们不能凭自己的主观意志和法律去发明、改造经济规律，也不能任意消灭经济规律，但是，这并不是说人们在经济规律面前无能为力。人们可以通过生产斗争、科学实验和各种社会实践，逐渐认识和发现经济规律；人们可以充分发挥自己的主观能动性，自觉利用经济规律，按照经济规律的要求，来规划自己的行为，即按照经济规律办事，克服工作中的盲目性，较快地实现预定的目标。

（2）我国建设的实践证明：只要按照经济规律的要求办事，建设就能较快地发展；只要违反了客观经济规律，社会主义事业就要遭受挫折，受到客观经济规律的惩罚。因此，我们要把经济规律的客观性和人的主观能动性正确地结合起来。要做到这一点，除了要加强对各种经济理论的学习外，还必须反复参加社会实践，进行周密的调查研究，坚持实事求是的认识路线，把理论和实践统一起来。

**3. 政治经济学的方法有哪些？**

首先，政治经济学的根本方法是唯物辩证法。马克思主义政治经济学是马克思主义哲学的最深刻、最全面、最详细的证明和运用。马克思把辩证唯物主义应用到人类社会的研究上，创立了历史唯物主义，并用历史唯物主义的基本观点，对社会经济现象进行了深刻研究，在批判资产阶级经济学的基础上，建立了自己的经济学体系。恩格斯说：“这种德国的经济学本质上是建立在唯物主义历史观的基础上的。”②

其次，政治经济学的具体分析方法包括：

（1）抽象法。政治经济学对社会经济现象的研究，主要依靠抽象的思维能力。要做到科学的抽象，首先必须收集和占有大量的实际材料，然后运用抽象力对实际材料进行整理、加工、分析，去粗取精、去伪存真、由表及里，从中找出最基本、最简单的东西，并发现它们内在的各种联系。这个过程实际上就是把感性认识上升到理性认识的过程。

（2）矛盾分析法。对立统一规律是唯物辩证法的根本规律。根据这个规律，事物的运动的根本原因在于事物内部的矛盾性。政治经济学要研究生产关系的发展运动，首先就要分析生产关系内部的各种矛盾关系以及生产关系同它的外部条件的矛盾关系。

（3）逻辑与历史相统一的方法。所谓逻辑方法，就是按照经济范畴的逻辑顺序和逻辑联系，从简单的、抽象的经济关系和经济范畴逐步上升为复杂的、具体的经济关系和

---

① 列宁．列宁全集：第1卷［M］．中共中央马克思恩格斯列宁斯大林著作编译局，译．北京：人民出版社，1955：146.

② 马克思，恩格斯．马克思恩格斯选集：第2卷［M］．中共中央马克思恩格斯列宁斯大林著作编译局，译．北京：人民出版社，1972：116.

经济范畴，以阐明社会经济现象和经济过程的逻辑发展进程。所谓历史方法，就是在研究社会经济现象和经济过程时，按照历史的进程来探求事物发展规律的方法。所谓逻辑与历史相统一的方法，就是在经济研究中，使逻辑推理过程与历史上经济关系的发展过程基本相一致。

（4）理论联系实际的方法。政治经济学通过抽象而概括出来的许多原理，还需要回到实践中去得到证明和检验。理论和实践的统一，是马克思主义政治经济学的一个重要特点。

最后，在政治经济学的学习和研究中，还应当借鉴和运用自然科学的一些方法，如数量分析方法、系统分析方法等，这会使政治经济学的理论表述和论证更为完善、更为精确。

**4. 如何理解生产力与生产关系的矛盾是推动人类社会发展的基本动力？**

（1）生产力和生产关系的对立统一组成一定的社会生产方式。它们二者互相依存，互相影响。生产力决定生产关系，生产关系反作用于生产力，生产力和生产关系是社会生产不可分割的两个方面。因此，一定的生产关系总是适应于一定的生产力状况而建立起来的。生产力和生产关系的有机结合和统一，构成了社会的生产方式。生产关系一定要适合生产力是人类社会发展的客观规律。

（2）人类社会的发展变化，归根到底可以从社会生产力与生产关系的矛盾得到解释：生产力的发展变化引起生产关系的变化，经济基础的变革又引起全部庞大的上层建筑的变革。当适应生产力要求的某种生产关系建立起来后，它的进一步发展和变化，以及为另一种新的生产关系所取代从而退出历史舞台，都是由生产力的发展所决定的。不仅如此，生产力的发展还提出了生产关系发展、变革的要求并规定了其发展、变革的方向和程度。

（3）人类社会发展的历史已经证明，在生产力和生产关系的矛盾的推动下，已相继出现了五种基本类型的经济制度，即原始社会、奴隶社会、封建社会、资本主义社会以及社会主义社会。可见，生产关系一定要适合生产力的状况，是人类社会发展的普遍规律，它在一切社会形态中都存在和发生作用。它决定着人类社会由低级阶段向高级阶段发展，决定着一定社会形态中的生产关系的具体形式及其发展变化，促进着生产力的发展和生产关系的变革。

**5. 怎样正确认识马克思主义政治经济学与西方经济学？**

（1）马克思主义政治经济学是在继承古典政治经济学科学成分的基础上，克服了它的阶级与历史局限而创立的、新的政治经济学理论。马克思首次系统、全面地表达了现代资本主义的运动规律。历史唯物主义与现代资本主义的运动规律这两大发现，确立了马克思在思想史上的重要历史地位。马克思主义政治经济学作为无产阶级政治经济学，代表着无产阶级的利益，具有鲜明的阶级性；同时，它又是科学的，实现了阶级性和科学性的统一。

（2）马克思主义政治经济学是不断发展的、与时俱进的理论，它提供的不是现成的教条，而是进一步研究的出发点和供这种研究使用的世界观、基本原理和方法论。随着改革开放的实践和总结，我国经济学界以开放的态度，在坚持马克思主义科学立场的同时，引进和吸收现代西方经济学的有关理论，增强了经济学对实际问题的解释力，推动了中国经济学的进步。马克思主义政治经济学在实践中不断丰富和发展，正是这门科学具有强大生命力的原因所在。

（3）西方经济学是泛指19世纪90年代马歇尔发表《经济学原理》以来西方资本主义国家经济学学者创立的各种经济理论，主要内容为微观经济学、宏观经济学及各种流派。西方经济学是具有两重性的。它既把私有制的市场经济永恒化，也揭示了市场体系的运行机制，包括种种市场失灵的现象；在维护资本主义基本制度的同时，它也揭示了这个社会经济运行的一些共同的和特殊的规律。

（4）经济学作为研究人类社会行为，即在资源短缺情况下的行为，而选择的科学，本身具有一般规定性。它的一些基本原理和方法并不因为国家的差别而有所不同，因为资源短缺及其有效配置是任何社会都要遇到和解决的问题，实现最大经济福利也是任何社会所要追求的目标。

（5）对待西方经济学应采取正确的科学分析态度，既不一概排斥，也不全盘照抄。我们应该批判和摒弃其掩盖资本主义制度本质和矛盾的基础理论，同时要结合我国实际，借鉴其描述和分析市场经济的微观运行和宏观管理的某些理论观点以及某些政策措施。我们既要看到马克思主义政治经济学与西方经济学是两种对立的理论体系，又要看到我们需要从西方经济学中吸收合理成分和精华来发展马克思主义，构筑中国经济学大厦。

## 四、疑难问题和学术争鸣

**1. 目前学术界对政治经济学的研究对象有哪几种主要观点？**

目前学术界对政治经济学的研究对象的观点主要有：

（1）主张政治经济学的研究对象是生产关系。这是支持马克思主义政治经济学原理的一种观点。持这种观点的经济学家认为政治经济学在研究生产关系时，不是研究它的表面现象，而是揭示生产关系产生、发展和变化的规律性，即研究各种客观经济规律。经济规律是经济现象和经济过程内在的、本质的、必然的联系。政治经济学必须联系生产力和上层建筑来研究生产关系。

（2）主张政治经济学的研究对象是资源配置。这是目前大多数西方经济学家所持的观点，也是西方主流经济学派的一种观点。他们认为经济学是研究如何将稀缺的资源有效地配置给相互竞争的主体和不同的用途，以使人类欲望得到最大限度满足的科学。

（3）主张政治经济学的研究对象，应该是制度分析和资源配置相配合，但强调资源配置方面。这种观点认为应尊重政治经济学研究的历史和传统，适应经济学在当今社会经济发展中的功能要求，政治经济学研究对象的确定应当避免单纯研究生产关系和单纯研究资源配置两种极端，而应当研究一定经济制度下的经济运行，应当有机结合生产关系或制度与资源配置两个方面加以研究。

（4）还有学者认为，在新的历史条件下，今天的政治经济学在研究基本生产关系的同时，必须研究生产关系的具体实现形式；不仅要研究经济关系的本质，还要研究经济现象形态；不仅要研究社会经济的质的规定性，还必须研究经济的运行和发展。而研究经济的运行和发展，就不仅要研究人与人的关系及各种具体实现形式，还必须研究生产关系表现层面的人与物的关系，研究如何优化资源配置，实现经济的有序运行和健康发展。

**2. 如何深入理解生产力与生产关系矛盾运动的原理？**

生产力与生产关系是马克思主义政治经济学和唯物史观的基本范畴。对于二者矛盾运动的原理，马克思在《政治经济学批判》序言中有经典性的概述，并在《资本论》中进行了更为翔实的论述。理论界关于生产力与生产关系矛盾运动的讨论，大致可归纳为五种主要观点：

（1）作用论。此观点认为生产力与生产关系相互联系，相互作用。其作用表现为：生产力决定生产关系——决定其性质和变革；生产关系对生产力具有反作用。

（2）适应论。此观点是在斯大林论述的基础上，进一步对生产关系须适应生产力的何种性质，生产关系是否超越现有生产力以及生产关系适应生产力的客观标志等问题展开讨论时提出来的。[①] 学术界分别从生产关系在功能上、层次上和组合方式上全方位适应生产力的角度来探讨二者的相互作用机制。

（3）形式内容论。此观点在哲学界颇受青睐。我国著名哲学家艾思奇主编的哲学教科书中曾写道："任何一个社会历史时期的生产方式，都以一定的生产力为其内容，而与之相适应的生产关系则是生产力赖以发展的社会形式。内容决定形式，形式必须适合于内容。"[②]

（4）对应论。这种观点认为，在考察历史和现实时，不能对生产力决定生产关系和两者相互作用的唯物史观做机械和片面的理解。生产力决定生产关系之间并不是一种如影随形、亦步亦趋的关系，二者之间并不存在严格的"单线对应"关系，它们内部各自都有相当的弹性，并形成了广阔的"多元对应"关系。[③]

（5）标准论。这种观点是根据中国改革与发展的史实，在"作用论"基础上引申出

① 骆耕漠．谈谈生产关系一定要适合生产力性质的问题［N］．大公报，1961-11-27.

② 艾思奇．辩证唯物主义历史唯物主义［M］．北京：人民出版社，1961：216.

③ 于光远．政治经济学社会主义部分探索［M］．北京：人民出版社，1980：102-103.

的一种更加重视和突出生产力决定性作用的新看法。该观点认为：社会主义社会的根本任务是发展生产力；同时，是否有利于发展生产力，是我们考察一切问题的出发点和检验一切工作的根本标准。

就上述分析可得出以下几点看法：第一，生产力与生产关系二者的相互关系和作用，既不是一种机械的单链因果关系或内容形式关系，也不是简单的双向交互作用。至于二者实际相互作用过程中的要素实体的具体内容、组合方式的具体形式、经济实体的具体层次与规模，以及二者相互作用的先后序列和作用强弱，都要视具体历史条件和发展阶段而定。第二，任何时期、任何经济形态下的生产力总是于一定的生产关系范围内运动的。任何时期人们对生产关系的选择和调整也都是以其生产力发展水平作为根本前提的。第三，生产力与生产关系相互作用原理并不排斥或无视生产力与生产关系各自内部所存在的固有矛盾和由此而产生的运动。历史上既没有脱离特定生产关系而独立存在与运动发展的生产力，也没有不依赖于既定生产力为根本物质技术基础而以“暴力革命形式”或“改革形式”为社会条件而自行变革的生产关系。

**3. 马克思主义政治经济学的本质是什么?**

(1) 传统政治经济学的标准答案及其评价。

传统政治经济学认为：马克思主义政治经济学是关于生产关系发展规律的科学。① 那么，这种观点是否揭示了马克思主义政治经济学的本质呢？为了弄清这一问题，我们首先看一下经典作家的说法。在《政治经济学批判》序言部分，马克思指出：“摆在面前的对象，首先是物质生产。”② 在《资本论》序言中，马克思说：“我要在本书研究的，是资本主义生产方式以及和它相适应的生产关系和交换关系……本书的最终目的就是揭示现代社会的经济运动规律。”③ 在《反杜林论》中恩格斯专门讨论了政治经济学的对象和方法。他说：“政治经济学，从最广的意义上说，是研究人类社会中支配物质生活资料的生产和交换的规律的科学。”同一节中，恩格斯还说，政治经济学是“研究人类各种社会进行生产和交换并相应地进行产品分配的条件和形式的科学”④。以上论述虽然各有侧重，但是都强调了政治经济学的研究对象是物质资料的生产，它包括了生产力和生产关系两个方面。在这两个方面中，生产关系又是研究的重点所在。不过，虽然经典马克思主义经济学的研究对象落脚于生产关系，但是它并没有排斥对生产力的研究；相反，正是生产力与生产关系的矛盾运动构成了马克思主义经济学的主线。马克思把劳动二重性作为政治经济学理论的枢纽就清楚地表明了这一点。但在以阶级斗争为纲

---

① 张宇. 论马克思主义经济学的分析范式［M］. 北京：经济科学出版社，2005.

② 马克思，恩格斯. 马克思恩格斯选集：第2卷［M］. 中共中央马克思恩格斯列宁斯大林著作编译局，译. 北京：人民出版社，1995：1.

③ 马克思. 资本论：第1卷［M］. 中共中央马克思恩格斯列宁斯大林著作编译局，译. 北京：人民出版社，1975：8，10.

④ 马克思，恩格斯. 马克思恩格斯选集：第3卷［M］. 中共中央马克思恩格斯列宁斯大林著作编译局，译. 北京：人民出版社，1995：459，492.

的政治环境下形成的传统马克思主义经济学中，对生产力的研究被忽视了，揭示资本主义经济的剥削本质和必然灭亡的趋势被看成政治经济学的主要目的。这种含义的政治经济学难免会被人误解为政治学而不是经济学。①

（2）近年来的流行看法及其评价。

第一，从片面强调生产关系的观点出发，近年来有一种比较流行的看法认为，马克思主义经济学研究的是经济制度②，西方经济学研究的是资源配置，因而，马克思主义经济学是政治经济学，西方经济学则是纯粹的经济学。这种看法也是不正确的。马克思主义经济学包含着许多制度经济学所不能涵盖的重要内容，如分工理论、价值理论、货币理论、再生产理论、资本积累理论、经济周期和经济增长理论等。马克思主义经济学不仅研究生产关系的发展规律，也研究生产力的发展规律，特别是要研究生产力与生产关系的相互作用以及与此相适应的资源配置的规律。正如吴易风教授指出的那样，马克思主义经济学与西方经济学的根本分歧不在于要不要研究资源配置，而在于：①要不要研究生产方式；②要不要研究和生产方式相适应的生产关系；③要不要区分抽象的生产下一般的资源配置和具体的特定生产方式的资源配置；④要不要研究具体的特定生产方式的资源配置。在所有这些问题上，马克思主义经济学的回答都是肯定的，而西方经济学的回答都是否定的。③

第二，还有不少学者试图从方法论的角度来定义马克思主义政治经济学，卢卡奇甚至认为，马克思主义仅仅是指方法。恩格斯也曾说过："马克思的整个世界观不是教义，而是方法。它提供的不是现成的教条，而是进一步研究的出发点和供这种研究使用的方法。"④ 从这个意义上说，马克思主义政治经济学可以被看成一种认识经济世界的方法。

（3）马克思主义经济学的本质和精髓探析。

恩格斯将马克思最重要的贡献概括为两点：

其一是历史唯物主义，例如，恩格斯在为马克思《政治经济学批判》所写的序言中明确指出，马克思的经济学在本质上是建立在唯物主义历史观的基础上的⑤。列宁也认为："自从《资本论》问世以来，唯物主义历史观已经不是假设，而是被科学地证明了的原理。"⑥ 因此，唯物史观是马克思主义经济学的理论基础和"硬核"，是马克思主义

---

① 张宇. 论马克思主义经济学的分析范式［M］. 北京：经济科学出版社，2005.

② 列宁也认为："马克思的主要著作《资本论》就是专门研究现代社会即资本主义社会的经济制度的。"参见：列宁. 列宁选集：第2卷［M］. 中共中央马克思恩格斯列宁斯大林著作编译局，译. 北京：人民出版社，1995：311.

③ 吴易风. 论政治经济学或经济学的研究对象［J］. 中国社会科学，1997（2）：52－65.

④ 马克思，恩格斯. 马克思恩格斯选集：第4卷［M］. 中共中央马克思恩格斯列宁斯大林著作编译局，译. 北京：人民出版社，1995：742－743.

⑤ 马克思，恩格斯. 马克思恩格斯选集：第2卷［M］. 中共中央马克思恩格斯列宁斯大林著作编译局，译. 北京：人民出版社，1995：38.

⑥ 列宁. 列宁选集：第1卷［M］. 中共中央马克思恩格斯列宁斯大林著作编译局，译. 北京：人民出版社，1995：10.

经济学与其他经济学流派相区别的试金石。

其二是剩余价值理论。把剩余价值理论作为马克思主义政治经济学的本质和基础，是因为它在马克思主义政治经济学中居于主体地位，马克思关于资本主义经济运行的其他原理的分析是围绕这一主体展开的。其具体表现在两个方面：第一，剩余价值理论揭示了资本主义基本经济规律，是马克思主义对资本主义生产总过程的全面阐释。对资本主义生产、流通和分配的全面分析和深刻论述，都是以剩余价值为基本线索的。剩余价值理论是马克思主义经济学的最完整、最成熟的理论。把握马克思主义经济学必须把握剩余价值理论。第二，剩余价值理论不但是分析资本主义经济运动的基本理论，而且也是分析商品经济条件下经济运动的基本理论。

正是在这个意义上我们可以说，所谓马克思主义经济学的本质和精髓，就是以历史唯物主义为方法论基础、以剩余价值理论为主体的认识经济世界的一种独立、完整的理论框架。

**4. 如何理解中国经济学产生的条件和内涵？**①

马克思主义进入中国，既引发了中华文明的深刻变革，也走过了一个逐步中国化的过程。我国哲学社会科学坚持以马克思主义为指导，是近代以来我国发展历程赋予的规定性和必然性。在我国，不坚持以马克思主义为指导，哲学社会科学就会失去灵魂，迷失方向，最终也不能发挥应有的作用。②

中国经济学的产生、创新、发展，也需要始终坚持马克思主义中国化的立场，结合时代的需要，梳理好学理内涵、学以致用以及研究范围等问题。

（1）中国经济学产生的条件。

1978 年改革开放以后，在邓小平同志建设有中国特色社会主义理论的指导下，中国走上了一条建设社会主义的崭新道路。中国不再适用传统的苏联模式，因为中国面对众多的建立社会主义市场体制的新问题，是根本不可能从传统的政治经济学理论中求得解答的。中国也不照搬西方，因为建设有中国特色的社会主义，要着眼于解决把市场体制与社会主义制度有机结合的问题，这是西方经济学很少涉及和不可能加以阐明的新课题。因此，改革开放要求我们必须解放思想，立足实际，针对新情况、新问题进行创造性的思考，得出新答案，形成新原理；同时，改革开放又呼唤经济理论的创新。中国经济学的产生，正是顺应了时代的潮流。

（2）中国经济学的内涵。

中国经济学的核心和主干是理论经济学或政治经济学，因为政治经济学旨在揭示社会经济活动的本质联系，是分析和揭示社会多样经济活动、多层次经济关系的理论基

---

① 刘诗白. 中国经济学构建的若干问题［J］. 经济学家，1997（1）.

② 习近平. 在哲学社会科学工作座谈会上的讲话［EB/OL］.［2016-05-18］. http://news.xinhuanet.com/politics/2016-05/18/c_1118891128.htm.

础。因而，建立中国经济学，首先要着眼于政治经济学的革新，谋求在构建社会主义市场经济的新的历史条件下，重新审视和科学阐述经济学的基本原理，写出更好、更适用的政治经济学专著，特别是社会主义市场经济基本理论的研究。这一研究将成为中国经济学的主要内容。

中国经济学的构建和形成，其性质已经不只是一般的理论联系实际——“拿马克思经济学之弓，射中国社会主义经济之的”，而是要大力进行理论创新；不但要发展马克思主义经济学，而且要研究、借鉴和发展西方市场理论以丰富马克思主义经济学。我们应该从中国改革的伟大历史转变出发、从经济学大发展的高度出发，来认识中国经济学的内涵以及它的现实任务和理论使命。正在形成中的中国经济学是以马克思主义理论为指导，以中国改革开放和建设社会主义的实践为源泉，科学地反映和深入揭示当代中国社会主义建设的规律，批判地汲取西方经济学的积极要素和继承中国历史上的经济学优秀遗产。这样一种具有中国的理论特色、风格与气派的新经济学，是对马克思主义经济学的发展。

**5. 中国经济学的发展创新需要解决哪些主要问题？**

（1）中国经济学要“学以致用”。

科学不但是要说明世界，而且要指导人们去改变、发展和完善世界。对于作为社会科学的经济学来讲，它的指导实践、服务于社会经济生活的“致用功能”更是十分明显。如果理论脱离实际，片面追求形式的“完美性”，即使逻辑推导有如数学一样的精确性，“体系全面而系统”“博大而精深”，也不能说明经济生活中的重大现实问题，这种缺乏实践功能的理论无疑也是十分苍白的。

坚持以马克思主义为指导，最终要落实到怎么用上来。马克思主义具有与时俱进的理论品质。新形势下，坚持马克思主义，最重要的是坚持马克思主义基本原理和贯穿其中的立场、观点、方法。这是马克思主义的精髓和活的灵魂。马克思主义是随着时代、实践、科学发展而不断发展的开放的理论体系，它并没有结束真理，而是开辟了通向真理的道路。把坚持马克思主义和发展马克思主义统一起来，结合新的实践不断做出新的理论创造，这是马克思主义永葆生机活力的奥妙所在①。

当前，我国正处在改革开放、建设有中国特色社会主义的新时期，更是需要构建一门理论与实践密切结合，具有较强实践功能的经济学。在市场体制的新模式下，经济学家要明确，从事经济学研究的根本目的是为实践服务。经济学家要通过实践的总结，形成新结论和新原理，不断推动经济学理论的发展和创新。可以说，马克思主义的理论联系实际的良好学风和学以致用的务实精神，在中国经济学界已经有了鲜明的表现。这既是一种十分可喜的现象，也是中国经济学的重要特征。

---

① 习近平. 在哲学社会科学工作座谈会上的讲话［EB/OL］.［2016－05－18］. http://news.xinhuanet.com/politics/2016－05/18/c_1118891128.htm.

（2）拓宽经济学的研究范围：

①为解放和发展生产力服务——中国经济学的重要现实使命。

社会主义旨在解放和发展生产力，以实现社会共同富裕，于是为解放生产力和发展生产力服务就理所当然地成为中国经济学的重大现实使命。经济学要有所作为，首先要弄清经济学在社会主义条件下的实践功能。改革开放和建设中国特色社会主义实践，使经济学的现实功能得到了明确：为经济建设服务，为解放生产力服务。这是经济学的主要功能，也是经济学这一门学科的特点和优势。中国经济学的重要任务，就是要从理论上阐明社会主义中国解放和发展生产力的规律。

②生产关系的完善——中国经济学的重要研究课题。

社会主义生产关系的不断完善是发展生产力的根本前提。为此，人们必须勇于实践，大胆探索，按照“三个有利于”的标准①，进一步解放和发展生产力；同时，要使改革体现以公有制为主体和共同富裕。这样的史无前例的改革面临着许多困难，也面对着许多风险。改革的性质决定了中国经济学要深入研究改革中的深层次的生产关系问题，特别是占有和分配问题。因而，制度分析——基本制度即生产关系的分析——仍然是经济学研究的重要内容。

③经济体制结构的优化——中国经济学研究的重要任务。

中国正在进行以建立社会主义市场体制为目标的模式转换和机制转换，为此要构建社会主义市场经济的微观主体，要形成完整的社会主义市场体系，要建立高效的宏观调控体系，还要建立各种各样的中介组织与自律组织，同时还需要改革科技、文化、教育体制，健全法制和发扬政治民主。可见，这是一场全面而深刻的制度创新。它不是要照搬西方模式，而是要按照市场经济的一般规律，汲取西方市场经济实践的积极成果，使市场体制适应公有制和我国的具体国情、特点，既充分发挥市场调节的活力，又实行有效的宏观调控，保证经济运行有序。要使中国新经济体制既体现“市场经济的一般性”，又体现“社会主义制度的特殊性”和具有中国的“具体形式和特色”，进行科学的体制改革和完成创新理论的任务，天然地应由政治经济学来承担。可见，把研究聚焦于体制改革，从理论上全面、系统地阐明社会主义体制改革就成为中国经济学的特色和优势，这一中国经济学具有独特优势的研究领域的理论成果将成为对世界经济学的重要贡献。

④经济运行机制的研究——中国经济学的重要内容。

经济运行可以按经济活动的性质分别进行研究，如生产、交换、分配、消费等运行状况；可以按微观的、中观的、宏观的角度进行研究；也可以按各种不同主体的角度进行研究。具体的经济运行是在经济的各个环节、要素、层面以及非经济的相关要素——科技、文化、环境等作用下形成的，要确定经济运行的性质，揭示其特征，人们就应着力于找出

① 三个有利于标准指“是否有利于发展社会主义社会的生产力，是否有利于增强社会主义国家的综合国力，是否有利于提高人民的生活水平”。

其相关要素，并确定其决定要素。在市场经济条件下，经济具有自发性，经济运行具有不确定性，特别是为了实行有效的宏观调控，人们需要对各种经济运行状况和发展态势进行研究。实现经济运行的稳定性是社会主义市场体制的重大要求，因此更加需要对宏观、中观、微观经济的多种运行规律进行阐明，这是中国经济学必须承担起的一项任务。

⑤生产组织形式——中国经济学的另一个研究课题。

生产组织形式是在一定的生产力条件下，为实现符合目的的生产而实行的一定的生产要素的组织形式，也就是马克思主义经济学中使用的“劳动方式”范畴。中国经济学不应该只是抽象地论述社会主义物质技术基础——现代化大工业生产，而是要从中国社会主义初级阶段的实际出发，阐述使用先进技术的现代化生产，使用一般技术和使用落后技术的中、小生产的并存，以及资本、技术密集型生产和劳动密集型生产的并存；要深入研究在经济发展不平衡的条件下，技术水平和效率不一的多样生产组织和劳动方式存在的合理界限，特别是要基于社会主义现代化和增长方式转换这一历史趋势，深入研究实现要素有效组合的生产组织形式或劳动方式，阐明中国生产组织发展变化的规律。揭示生产力发展的规律是中国经济学不可缺少的内容。

（3）改进经济学的研究方法：

①坚持唯物辩证法和历史唯物主义。

唯物辩证法和历史唯物主义是马克思主义政治经济学的根本方法。建立和形成中国经济学，必须始终坚持这一方法论。政治经济学在进行社会主义生产关系及其制度分析时，要坚持从实践到认识再到实践的认识论路线，运用好科学抽象法，从实践中总结理论，在实践中不断创新。

②广泛吸收各学科的研究方法，丰富和完善经济学理论体系。

中国经济学要发展创新，必须综合借用不同学科的研究成果和方法，如系统分析的方法、信息论方法、交叉研究及综合的方法，在扩展研究领域的同时，深入科学研究的层次和程度，以完善经济学理论体系。

③引入和正确地使用数量分析。

对经济现象活动的分析，不仅要着眼于定性分析，而且也要着眼于定量分析。经济学研究需要以实证的资料为基础，以具体的统计数据为依据去阐明经济活动和经济关系的演变，从而使人们对经济发展的趋势、规律有更加具体的认识。这就不但需要定性的理论分析，而且需要采用各种定量分析的数学方法和工具，设计出由各种经济参数组成的方程式，并通过精确的数学语言，来揭示经济运行的规律。需要注意的是，当前一些年轻人在学习西方经济学并试图进行经济活动的数量分析时，切不可陷入数学崇拜的误区。我们只能有取舍地吸取西方经济学中数量分析方法的积极成果，而不能全面照搬，更不能用数学计量来取代理论分析。那种只有复杂的数学模式的设计和精确数学分析的方法，才意味着经济学“与国际接轨”并将它视为中国经济学发展方向的主张，是不科学的。

# 第一章　商品与货币

## 一、本章内容简介

资本主义是发达的商品经济，商品生产占统治地位，一切社会关系都表现为商品货币关系，因此，马克思研究资本主义社会是从商品分析开始的。

本章主要介绍马克思劳动价值学说的基本内容，并通过对商品经济的基本范畴即商品和货币的分析，揭示商品和货币所体现的社会生产关系及其运动规律。围绕上述中心，本章分为四节。

第一节，商品。本节通过分析商品的内在矛盾，说明商品是使用价值和价值的统一体，着重说明商品的价值是凝结在商品中的一般人类劳动，是商品的社会属性；商品的价值量是由生产商品的社会必要劳动时间决定的。

第二节，货币。本节从分析商品内在矛盾的外在表现即商品价值形式的发展入手，揭示了货币是商品交换发展到一定阶段的产物，是商品价值形式发展的最终结果，它的本质是固定充当一般等价物的特殊商品；通过分析货币的职能及货币流通规律，进一步揭示了货币的本质；介绍了货币形式的演变。

第三节，价值规律。本节主要分析了价值规律的基本要求和作用，说明商品的价值通过价格表现出来，价格围绕价值波动是价值规律作用的结果，也是价值规律作用的形式。不同商品的交换按照等价交换原则来进行。

第四节，劳动价值论在当代的深化与发展。本节介绍了当代经济学对劳动价值论涉及的若干重要问题的新认识，如关于生产劳动的内涵和外延、知识劳动等非生产劳动也创造价值、区分价值创造和财富创造以建立合理的分配制度等。

## 二、本章主要知识点

### （一）商品的二因素：使用价值和价值

商品是用来交换的劳动产品，是使用价值和价值的统一体。

1. 商品的使用价值

商品的使用价值是指商品能够满足人们某种需要的属性或有用性。商品使用价值是由物品的自然属性决定的，只体现了人与物的关系，是交换价值的物质承担者。在一切社会形态中，使用价值都是构成社会财富的物质内容。

2. 交换价值和价值

（1）商品的交换价值首先表现为一种使用价值同另一种使用价值相交换的数量关系或比例。

（2）商品的价值是凝结在商品中的一般人类劳动。价值是商品的社会属性，体现人们交换劳动的生产关系，是一个历史范畴。

（3）价值是交换价值的基础和内容，交换价值是价值的表现形式。

3. 商品使用价值和价值的对立统一关系

（1）任何商品都是使用价值和价值这两个因素的统一体，它们互相依存，互为条件，缺一不可。

（2）商品的使用价值和价值二因素又是矛盾的，即它们互相对立，互相排斥。商品使用价值和价值的内在矛盾只有通过交换才能解决。

### （二）劳动的二重性：具体劳动和抽象劳动

（1）具体劳动：在一定具体形式下的劳动。具体劳动是劳动的自然属性，反映人和自然的关系。

（2）抽象劳动：撇开劳动的具体形式的无差别的一般人类劳动。抽象劳动是劳动的社会属性，体现商品经济的社会关系。

（3）生产商品的劳动是具体劳动和抽象劳动的统一。

（4）劳动二重性决定商品二因素。任何一种劳动，一方面是与其他劳动不同的具体劳动，另一方面又是与其他劳动相同的抽象劳动。具体劳动创造出商品的使用价值，抽象劳动创造商品的价值。

### （三）商品的价值量

1. 个别劳动时间与社会必要劳动时间

（1）个别劳动时间。个别劳动时间是指个别商品生产者生产某种商品实际耗费的劳动时间。由于各个商品生产者的生产技术条件、劳动熟练程度和劳动强度的不同，生产同一种商品所耗费的个别劳动时间也各不相同。

（2）社会必要劳动时间。社会必要劳动时间是指在现有的正常的生产条件下，在社会平均劳动熟练程度和劳动强度下制造某种使用价值所需要的劳动时间。

（3）商品的价值量只能由社会必要劳动时间决定。

2. 简单劳动和复杂劳动

（1）简单劳动是指在一定社会条件下，不需要专门训练和学习，一般劳动者都能胜任的劳动。

（2）复杂劳动是指需要经过专门训练和学习，有一定技术专长的劳动。

（3）商品价值量以简单劳动为价值计量的基础，即商品的价值量是由复杂劳动换算成简单劳动的社会必要劳动时间决定的。复杂劳动是倍加的简单劳动。

3. 商品价值量与劳动生产率的关系

（1）劳动生产率是指具体劳动生产使用价值的能力或效率。劳动生产率有两种表示方法：一是用同一劳动在单位时间内生产某种产品的数量来表示，二是用生产单位产品所耗费的劳动时间来表示。

（2）商品价值量与劳动生产率成反比，与耗费在商品中的劳动时间成正比。

### （四）简单商品生产的基本矛盾：私人劳动和社会劳动的矛盾

（1）在简单商品生产条件下，生产商品的劳动既是私人劳动，又是社会劳动，这是由商品生产赖以存在的经济条件决定的。

（2）私人劳动和社会劳动的矛盾是简单商品生产的基本矛盾。商品生产的一系列内在矛盾，即使用价值和价值的矛盾、具体劳动和抽象劳动的矛盾都根源于私人劳动和社会劳动的矛盾，都是这对矛盾在不同领域中的具体表现。

### （五）货币的起源和货币的本质

货币是在价值形式的发展过程中产生的。货币是商品交换发展到一定阶段的产物，是商品内在矛盾发展的必然结果。

1. 价值形式的四个发展阶段和货币的起源

（1）简单的、个别的或偶然的价值形式。

在简单价值形式中，处于等式左端的产品，处于价值被表现的地位，叫作相对价值形式；处于等式右端的产品充当价值的表现材料，起着等价物的作用，叫作等价形式。

（2）总和的或扩大的价值形式。

在扩大的价值形式中，商品的价值第一次真正表现为无差别的人类劳动的凝结。

（3）一般价值形式。

一般价值形式的出现是价值形式发展中的一次质的飞跃。

（4）货币形式。

货币形式即一切商品的价值都集中地、统一地表现在一种贵金属商品如黄金或白银上。

2. 货币的本质

货币的本质就是固定地充当一般等价物的特殊商品。货币作为价值的代表，用来表现其他一切商品的价值。

### （六）货币的职能

货币的职能是指货币的社会经济作用，它是货币本质的具体表现形式。货币的主要职能有：

1. 价值尺度

价值尺度是指货币用来表现和计量商品价值的大小。货币在充当价值尺度时，是观念上的货币。

货币执行价值尺度职能时，把商品价值表现为价格。商品价格是商品价值的货币表现。

计量一定贵金属重量的货币单位及其等份，叫作价格标准。

2. 流通手段

流通手段即货币充当商品交换的媒介。

执行流通手段的货币一定是现实货币。以货币为媒介的商品交换就是商品流通。货币作为商品流通媒介的不断运动就是货币流通。商品流通是基础，货币流通是商品流通的表现。

货币执行流通手段职能带来了产生经济危机的可能性。

3. 储藏手段

货币退出流通过程，被当作社会财富的一般代表保存起来，就是货币执行储藏手段的职能。

要执行储藏手段的职能，货币必须是足值的金属货币。

在私有制商品交换中，储藏手段职能对调节货币流通量起蓄水池的作用。

4. 支付手段

货币用来清偿债务或支付赋税、租金、工资等就是货币在执行支付手段职能。

货币充当支付手段造成了赊销买卖，形成了债权债务关系，增加了经济危机发生的可能性。

5. 世界货币

随着国际贸易的发生和发展，货币走出国界而在世界市场上发挥作用，便拥有了世界货币的职能。

### （七）货币形式的演变

（1）原始的或朴素的货币形式。如贵金属条、块的自然形式。

（2）铸币形式。铸币逐渐具有价值符号的意义。

（3）纸币。纸币是由国家强制流通发行的价值符号，代替金属货币执行流通手段职能。

（4）信用货币、电子货币。信用货币是在信用高度发达的条件下，与贵金属不直接发生联系的新的货币形式。

### （八）货币流通规律

1. 金属货币的流通规律

（1）金属货币流通的一般规律，即决定在一定时期内流通中的货币需要量的规律。流通中的货币需要量与商品价格总额成正比，与货币流通速度成反比。

（2）流通中货币需要量的计算公式。

在一定时期内，需要多少充当流通手段的货币量，是由三个因素决定的：商品总量、价格水平、同一货币流通速度(次数)。

$$\text{流通中需要的货币量}=\frac{\text{商品的价格总额}}{\text{货币流通速度}}=\frac{\text{商品总量}\times\text{价格水平}}{\text{货币流通速度}}$$

（3）支付手段职能产生后流通中的货币需要量的计算公式：

$$\begin{array}{c}\text{一定时期流通中}\\\text{所需货币必要量}\end{array}=\frac{\begin{array}{c}\text{待实现的商}\\\text{品价格总额}\end{array}-\begin{array}{c}\text{赊销商品}\\\text{价格总额}\end{array}+\begin{array}{c}\text{到期支}\\\text{付总额}\end{array}-\begin{array}{c}\text{互相抵销的}\\\text{支付总额}\end{array}}{\text{货币流通速度}}$$

2. 纸币流通规律、通货膨胀和通货紧缩

（1）纸币流通规律的内容：纸币的发行量必须与流通中所需的金属货币量相适应。

（2）通货膨胀。如果纸币发行量符合流通中所需要的金属货币量，那么纸币与金属货币具有同样的购买力；如果纸币发行量超过流通中需要的金属货币量，其结果是纸币贬值，物价上涨。这种现象叫通货膨胀。

（3）通货紧缩。如果纸币发行量少于流通中所需要的金属货币量，导致通货不足、货币升值，进而引起物价持续下跌，这就是一般意义上的通货紧缩。

### （九）价值规律的基本内容

价值规律是商品经济社会的基本规律。价值规律的内容可以简要地概括为两句话：商品的价值量由生产商品的社会必要劳动时间决定，不同商品的交换按照等价交换原则来进行。价值规律既是价值决定的规律，又是价值实现的规律。只要存在商品经济，价值规律就会发生作用。

### （十）价值规律的作用及实现形式

（1）价值规律在商品经济中的作用：刺激社会生产力的发展；自发地调节社会劳动在各个生产部门之间的分配；促使商品生产者的两极分化。价值规律的作用是通过市场机制实现的。

（2）价值规律发生作用的表现形式：商品价格与商品价值并不完全一致，而是表现为商品价格以商品价值为轴心，围绕价值上下波动。

## 三、重点问题解答

**1. 商品价值的质的规定性与量的规定性是什么？**

（1）商品价值是指凝结在商品中的无差别的一般人类劳动，体现了人们相互交换劳动的社会关系。这就是商品价值质的规定性，它为我们科学地回答了价值是什么的问题。

（2）商品价值量不是由个别劳动时间决定的，而是由社会必要劳动时间决定的，即在现有的社会正常的生产条件下，在社会平均劳动熟练程度和劳动强度下制造某种使用价值所需要的劳动时间。这就是商品价值的量的规定性，它科学地回答了价值量的大小由什么决定的问题。

**2. 商品使用价值和价值的关系是什么？**

商品是使用价值和价值的矛盾统一体。

（1）二者的统一性表现为它们互相依存，互为条件，缺一不可。

①没有使用价值的物品，就没有价值，因而不是商品，如废品。

②未经人类劳动创造的物品，虽有使用价值，但没有价值，也不能成为商品，如天然草地、空气、阳光。

③有些物品虽有使用价值，也是劳动产品，但不是为了交换，而是用于自己消费或无偿提供给别人消费。这种物品也不是商品，如自产自销的物品。

因此，有使用价值的东西，不一定有价值，有价值的东西一定有使用价值。

（2）商品的使用价值和价值又是互相对立，互相排斥的。

①商品的使用价值是商品的自然属性，价值是商品的社会属性。

②商品的使用价值和价值对于生产者和购买者来讲，只能实现其中一种属性，不能同时两者兼得。

③使用价值和价值的矛盾只有通过交换才能实现其统一性。一旦交换失败，就意味着商品价值不能实现，使用价值不能进入消费，商品的内在矛盾就充分暴露出来了。

**3. 为什么说劳动二重性学说是“理解整个政治经济学的枢纽”？**

生产商品的劳动，一方面是具体劳动，另一方面是抽象劳动。商品的二因素是由劳动二重性决定的。马克思说：“一切劳动，从一方面看，是人类劳动力在生理学意义上的耗费；作为相同的或抽象的人类劳动，它形成商品价值。一切劳动，从另一方面看，是人类劳动力在特殊的有一定目的的形式上的耗费；作为具体的有用劳动，它生产使用价值。"①　马克思的劳动二重性学说是理解马克思政治经济学的枢纽。这是因为：

（1）劳动二重性学说解释了商品的二因素，从而为劳动价值论奠定了坚实的科学基础。

（2）从劳动二重性出发，可以认识资本主义生产的二重性，找到剩余价值的来源，从而为剩余价值理论提供了科学的理论依据。

（3）在劳动二重性学说和剩余价值理论的基础上，马克思区分了不变资本和可变资本，提出了资本有机构成的学说。

（4）在以上理论基础上，产生了资本积累理论、再生产理论、平均利润和生产价格理论以及剩余价值分配理论，解决了政治经济学中的一系列重大问题，并由此建立起了马克思主义政治经济学的整个科学体系。

**4. 劳动生产率对商品价值量的影响是什么？**

（1）劳动生产率是指具体劳动生产使用价值的能力或效率。影响劳动生产率的主要因素有：①劳动者的熟练程度；②生产过程的社会组织；③科学技术的发展及其在生产中的应用程度；④生产资料的规模和效能；⑤各种自然条件等。

（2）商品的价值量是由社会必要劳动时间决定的，因此，商品价值量与体现在商品中的劳动量成正比。

（3）无论劳动生产率怎样变化，同一劳动在同一时间内创造的价值总量相等。

（4）劳动生产率的变化只影响单位商品内包含的价值量。劳动生产率越高，在同一时间内生产的使用价值就越多，生产单位商品所耗费的劳动时间就越少，该商品的价值量就越小；反之，劳动生产率越低，在同一时间内生产的使用价值就越少，生产单位商品所耗费的劳动时间就越多，该商品的价值量就越大。因此，单位商品的价值量与生产该商品的劳动生产率成反比，而与体现在该商品中的社会必要劳动时间成正比。

**5. 如何理解私人劳动和社会劳动的矛盾是简单商品经济的基本矛盾？**

（1）由于社会分工的存在，每个生产者生产的商品都是为了满足别人的需要，而他自己所需要的商品又总是依靠别人供给。商品生产者之间总是互相联系、互相依存。每个商品生产者的劳动都应具有社会劳动的性质，应是社会总劳动的一部分。

（2）在以私有制为基础的简单商品生产条件下，由于生产资料的私有制，各个生产者独立地从事生产经营活动，生产什么、生产多少、怎样生产，完全是个人的私事，劳动产品也归私人占有和支配，生产商品的劳动又首先直接表现为私人劳动。

（3）商品生产者的劳动能否为社会所承认，私人劳动能否转化为社会劳动，取决于私人所生产的商品是否符合社会需要，能否卖得出去。如果私人所生产的商品卖不出去，那么其在生产上耗费的劳动就不能转化为抽象劳动，商品的使用价值就不能转化为

---

①　马克思，恩格斯．马克思恩格斯全集：第23卷［M］．中共中央马克思恩格斯列宁斯大林著作编译局，译．北京：人民出版社，1972：60.

价值。这说明在以生产资料私有制为基础的商品经济中，商品内部使用价值和价值的矛盾是具体劳动和抽象劳动的反映，而具体劳动和抽象劳动之间的矛盾则是私人劳动同社会劳动之间矛盾的反映。因此，私人劳动和社会劳动是简单商品生产的基本矛盾。

**6. 为什么说货币是商品交换发展到一定阶段的产物，是商品内在矛盾发展的必然结果？**

商品的价值首先表现为交换价值。随着交换的发展，价值的表现形式有一个不断发展和完善的过程。从简单的、偶然的价值形式到总和的、扩大的价值形式，到一般价值形式，再到货币形式，经历了四个阶段。货币形式是价值形式的成熟形式。

（1）简单价值形式是一种商品的价值个别地、偶然地在另一种商品上表现出来的形式，是价值形式发展的最初阶段。简单价值形式只是价值形式的萌芽形式，是不完全、不充分的。随着进入交换的商品的种类的增多和范围的扩大，简单价值形式必然向扩大的价值形式过渡。

（2）总和的或扩大的价值形式，即一种商品的价值已经不是偶然地表现在另一种商品上，而是经常地表现在一系列商品上。从价值形式发展的整个历史过程看，总和的或扩大的价值形式，实际上只是一系列简单价值形式的总和。当一种商品的价值已经不是偶然地表现在另一种商品上，而是经常地表现在一系列商品上时，商品的价值第一次真正表现为无差别的人类劳动的凝结。总和的或扩大的价值形式的价值表现是不完全的、不统一的，还必须向更完全的价值形式发展。

（3）一般价值形式，即一切商品的价值都集中地、统一地表现在一种商品上。一般价值形式，实际上只是一系列简单价值形式总和的换位，但这种换位带来了价值形式发展史上质的飞跃。在一般价值形式中，商品的价值表现是简单的、统一的，从而克服了扩大价值形式中存在的缺陷。随着商品经济的进一步发展，一般价值形式发展为货币形式。

（4）货币形式，即一切商品的价值都集中地、统一地表现在一种贵金属商品如黄金或白银上。货币形式与一般价值形式没有本质区别，不同之处就是金银独占了一般等价物的地位。黄金或白银由于具有质地均匀、便于分割、体积小、价值大、便于携带、不易腐烂、便于保存等优点，成了理想的货币材料。因此，“金银天然不是货币，但货币天然是金银”。

由此可见，货币的产生既是价值形式发展的过程，也是商品交换的发展过程。货币是商品交换发展到一定阶段的产物，是商品内在矛盾发展的必然结果。

货币的本质，是固定地充当一般等价物的特殊商品，体现着商品生产者之间的社会经济关系。马克思指出，货币的出现，使商品世界分为两极：一极是庞大的各种各样的商品，另一极是货币。商品的内在矛盾表现为商品与货币的外部对立。

**7. 在私有制商品生产条件下，价值规律是如何发挥作用的？**

在私有制商品生产条件下，价值规律的作用表现在三个方面：

（1）价值规律自发地刺激社会生产力的发展。价值规律自发地刺激社会生产力的发展，是通过商品生产者追逐更多的收益，并使自己在竞争中处于有利地位，迫使每个商品生产者力求采用先进技术、先进生产工具，加强管理，提高劳动生产率，从而在一定程度上刺激社会生产力的发展。但是，它的这个作用，又常常是以部分商品生产者的破产、社会劳动的巨大浪费为代价来实现的。

（2）价值规律自发地调节生产资料和社会劳动力在社会生产各部门的分配。价值规律自发地调节生产资料和社会劳动力在社会生产各部门的分配，是通过商品供求关系的变化，引起价格以价值为中心上下波动来实现的。当价格高于或低于价值时，必然引起生产资料和社会劳动力在不同部门之间自由流动，最终导致各生产部门之间保持一定比例。它的这个作用是在社会生产力不断遭到破坏、社会劳动不断遭到浪费的情况下实现的。

（3）价值规律促使商品生产者两极分化。价值规律促使商品生产者两极分化，是通过个别劳动时间与社会必要劳动时间的矛盾运动来实现的。有的商品生产者拥有先进的生产设备、充足的货币和有利的销售条件，因而，在竞争中处于优势，发财致富，成为资本家；有的商品生产者生产条件落后，又缺少资金，在竞争中处于不利地位，甚至亏本、破产，沦为出卖劳动力的雇佣劳动者。这种两极分化，在封建社会末期，就会自发地产生资本主义生产关系。

## 四、疑难问题和学术争鸣

**1. 商品使用价值与物品使用价值的共性和特殊性是什么？**

（1）商品使用价值与物品使用价值的共性：①商品或物品的使用价值都是指它们能够满足人们某种需要的有用性；②商品或物品的使用价值都是由它们的物理、化学等自然属性决定的，是它们自然属性的体现；③商品或物品的多方面的使用价值，是随着人们生产经验的积累和科学技术的发展而逐步被发现的；④在一切社会中，使用价值都是构成社会财富的物质内容。

（2）作为商品的使用价值又具有自己的特殊性：①必须对别人有用，是社会的使用价值；②必须是劳动产品；③必须通过交换过渡给他人，即交换价值的物质承担者。从以上的特殊性讲，商品的使用价值又是一个历史范畴。

**2. 为什么说“简单价值形式包含了一切价值形式的秘密，是货币形式的胚胎形式”？**

简单价值形式是一种商品的价值个别地、偶然地在另一种商品上表现出来的形式，是价值形式发展的最初阶段。它包含了一切价值形式的秘密，是货币形式的胚胎形式。这是因为，无论哪一种价值形式，都具有简单价值形式所包含的内容和特点。①一切价值形式都是由相对价值形式和等价形式两极构成的。②处于这两极的商品，必须具有价值和不同的使用价值。③相对价值形式的商品，要通过等价形式商品的使用价值来表现其价值，因此，等价形式具有三个特点，这些特点在不同的价值形式中都是存在的。④任一种价值形式上的相对价值形式与等价形式的对立，无非就是商品的使用价值和价值的内部矛盾的外部对立。从价值形式发展的整个历史过程看，总和的或扩大的价值形式，实际上只是一系列简单价值形式的总和；一般价值形式，实际上只是一系列简单价值形式总和的换位；而货币形式与一般价值形式没有本质区别，不同之处就是金银独占了一般等价物的地位。货币形式是价值形式的完成形式。

**3. 货币执行流通手段职能和支付手段职能包含了发生经济危机的哪些可能性？**

（1）货币拥有流通手段的职能是商品流通发展的必然结果。以货币为媒介的商品交换叫作商品流通。在货币出现之前的直接的物物交换中，买和卖在时间上、空间上都是统一的。货币出现后，物物交换发展成为商品流通，商品交换分裂为用商品换货币和用货币换商品，即卖和买两个行为，打破了商品直接交换中买卖在时间上和空间上的统一，促进了商品经济的发展，加强了商品生产者之间的联系和依赖。但同时，如果有些人卖了商品后不马上买，另一些人在此处卖而在彼处买，就会使一些人的商品卖不出去，引起买卖脱节，这就加深了商品使用价值和价值的矛盾，产生了经济危机的可能性。

（2）货币作为支付手段，一方面大大减少了流通中货币的需要量，促进了商品流通的发展，另一方面又进一步加深了商品经济的矛盾。随着支付关系的发展，许多商品生产者之间发生了债权和债务关系，形成了一系列的支付关系链条。如果其中有的人到期不能支付，就会引起连锁反应，造成整个债务链条关系的混乱，就有可能发生信用危机。

**4. 如何正确认识价值规律作用的形式及其在不同条件下的变化？**

在货币出现以后，一切商品的价值都是用货币来表现的。用货币来表现的商品价值就是商品的价格。价值规律要求商品价格符合价值，但这并不是说，在商品交换中，商品价格与价值在任何时候都不发生偏离，而实际上，商品价格与价值往往不一致。这是因为，虽然价格以价值为基础，但同时要受市场上商品供求关系的影响。当某种商品供不应求时，其价格就会高于价值；当某种商品供过于求时，其价格就会低于价值。只有当商品的供求一致时，商品价格才会与价值一致。在实际的市场中，供求一致的情况是极少见的，供过于求或供不应求才是经常性的。因此，价格偏离价值的现象就会经常发生。

商品价格与价值偏离的现象，实质上是价值规律发生作用的结果，是价值规律作用的表现形式。这是因为，商品价格的涨落总是围绕价值这个中心进行的。若从商品交换的较长时期来看，同一种商品的价格，时而高于价值，时而低于价值，其涨落部分可以相互抵消，因而它的平均价格与价值是一致的。从不同商品的不同价格的涨落来看，无论价格怎样涨落，总是以各自的价值为基础。由此可见，价格背离价值，价格受供求关系的影响而自发地围绕价值上下波动，并不是对价值规律的否定，而正是价值规律发生作用的表现形式。

在简单商品经济条件下，价值规律作用的形式表现为商品价格以价值为轴心上下波动。而在平均利润形成后，价值规律发生作用的形式发生了改变，这时商品的市场价格就不再是围绕商品的价值上下波动，而是围绕生产价格上下波动。当资本主义进入垄断时期，垄断价格形成，这时价值规律发生作用的形式又发生变化，表现为商品的市场价格围绕垄断价格上下波动。这些变化并不是对价值规律的否定，而恰恰是价值规律发生作用的表现。

**5. 如何评价西方效用价值论？**

效用价值论又称边际效用价值论，是经历史上多派相关价值论演变、综合发展而形成的，是从需要或效用、供给或生产，抑或二者相结合的角度来解释价值决定问题的。

19 世纪 70 年代，英国的杰文斯、奥地利的门格尔、法国的瓦尔拉斯在前人研究的基础上，几乎同时提出了具有深远影响的效用价值论。他们认为价值具有主观性，从而把经济财货的价值归结为主观价值，并提出用主观价值（即对人类福利的重要性）和客观交换价值（即购买力）来替换使用价值和价值，认为主观价值决定交换价值。奥地利学派在考察价值尺度或主观价值量的测定时，引申出了边际效用量决定财货价值的规律。边际效用学派认为，价值不取决于生产商品所耗费的社会必要劳动量，而是取决于物品的效用和稀缺性，取决于消费者主观心理上感觉到的边际效用。此后，马歇尔提出可用由供给和需求所决定的市场均衡价格来解释价值决定问题。

与马克思的劳动价值论比较，效用价值论的固有缺陷主要表现在三个方面：效用不能计量；效用不能说明新价值的创造和旧价值的转移，因而不能解决价值的补偿问题；效用不能在交换中决定。应承认边际效用的客观存在，但它不能决定价值，只能影响商品的价格。另外，虽边际效用价值论不能成立，但边际分析方法可以借鉴。

**6. 怎样看待我国学术界对劳动价值论的新认识及争鸣？**

自马克思劳动价值论创立以来，围绕如何理解劳动价值论的大讨论或论战已发生过多次。我国学术界在对马克思劳动价值理论的理解上也一直存在不同的观点，在 20 世纪的 50 年代中期、80 年代和 90 年代中期曾经出现过三次争论的高潮。这些争论主要围绕以下几方面问题进行①②：

---

① 赵振华. 国内劳动价值论研究综述［M］//中共中央党校研究室. 28 位专家学者谈劳动价值论再认识. 北京：中共中央党校出版社，2001.

② 全国高等财经院校《资本论》研究会. 中国《资本论》年刊：第 1 卷［M］. 成都：西南财经大学出版社，2004：75 - 85.

（1）关于生产劳动和非生产劳动的问题。

传统的观点一般认为，只有从事物质产品生产的劳动才是生产劳动，不从事物质产品生产的劳动不是生产劳动。

多数学者认为应正确理解马克思的生产劳动概念。随着生产力的发展和社会的进步，生产劳动的外延应当扩大。一种观点认为，现实的生产劳动应是在物质生产领域或非物质生产领域以物质产品、服务或精神产品形式为社会创造的具有国民经济统计意义的社会有效劳动。因此，科学技术、教育、管理和社会科学等都具有生产属性。另一种观点认为，在社会化的集体劳动过程中，产品是总体劳动者协作劳动的产物，生产劳动和生产劳动者的概念也应随之扩大，即从局部产品到总体产品，从局部劳动到总体劳动，从局部工人到总体工人；知识劳动、服务劳动、管理劳动以及交易过程中的劳动同物质生产领域的劳动一样，都是社会总体劳动的重要组成部分。也有的观点认为，凡是参加物质生产过程的一切成员——体力劳动者和脑力劳动者都是生产劳动者，但不同意从此引申出的物质生产领域以外的职业如歌唱家、教师等都是生产劳动者的观点。

（2）关于什么样的劳动创造价值。

传统的观点认为只有人类的活劳动才是价值的唯一创造者，其他任何非劳动要素都不创造价值，即一元价值论，物化劳动只是转移价值，土地等自然资源并不参与价值的创造，也不转移价值。

多数学者认为要深化对创造价值的劳动的认识，应在坚持物质生产劳动创造价值的前提下，扩大创造价值的劳动的外延。有的学者提出判断一种劳动能否创造价值的标准应当包括四个方面的内容：①这种劳动的产品具有使用价值，同时又是交换价值的承担者；②这种劳动的产品有抽象劳动的体现或物化在里面；③这种劳动的产品必须进入交换领域，成为商品；④这种劳动所生产的商品的价值量，是由生产该商品的社会必要劳动时间决定的。根据这四条标准，知识劳动、管理劳动和服务劳动都能创造价值，知识产品和服务产品都有价值，即多元价值论。也有的观点认为，生产劳动外延的扩大说明创造价值的劳动是多元的，但不能从某一部门的重要性得出该部门就创造价值的结论，例如党政部门虽然非常重要，但本身并不能创造价值。

（3）关于价值创造与财富生产的关系。

过去不少人把价值创造与财富创造混为一谈，似乎价值同财富是同一概念。他们认为既然劳动是价值的唯一源泉，也就是财富的唯一源泉，并由此引申出单一的按劳分配解释。这与我国现阶段实行按劳分配与按要素分配相结合的分配制度是相矛盾的。

学术界多数人认为要正确理解价值创造与财富生产的关系。价值创造与财富生产既有联系又有区别。从质的方面讲，价值创造只是同劳动有关，其实体是抽象劳动的凝结；而财富的创造则同包括劳动在内的各种生产要素有关，其实体是不同生产要素相结合的产物。劳动是财富价值的唯一源泉，却不是财富的唯一源泉。不能混淆使用价值的源泉与价值的源泉的区别。马克思肯定了威廉·配第所说的“劳动是财富之父，土地是财富之母”，并明确指出，劳动并不是它所生产的使用价值即物质财富的唯一源泉，一切使用价值或种种商品体，都是具体劳动作用于劳动对象的产物。具体劳动和自然物质是形成使用价值的两种要素。因此，在考虑分配时，应当从不同的生产要素共同参与财富创造的角度出发，考虑其参与分配的合理性。

（4）关于科学技术是否创造价值的问题。

一种观点认为，科学技术创造价值。理由是：①科技劳动与直接物质生产过程不过是因分工而被分开的同一劳动总过程。高智能的科技劳动被利用于直接生产过程，不仅可以生产出自身价值，而且同活劳动一样可以创造出更多的新价值。②先进机器设备之所以先进，是由于它是一代又一代的复杂劳动的物化，可以大幅度提高劳动效率，在生产中节约大量活劳动，创造出比旧设备更多的价值。

另一种观点认为，科学技术不直接创造价值，但对价值形成有一定影响或在一定条件下创造价值。原因是：先进技术设备是物化的知识劳动，在使用中扣除价值转移之后，仍然可以帮助劳动者无偿利用更多的自然力，以节约或代替更多的人类劳动，从而在价值实现中能够使个别价值还原为更多的社会价值。

还有一种观点认为，科学技术不创造价值。理由是：①不能把决定劳动生产力的因素和决定价值的因素混淆起来，应分清科学技术和科技创新劳动二者的区别。科学技术作为一种生产要素，可以提高劳动生产率，在单位时间内生产更多的产品或使单位产品的价值量减少，但科学技术本身不创造价值，不能成为价值的源泉。②先进机器设备仍然是生产资料，不能完全取代活劳动，它同其他生产工具一样在价值形成中并无本质变化。③自动化设备与特别丰富的自然力在生产中的地位基本相同，对提高生产力有非常大的作用，可以增加使用价值，但不能直接创造价值。

# 第二章　资本与剩余价值

## 一、本章内容简介

在第一章论述马克思主义的劳动价值理论的基础上，本章进一步阐明马克思主义的剩余价值理论。剩余价值理论是马克思经济理论的基石。

第一节在分析货币与资本区别的基础上，提出了资本总公式，并通过对资本总公式及其矛盾的剖析，初步提出资本和剩余价值的概念，指出劳动力成为商品是解决资本总公式矛盾的关键，是货币转化为资本的前提。

第二节在分析资本主义生产过程中，运用劳动二重性学说和劳动力商品理论，揭示了资本的本质，揭示出生产剩余价值是资本主义生产的目的和实质。本节在把资本划分为不变资本和可变资本的基础上，进一步揭示了剩余价值的真实来源。本节还在充分重视资本主义条件下资本的特殊属性的同时，对资本的一般属性进行了探讨和分析。

第三节首先分析了剩余价值率是表示资本家对工人的剥削程度，接着阐述了资本家为提高剥削程度而采取的两种基本方法，即绝对剩余价值生产和相对剩余价值生产，并结合第二次世界大战后资本主义现代生产自动化的状况，指明剩余价值的源泉仍然是雇佣工人的剩余劳动。

第四节阐明资本主义工资掩盖了资本主义剥削关系，分析了资本主义工资的本质、形式及变动趋势，指明资本主义工资是劳动力的价值或价格。工资的主要形式有计时工资和计件工资。在资本主义条件下，工资在形式上所表现的平等交换关系掩盖着资本剥削劳动的事实上的不平等关系。

## 二、本章主要知识点

### （一）货币转化为资本

（1）货币与资本的区别。简单商品流通公式与资本流通公式的区别。

（2）资本和剩余价值的含义。资本是能够带来剩余价值的价值。剩余价值是工人在生产过程中创造的超过劳动力价值的那部分价值。

（3）资本总公式的矛盾及矛盾的解决。剩余价值不能在流通领域中产生而又不能离开流通领域。

（4）劳动力转化为商品，劳动力商品的价值和使用价值；劳动力成为商品是货币转化为资本的根本条件。

### （二）剩余价值的生产过程

（1）资本主义生产过程的二重性。劳动过程和价值增殖过程，价值形成过程和价值增殖过程。

（2）资本的本质。资本是一定的社会生产关系。

（3）不变资本与可变资本的划分。不变资本是购买生产资料的资本，这部分资本在生产过程中随着自身使用价值的消费，把自己原有的价值转移到新产品中去，而不会发生价值的增殖。可变资本是购买劳动力的资本，这部分资本在生产过程中不存在价值的转移，而必须由工人新生产出来，工人在生产过程中不仅生产出相当于购买劳动力的价值，还生产出了剩余价值。

（4）剩余价值规律。

（5）资本的一般性和特殊性。

### （三）剩余价值生产的方法

（1）剩余价值率是剩余价值与可变资本的比率。

（2）工人的劳动时间分为必要劳动时间和剩余劳动时间。剩余价值是工人在剩余劳动时间中创造的价值。

（3）绝对剩余价值生产是指在工人的必要劳动时间不变的条件下，依靠工作日绝对延长而生产剩余价值的方法。相对剩余价值生产是指在工作日长度不变的条件下，由于工人必要劳动时间缩短而剩余劳动时间相应延长来生产剩余价值的方法。

（4）超额剩余价值的含义。超额剩余价值是相对剩余价值的一种特殊形态。

（5）绝对剩余价值生产和相对剩余价值生产的关系。

### （四）工资

（1）劳动力与劳动的区别。

（2）资本主义工资的本质。工资是劳动力的价值或价格。

（3）工资的形式：计时工资和计件工资。

（4）名义工资、实际工资和相对工资的含义。

## 三、重点问题解答

**1. 货币与资本的区别是什么？**

货币与资本既有联系又有区别，这可以通过简单商品流通和资本流通运动过程的区别看出。简单商品流通和资本流通运动过程有如下不同：

（1）运动的形式不同。

简单商品流通的公式是商品→货币→商品（$W \to G \to W$），它在交换中的顺序是先卖后买。流通的起点和终点都是商品，流通中的媒介是货币。

资本流通的公式是货币→商品→货币（$G \to W \to G'$），先买后卖。流通的起点和终点都是货币，流通中的媒介是商品。

（2）运动的目的和内容不同。

简单商品流通是“为买而卖”，交换的目的是获得供自己消费的使用价值。

资本流通是“为卖而买”，流通的目的是取得价值，是价值增殖。

从流通中可见，作为普通的货币，即被当作商品流通媒介的货币，只是一般等价物，体现商品生产者之间的生产关系；而作为资本的货币能带来剩余价值，体现资本主义的生产关系。这就是二者根本的区别。

**2. 如何正确认识解决资本总公式矛盾的先决条件？**

资本流通的结果是为了取得更多的价值，即价值发生增殖。因此，准确的资本流通公式应该是：$G \to W \to G'$，其中 $G' = G + \Delta G$，马克思把 $\Delta G$ 这个增殖了的货币额叫作剩余价值。$G \to W \to G'$ 这个公式乍看起来似乎是商业资本特有的运动形式，实际上是资本运动的最一般的形式。它概括地表明了各种资本运动形式（产业资本运动的形式、商业资本运动的形式和生息资本运动的形式）的实质都是为了攫取剩余价值。因此，马克思把 $G \to W \to G'$ 称为资本总公式。

资本总公式包含着一个自身的矛盾，即资本总公式与价值规律的客观要求的矛盾。按照价值规律的要求，流通中的商品实行等价交换，交换的结果不会发生价值增殖，而资本流通的结果实际发生了货币增殖，产生了剩余价值。这就提出了一个重大的理论和实际问题，即如何在价值规律的基础上说明资本价值增殖的问题。马克思首先分析了资本的流通过程，认为剩余价值不在流通中产生，又离不开流通而产生。因为在流通过程中，如果是等价物交换，不产生剩余价值；如果不是等价物交换，这是一个此消彼长的零和关系，也不产生剩余价值。但是离开了流通领域，商品所有者就只同他自己的商品发生关系，就商品价值而言，只包含商品生产者自己提供的劳动量。商品所有者不与其他商品所有者发生关系，商品就无法卖出，包含在商品中的价值和剩余价值就无法实现，就不能使货币或商品转化为资本。同时，货币转化为资本，以流通为媒介，以在商品市场上购买劳动力为条件，流通是为价值增殖过程做准备。

由此可见，剩余价值不在流通过程中产生，又离不开流通过程，这是解决资本总公式矛盾的先决条件。

**3. 为什么劳动力成为商品是解决资本总公式矛盾的关键?**

在任何社会，劳动力都是基本的生产要素，但劳动力并非天然都是商品。劳动力要成为商品，必须具备两个基本条件：一是劳动者在法律上具有人身自由，并且劳动力的所有者必须将劳动力按一定时间逐次出卖；二是劳动力的所有者除了劳动力以外一无所有。劳动力成为商品的两个基本条件，是在封建社会的末期，小商品生产者日益两极分化，最终一部分生产者成为无产者的历史过程中形成的。

为何劳动力成为商品是解决资本总公式矛盾的关键呢？因为在流通过程中，货币作为流通手段或支付手段，不可能发生价值量的变化。价值量的变化也不可能发生在商品的售卖阶段，商品的出卖只能引起价值形态的变化，不能使价值量发生变化。因此，价值增殖只能发生在购买阶段资本家购买的商品上。因为商品交换是等价交换，所以价值增殖又不能发生在商品的价值上，而只能发生在购买商品的使用价值上。关键在于资本家从市场上购买到了劳动力这种特殊商品。从表面上看，劳动力的买卖取决于买卖双方各自的自由意志。在法律上，买卖双方自由缔结契约，劳动力商品的买卖是等价的，但劳动力商品的使用价值具有特殊性，在进入生产领域在使用过程中能创造出大于其自身价值的价值，然后通过流通实现价值增殖。这样就既符合资本总公式，又不违背价值规律。所以，劳动力成为商品，是货币转化为资本的前提，是解决资本总公式矛盾的关键。

**4. 怎样理解劳动力商品价值的特殊性?**

劳动力成为商品，就必然具有一般商品的共性，即具有商品的二因素——价值和使用价值。劳动力商品不仅具有特殊的使用价值，其价值也具有不同于一般商品的特殊性。

劳动力商品的价值，也是由生产和再生产劳动力商品的社会必要劳动时间决定的。只不过劳动力存在于活的人体内，生产和再生产劳动力，必须维持人的健康的身体，必须维持劳动者的正常生活。这就要消费必需的生活资料。这样，生产和再生产劳动力的社会必要劳动时间，也就是生产这些生活资料所需要的社会必要劳动时间。劳动者还要成家、生育后代，还要接受教育和培训。此外，劳动力的价值还应包含在一定的历史和道德的因素条件下，不同社会的劳动者所必须消费的生活资料的价值。这些消费都构成了劳动力价值的内容。

劳动力价值的特殊性，就在于它是直接由生活资料和劳务的价值决定的。它的补偿是通过工人自己创造的新价值实现的，它的变化受一定社会历史条件下的经济和文化发展水平以及各个国家风俗习惯的制约和影响。随着社会劳动生产率的提高，劳动者必要的生活资料的种类和数量也会增加，质量和结构会发生变化，劳动力价值的物质内容会不断扩大，但是在一定国家的一定历史时期，必要的生活资料是一个可以确定的量。劳动力的价值或价格形式是工资。资本主义工资给人以“劳动的价值或价格”的假象，它掩盖了必要劳动与剩余劳动、有偿劳动与无偿劳动的界限，好像工人全部劳动都得到了报酬，其实工资的本质是劳动力的价值或价格，它体现的是资本家对工人的剥削关系。

**5. 怎样理解资本主义生产过程是劳动过程和价值增殖过程的统一？**

资本主义生产过程首先表现为生产各种物质资料的劳动过程，但资本主义劳动过程又有其自身的特点：一是劳动隶属于资本；二是雇佣工人创造的劳动产品归资本家所有。

资本主义生产过程不只是生产物质产品、创造使用价值的劳动过程，资本家的生产目的是要生产一个比其垫支的资本价值更大的价值，即剩余价值。因此，资本主义生产过程表现为劳动过程和价值增殖过程的统一。

要了解价值增殖过程，首先必须分析价值形成过程，分析价值形成过程必须根据价值规律的要求。商品的价值是由生产该商品的社会必要劳动时间决定的。研究价值形成过程，必须计算物化在商品中的社会必要劳动时间。马克思以棉纱生产为例，分析了价值形成过程。雇佣工人通过具体劳动既创造了新的使用价值，又转移了生产资料的旧价值，同时付出的抽象劳动也创造了新价值。如果工人的抽象劳动所凝结的价值正好补偿资本家购买劳动力的价值，价值形成过程只达到这一点，那么这个生产过程还只是单纯的价值形成过程。如果价值形成过程超过了这一点，价值形成过程就转化为价值增殖过程。工人劳动力的价值与劳动力所创造的价值是两个完全不同的量。只要资本家把雇佣工人的劳动时间延长到补偿劳动力价值所需要的时间之上，工人在生产过程中所创造的价值就会超过劳动力价值，资本家就能够从雇佣工人身上榨取到剩余价值。整个资本主义剥削的秘密、剩余价值产生的根源就在这里。

**6. 如何区分不变资本和可变资本？**

资本从本质上讲是靠剥削工人而带来剩余价值的价值，它体现着资本家和雇佣工人之间剥削与被剥削的关系。

在资本主义生产过程中，资本家的预付资本必须分成两个部分：一部分是购买生产资料的资本，另一部分是购买劳动力的资本。由于这两部分资本在剩余价值生产过程中起着不同的作用，具有各自特殊的性质，反映在资本形式上便形成不变资本和可变资本。

购买生产资料的这部分资本价值在价值增殖过程中只是借助于工人的具体劳动，在消费自己的使用价值的同时，把自己原有的价值转移到新产品中去。而转移的价值量不会增殖，只是变换了它的物质形态。因此，马克思把这部分资本称为不变资本（用字母

*C* 代表）。虽然不变资本在生产过程中没有发生价值增殖，但它是工人活劳动的吸收器，是剩余价值生产所必不可少的物质条件，因而是资本。

对于购买劳动力的这一部分资本，它的价值不是通过转移来保存，而是由工人的劳动再生产出来。一方面，工人以具体的劳动形式消耗了生产资料，创造出新产品的物质形态；同时，也就把生产资料的价值转移到产品中去了。另一方面，工人的劳动又是抽象劳动，能创造新价值。这个新价值不仅包括补偿劳动力的价值，而且包括剩余价值。可见，购买劳动力的这部分资本在生产过程中改变了它的价值量，发生了价值增殖。马克思把这一部分资本称为可变资本（用字母 *V* 代表）。

马克思根据预付资本的不同部分在价值增殖中的不同作用，把资本划分为不变资本和可变资本，对于深刻揭露剩余价值的来源及资本主义剥削的实质具有重大意义。

**7. 如何正确认识绝对剩余价值和相对剩余价值？**

在资本主义生产过程中，工人的工作日包括必要劳动时间和剩余劳动时间两个部分。在必要劳动时间不变的条件下，依靠工作日绝对延长而生产的剩余价值，就叫绝对剩余价值，而生产这种剩余价值的方法就是绝对剩余价值生产的方法。在资本主义工业化初期，由于劳动生产率的低下和资本积累的有限，绝对剩余价值生产的方法曾被广泛地采用过。

虽然工作日的总长度有弹性，但它的延长客观上存在生理界限和社会道德界限，任意延长工作日会受到工人的强烈反抗。资本家为攫取高额的剩余价值，更多地采用了相对剩余价值生产的方法。这种在工作日长度不变的条件下，由于必要劳动时间缩短而剩余劳动时间相应延长所生产的剩余价值叫相对剩余价值，而生产这种剩余价值的方法就是相对剩余价值生产的方法。

要缩短必要劳动时间，就必须降低劳动力价值。要使劳动力价值降低，就要降低再生产劳动力所必需的生活资料的价值。而要降低生活资料的价值，就必须提高整个社会生活资料生产部门和与之相关的生产资料生产部门的劳动生产率。必要劳动时间缩短，剩余劳动时间才能够相应延长。必要劳动时间的缩短，是整个社会劳动生产率提高的结果，而全社会劳动生产率的提高，是众多个别资本家为追逐超额剩余价值而不断提高劳动生产率的综合反映。相对剩余价值的生产是作为各个资本家追求超额剩余价值的结果而实现的。

**8. 怎样理解“绝对剩余价值生产是相对的，相对剩余价值生产是绝对的”？**

绝对剩余价值生产和相对剩余价值生产都是资本家剥削工人和提高剥削程度的方法，都是依靠增加工人剩余劳动时间来增加资本家无偿占有的剩余价值。“绝对剩余价值生产是相对的”，是指这种提高剥削程度的方法，是以劳动生产率发展能够把必要劳动时间限制为工作日的一个部分为前提的。换句话说，劳动生产率的提高，必要劳动时间的缩短，为延长工作日、增加绝对剩余价值生产创造了新条件、新机会、新动机。因此，绝对剩余价值生产是相对的。“相对剩余价值生产是绝对的”，即是说这种提高剥削程度的方法，是以工作日绝对延长到超过必要劳动时间为前提的。也就是说，绝对剩余价值生产是资本主义生产的一般基础，是相对剩余价值生产的起点。因为只有把工作日绝对地延长到必要劳动时间以上，才有可能以此为基点，通过提高劳动生产率来缩短必要劳动时间，从而进行相对剩余价值生产，以此来理解相对剩余价值生产又是绝对的。

**9. 为什么说资本主义工资是劳动力价值或价格的转化形式？**

在资本主义现实的经济活动中，好像工人所得的工资不是出卖劳动力的报酬，而是工人劳动的报酬。工资似乎是“劳动的价值或价格”，而不是劳动力的价值或价格。资本的本质和剩余价值的来源、资本主义剥削的秘密都被资本主义工资造成的假象所歪曲和掩盖了。因此，科学区分劳动力和劳动，是揭示资本主义工资本质的关键。

劳动力是存在于活着的人体中的一种能力，而劳动则是劳动者运用生产资料对劳动对象进行加工的过程，是劳动能力的耗费和发挥。劳动力在一定条件下可以成为商品，而劳动则不可能成为商品，没有价值，也没有价格。

第一，任何商品在出卖之前必须独立存在，而劳动不是这样。在资本家雇佣工人时，劳动还没有开始，当然它就不可能独立存在。劳动只有在工人被雇佣以后，在资本家支配下做工才开始，这时劳动已属于资本家而不属于工人了。

第二，劳动是形成价值的实体和价值的内在尺度。如果说劳动是商品，因而它具有价值，那就等于说劳动的价值由劳动时间决定，这是毫无意义的同义语反复。

第三，如果说劳动是商品，就否定了剩余价值规律。因为工人出卖的商品是劳动，得到的是劳动的价格，所以，按照等价交换原则，资本家付给工人的就是工人全部劳动的报酬。这样，资本家就无从攫取剩余价值了，资本主义生产方式也就不存在了。

所以说，资本家在劳动力市场上购买的是工人的劳动力，付给工人的工资是劳动力价值的货币表现，即劳动力的价值或价格。工资是劳动力的价值或价格的转化形式，这就是资本主义工资的本质。

**10. 新技术革命是否改变了资本对工人的剥削？**

二战后，由于新技术革命的影响，在发达的资本主义国家，资本与劳动的关系发生了重大变化：新技术革命带来了现代资本主义经济的快速增长，工人的工资出现了上升趋势。但新技术革命带给工人的好处是有限的。这些好处主要落在资本家手里：①工人工资的增长赶不上资本生产率的增长。②由于资本主义企业普遍采用了现代机器和工艺，工人的必要劳动时间缩短，为资本家生产的剩余劳动时间大大延长。③新技术革命带来工作日的缩短，但工人的劳动比以前更加紧张。④伴随着资本再生产过程中物质技术条件的变化，资本对劳动的指挥和管理也出现了新的形式，早期阶段的那种棍棒纪律，已被现代的“行为管理”所代替。这种缓和劳资矛盾的手段，有利于增进企业内部的凝聚力，促使工人劳动质量和效率的提高，从而为资本家带来更多的利润和财富。⑤

现代科学技术被并入资本，不仅成为资本的强大生产力，而且成为资本加强对劳动控制和统治的强有力的杠杆。⑥在现代资本主义生产过程中劳动资料变成了自动机，处于生产线上的工人要听从电子计算机的指挥，服从劳动资料的运转。他们被动而紧张地劳动，单调而乏味地工作，成为自动化生产线上的一个活的组成部件。⑦电子计算机已取代人工，执行对整个过程的监督职能，对工人的监督管理也更加严厉。

综上所述，新技术革命给资本与劳动的关系带来了相应的变化，主要表现在提高了资本对劳动的剥削程度，扩大了资本对劳动的剥削范围，强化了劳动对资本的依赖性和隶属性。虽然新技术革命也提高了工人的工资，缩短了工人的劳动时间，缓和了劳资矛盾，但从本质上说，新技术革命并没有根本改变资本对劳动的剥削本质，而是使剩余价值生产出现了新特点，如相对剩余价值生产成为当代资本主义剥削的主要方式，提供剩余价值的部门和主体出现了新的变化等。[①]

**11. 如何看待资本主义工资的变动趋势和工资的国民差异？**

二战以后，发达资本主义国家工人的工资呈现上升趋势，主要原因在于：①劳动力价值的构成发生了变化。随着生产力水平得到前所未有的发展，工人生活水平有了明显提高，以食品为主要内容的物质生活资料消费占工人总消费的比例越来越低，而精神消费、教育消费、发展性消费等所占的比例日益增高。现代劳动力不仅需要体力，更需要脑力。随着科学技术的日新月异，机器设备和生产技术不断更新和发展，对劳动者的文化和技术水平要求更高，并需要不断对其进行培训，这就不得不使劳动者的教育和训练费用逐步增加。②发达资本主义国家剥削和掠夺发展中国家，可以获得大量的海外利润，因而有可能稍稍放松一下对本国工人的剥削，使工人生活有所改善，以缓和国内矛盾并求得社会稳定。③工人阶级为提高工资而进行的有组织的斗争的加强，也是促使工资上升的原因。

工资上升不等于工人的实际收入水平上升。在考察工资数量的变化及其水平时，还必须区分名义工资和实际工资。

名义工资是指资本家为购买劳动力支付给工人的货币工资。实际工资是指工人用所得的货币工资实际能够购买到的生活资料和各种劳务的数量。

名义工资和实际工资之间有紧密的联系，但是，二者的变化常常不一致。名义工资的高低并不能完全反映实际工资的水平。因为，实际工资水平不但取决于名义工资，而且受到生活资料和服务项目等物价变动、税收负担、货币币值等的影响。从一个较长的历史时期看，尤其是二战后，发达资本主义国家工人的实际工资是有升有降的。

不仅要考察名义工资、实际工资，还必须考察相对工资。不然当出现工人名义工资和实际工资随资本主义经济发展而提高时，就会误认为工人与资本家的根本经济利益相一致了。在资本主义发展过程中，无论名义工资和实际工资是减少还是增加，相对工资

---

① 刘洁，刘娜．马克思主义政治经济学原理教学案例［M］．北京：中国人民大学出版社，2004：138－141．

总是呈现下降的趋势。这是因为，即使名义工资和实际工资都提高了，但只要提高的幅度赶不上剩余价值增长的幅度，相对工资就仍然会下降。随着科学技术的进步和劳动生产率的不断提高，在工人创造的新价值中，资本家占有的剩余价值增长得更快，用来支付工人的工资就会相对减少，因而相对工资就必然下降。相对工资就是指工人所得的工资同资本家占有的剩余价值相比较的数额。在工人创造的新价值（$v+m$）已定的条件下，工资与剩余价值存在着此消彼长的关系。

还应看到，一些发达资本主义国家，为了缓和矛盾，稳定社会秩序，实行了所谓“高工资”“高福利”的政策，使工人的生活水平在一定时期有较大的提高。但从相对工资的角度来看，拿劳资之间生活状况相比较，就可以看到差距是越来越大，分配更加不平衡。这表明工人阶级的社会经济地位在下降。

总之，二战后，各国工资水平的上升，不是资本家对工人的恩赐，而是社会生产力发展的结果，也是无产阶级为提高工资而与资产阶级长期斗争的结果。工资水平的上升，也不意味着消除了雇佣工人对资本家的从属关系和资本家对他们的剥削。

工资国民差异的基础是劳动力的价值，因此在比较各国工资差别时，必须考虑决定劳动力价值量变化的一切因素，如各国的自然条件、文化传统和劳动生产率等。这些因素不同，各国的工资水平也会不同。同时还要求把不同国家同一行业的平均日工资化为长度相等的工作日，因为有的工资量相等，但工作日长短可能并不一样。还要把计时工资换算为计件工资，因为计件工资才是劳动生产率和劳动强度的测量器。在世界市场上，由于价值规律的作用，计量单位是世界劳动的平均单位，强度较大的国民劳动比强度较小的国民劳动在同一时间内会生产出更多的价值，表现为更多的世界货币。发达资本主义国家生产商品所消耗的劳动，低于世界平均的社会必要劳动，可以获得超额剩余价值。由以上分析可以看出，虽然发达资本主义国家工资比较高，但由于劳动强度和劳动生产率高，剩余价值率高，资本家所榨取的剩余价值更多，因而，较高的工资就意味着更高的剥削程度。

## 四、疑难问题和学术争鸣

**1. 如何正确认识社会主义社会劳动力商品问题？**

在社会主义条件下，特别是公有制经济中劳动力是否是商品的问题，在我国学术界曾进行过几次讨论，其观点归纳起来不外乎有三种：一是认为“是商品”；二是认为“不是商品”；三是认为“社会主义条件下的劳动力具有双重属性”。

赞成社会主义劳动力商品论的学者的看法主要是：①社会主义经济中存在劳动力成为商品的条件，市场经济需要劳动力成为商品。承认劳动力是商品，有助于形成劳动力市场，改革劳动工资制度，贯彻按劳分配原则，优化劳动力资源的配置。②劳动力成为商品并不是剥削关系的标志，不违背社会主义原则，与公有制、按劳分配不矛盾，不否定劳动者的主人翁地位。③资本主义社会不承认劳动力是商品，是要掩盖资本家对工人的剥削，而马克思的劳动力商品理论正是揭露了资本主义剥削的秘密。④社会主义与资本主义的区别不在于劳动力成为商品，而在于剩余价值归谁占有，等等。

反对社会主义劳动力商品论的学者的主要观点有：①认为劳动力成为商品和雇佣劳动是资本主义的特点，劳动力商品体现的是资本主义制度剥削关系，社会主义社会不存在劳动力成为商品的必要条件之一——劳动者一无所有。②认为把社会主义劳动力说成商品，与社会主义公有制和按劳分配相矛盾，是在否定劳动者的主人翁地位。③认为社会主义劳动力商品论者没有回答也难以回答清楚公有制经济的劳动者把劳动力卖给谁的问题。④认为按劳分配与按劳动力价值分配是两个性质不同的分配方式；劳动力成为商品，就会混淆公有制与私有制企业中劳动者个人收入分配的本质区别；得出资本家对工人也是实行按劳分配的错误结论。⑤认为劳动力市场是泛指劳动力的合理流动，不能简单地从劳动力市场得出劳动力是商品的结论。⑥认为资本主义搞了几百年的市场经济，都可以不涉及劳动力商品问题，因此中国建立社会主义市场经济体制，不一定要以劳动力是商品为前提。

关于劳动力是否是商品的认识是随着我国经济改革和发展的不断深入，逐步加深的。在改革初期，只有极少数人认为，社会主义社会劳动力的个人所有制，使得劳动力带上了某种商品性。1992 年年初，邓小平在南方发表重要讲话。同年 10 月，中国共产党十四大召开，提出中国经济体制改革的目标是建立社会主义市场经济体制。中国经济理论界出现了第二次讨论社会主义劳动力商品问题的热潮，赞成派开始成为多数。1993 年 11 月 14 日中国共产党十四届三中全会通过的《中共中央关于建立社会主义市场经济体制若干问题的决定》，打破了改革开始以后党和国家重要文献只讲“劳务市场”的一贯提法，第一次公开使用“劳动力市场”的概念，并强调劳动力市场是培育市场体系的重点之一，突破了社会主义社会中不存在劳动力市场的传统观点。在这种背景下，赞成派进一步阐明了自己的看法，基本上形成了社会主义劳动力商品理论，但也要看到仍然有不少人坚持认为社会主义公有制经济中的劳动力不是商品。党和国家的重要经济文献里还没有正式明确提出社会主义市场经济中的劳动力也是商品。社会主义劳动力商品理论还不成熟，还有一些理论难点有待深入研究和科学论证。围绕社会主义劳动力商品问题的研究和讨论还会继续下去。①

**2. 如何认识学术界对“资本”范畴适用范围的争论?**

长期以来，“资本”这一经济范畴一直被视为资本主义生产方式特有的经济范畴。而我国进行改革开放以后，1992 年国家经济体制改革委员会制定的《股份有限公司规范意见》中就使用了“注册资本”这个概念。中国共产党十四届三中全会上通过的《中共

① 徐茂魁. 马克思主义政治经济学研究述评［M］. 北京：中国人民大学出版社，2003：66-68.

中央关于建立社会主义市场经济体制若干问题的决定》中，提出积极稳妥地发展“资本市场”的问题。1995 年中国共产党十四届五中全会通过的《中共中央关于制定国民经济和社会发展“九五”计划和2010 年远景目标的建议》中，提出了“以资本为纽带，联结和带动一批企业的改组和发展”。为此，围绕资本的概念该不该用到社会主义公有制经济中来，学术理论界展开了热烈的讨论。

大多数学者认为，资本的概念是可以用到社会主义公有制经济中来的，但对其解释不尽相同。有的主张把资本这一资本主义经济关系中的核心范畴分解为“一般与特殊”。“资本一般”是指能够带来价值增殖的价值；而“资本特殊”是指资本与雇佣劳动的剥削关系。“资本一般”可以用于社会主义经济，它能说明“资金”不足以说明的“要带来收入”的内涵，而“资本特殊”则可解释资本主义的生产关系。有的学者虽然也主张公有制经济可用资本概念，但不同意进行上述分解，认为一是因为马克思没有明确指出这种区分，二是因为即便引申出“一般”与“特殊”，“资本一般”也不能使社会主义的资本的内涵迎刃而解。与资本主义资本一样，社会主义资本也是“资本特殊”，它们分属于不同的社会形态，体现的是不同的生产关系。还有的学者也同意用“一般”与“特殊”的提法去思考这一问题，但他们认为的“一般”是资本的“经济属性”或“价值属性”。从商品二重性及劳动二重性的角度分析资本，得出资本就其物质属性讲，是一般的生产要素。这种物质属性在资本主义和社会主义条件下都是一致的。而两种资本的本质区别是它的社会属性，它们反映的是不同的社会经济关系。

少数学者认为社会主义经济条件下还是不使用“资本”的概念为宜，指出：资本是资本主义特有的经济范畴，它体现的是被物的关系掩盖着的剥削与被剥削的关系，因此应保持资本的“原汁原味”。他们还呼吁经济学界同仁应致力于建立社会主义经济理论体系。①

**3. 怎样正确认识“人力资本”？**

马克思可变资本的理论对后人提出人力资本概念是有一定影响的。马克思把购买劳动力的那一部分资本称为可变资本。这就是说，一方面，雇佣工人以具体劳动形式消耗了生产资料，创造出新产品的物质形态，同时，也就把生产资料的价值转移到产品中去了；另一方面，工人的劳动又是抽象劳动，创造新价值。这种新价值不但包括补偿劳动力的价值，而且包括剩余价值。而后来的人力资本理论是由资产阶级教育经济学的代表人物、美国经济学家西奥多·舒尔茨提出的。人力资本是物质资本的对称，是指体现在人的体力和脑力上的资本。人力资本可定义为：通过人力资本投资形成的、在劳动者身上并能够为其使用者带来持久性收入来源的劳动能力，是以一定的劳动者的数量和质量为表现形式的非物质资本。一般来讲，劳动者的知识、技能以及体力（健康状况）等构成了人力资本。这个定义至少包含了如下几层意思：首先，人力资本的载体是人，人力

① 张燕喜，石霞.《资本论》与中国经济理论热点［M］. 北京：中共中央党校出版社，1999：58－60.

资本与其载体是一时一刻也不能够分开的，这是人力资本与其他一切形式资本的最本质的区别；其次，人力资本是投资的产物；最后，人力资本能够为其所有者和使用者带来收益，体现为一种收入能力。

按照马克思的不变资本与可变资本的定义，整个人力资本可以理解为是可变资本；物质资本是指购买生产资料的支出，是不变资本在生产资本中的物质形态。

二战后，在新的科技革命浪潮中，新科技在生产中被大规模地应用，使企业中的技术人员和生产工人掌握新的知识和技能，已成为必须解决的问题。资本家不能简单通过更换劳动者来提高劳动力的质量，只有通过在职培训来提高管理人员、工程技术人员和生产工人的生产技术和经营能力，以尽快把最新的科学技术转化为现实生产力。此外，在某些资本主义国家，资本家为提高劳动者的素质还有些其他方式，如投入体育费用、保健费用以及交际费用，以激励劳动者为企业努力工作，提高劳动的效率。资本家为获得更多剩余价值而采取的手法日益巧妙。

**4. 如何运用劳动二重性学说分析资本主义生产过程的二重性?**

资本主义生产过程是劳动过程和价值增殖过程的统一。生产商品的劳动二重性，决定了资本主义生产过程的二重性。

劳动二重性决定一般商品生产过程是劳动过程和价值形成过程的统一。具体劳动创造商品的使用价值及转移生产资料的旧价值，表现为劳动过程。抽象劳动形成商品的价值，表现为价值形成过程。

在资本主义生产过程中，雇佣工人的具体劳动生产使用价值，表现为劳动过程。不过，这个劳动过程具有两个新的特点：一是劳动者在资本家监督下进行劳动；二是劳动产品归资本家占有。正是在这样的情况下，雇佣工人的抽象劳动形成的价值，就表现为价值增殖，因为工人抽象劳动创造的价值量，随着劳动时间长短不同而不同。如果工人劳动所创造的价值正好补偿了劳动力价值，就是价值形成过程；如果工人劳动所创造的价值超过补偿劳动力的价值，就是价值增殖过程。资本家既然购买了劳动力，就有了劳动力的使用权，绝不会让工人劳动到只补偿劳动力价值所需要的时间就停止劳动，而是要超过补偿劳动力价值所需要的时间，这就必然形成价值增殖过程。正如马克思所说："价值增殖过程不外是超过一定点而延长了的价值形成过程。"① 资本主义生产的实质就是剩余价值的生产。因此，资本主义生产过程是劳动过程和价值增殖过程的统一。

**5. 怎样理解超额剩余价值是相对剩余价值的特殊形态?**

超额剩余价值是商品的个别价值同社会价值之间的差额，是个别资本家采用先进技术、降低商品个别价值的结果。相对剩余价值是指在工作日长度不变的条件下，由于必要劳动时间缩短而剩余劳动时间相应延长所生产的剩余价值。相对剩余价值生产是在各

① 马克思，恩格斯. 马克思恩格斯全集：第23卷［M］. 中共中央马克思恩格斯列宁斯大林著作编译局，译. 北京：人民出版社，1972：221.

个资本家追求超额剩余价值的过程中实现的，是整个社会劳动生产率提高的结果。

超额剩余价值不是由先进的机器设备带来的，马克思也从来不认为超额剩余价值是来源于落后企业的剩余价值的转移，而是明确指出这是由于劳动在这里获得了与同一部分的平均劳动不同的特殊生产力，它已成为比平均劳动高的劳动。这就是说，它仍是由采用先进技术的企业的雇佣工人的剩余劳动创造的。因为个别企业雇佣工人以提高劳动生产率，而商品的价值不是由个别劳动时间，而是由社会必要劳动时间决定的，所以劳动生产率特别高的个别劳动，就可以化为较多的社会必要劳动，从而就会形成更多的社会价值。就因为超额剩余价值是由劳动生产率特别高的个别企业的雇佣工人创造的，所以实际上它是相对剩余价值的一种特殊形态。

**6. 在社会主义市场经济条件下是否存在剩余价值的探讨？**

马克思揭示的剩余价值范畴从其反映的生产关系性质和写作的时代背景来看，是资本主义制度的特殊范畴。但在社会主义市场经济条件下，是否也存在剩余价值这一经济范畴，国内学者的意见分歧较大。有些学者认为剩余价值应是市场经济的共有范畴，不应分姓“社”姓“资”；而另一部分学者则认为马克思剩余价值理论在资本主义社会具有特殊的经济含义，不应曲解马克思的原意。

认为剩余价值应是市场经济的共有范畴，在社会主义市场经济条件下存在剩余价值的观点，代表着大多数学者的看法。他们从马克思主义基本原理出发，认为剩余价值理论应有共性和个性之分。社会主义是否存在剩余价值这一范畴，要看剩余价值的共性是什么。剩余价值的共性、一般性就是指超过劳动力价值的那部分价值，即价值增殖。其具体体现在有着共同的前提，即都必须承认劳动力的商品性并在此基础上建立和完善劳动力市场与资本市场；资产所有者都有着共同的目的和动机。在社会主义市场经济条件下，社会财富仍不充分，劳动仍是谋生的手段，出资者以经济人身份出现，其投资目的是获得更多的增殖。国有企业也不例外，它必须提高经济效益，否则公有制就难以巩固；为实现剩余价值最大化，企业必须不断改进生产技术，提高劳动生产率，不断进行资本积累，扩大再生产规模，加快资本的循环和周转等。

而在不同的经济制度下，剩余价值体现着不同性质的生产关系，呈现出特殊性、个性。剩余价值的特殊性主要表现在：一是剩余价值生产的前提不同，劳动力商品关系在不同经济制度里呈现不同的特殊性，在社会主义公有制下，劳动者之间，劳动者与企业领导之间形成平等互利的关系；二是在不同经济制度下，占有和支配剩余价值的主体不同，集中体现在剩余价值是归少数人占有，还是由劳动者共同占有、共同支配；三是两种制度下的资本积累不同，体现在积累主体是资本家还是全体劳动者，积累实质和后果是资本家榨取工人剩余价值出现两极分化，还是创造更多的共同财富实现共同富裕。①

有的学者并对此进行了深入的分析，认为漫长的人类社会生产发展史告诉我们，剩

---

① 周敏倩. 政治经济学原理与研究［M］. 南京：东南大学出版社，2001：305 - 308.

余劳动是人类社会发展的物质基础，是社会劳动生产率提高的主要标志。不过，在不同的经济形态里，剩余劳动的具体形式则是不同的。在自然经济形态里，剩余劳动采取剩余产品的形式；在商品经济形态里，剩余劳动则采取剩余价值的形式。把剩余价值当成资本主义生产关系特有的产物这种观点是由两个原因引起的：

第一个原因是源于苏联《政治经济学教科书》的定义：剩余价值是由雇佣工人创造而被资本家无偿占有的超过劳动力价值以上的那一部分价值。而马克思给剩余价值下的定义是："原预付货币额加上一个增殖额。我把这个增殖额或超过原价值的余额叫作剩余价值"①；"产品价值超过其中由生产资料价值构成的部分而形成的余额"②；剩余价值"是劳动时间的凝结，只是物化的劳动"③。比较一下就可以看出，苏联教科书所下的关于剩余价值的定义同马克思的关于剩余价值的表述是不相同的，并不完全符合马克思的原意。苏联教科书的定义是以事物矛盾运动特殊性去取代矛盾运动的普遍性。

第二个原因是人们长期以来都认为"剩余价值是资本的产物"，这是马克思的基本观点。需要强调的是，人们把雇佣劳动的存在作为剩余价值存在的前提，实在是一种误解。雇佣劳动的存在只是告诉人们，在雇佣劳动制度下，雇佣劳动者创造的剩余价值是自己得不到的，它将被自己的雇主资本家无偿地占有。但是，它的存在绝不是剩余价值产生和存在的条件；相反，正是因为生产商品的劳动者的剩余劳动能够形成剩余价值，才使得决定用商品经济形式组织社会生产的剥削者，想方设法先把劳动者的劳动力变成商品，然后经过买卖关系占有这种特殊商品，最后在消费这种特殊商品的特殊使用价值的过程中，让劳动者为他创造出高于劳动力价值的剩余价值并占有它。正是由于这一点，劳动者才在一定的历史条件下成了雇佣劳动者，绝不是先有了雇佣劳动者然后才会产生剩余价值。马克思从来没有说过只有在资本主义制度下才会有剩余价值的生产，相反，他始终把商品生产普遍存在剩余劳动并形成剩余价值作为资本主义制度存在的基础。④

综上所述，剩余价值既有特殊性，又有普遍性。承认剩余价值范畴的普遍性，有利于建立和完善社会主义市场经济体制，发展生产力；有利于调动全体社会成员的积极性，创造更多的社会财富；有利于国有企业不断发展壮大。

---

① 马克思，恩格斯．马克思恩格斯全集：第23卷［M］．中共中央马克思恩格斯列宁斯大林著作编译局，译．北京：人民出版社，1972：172.

② 马克思，恩格斯．马克思恩格斯全集：第23卷［M］．中共中央马克思恩格斯列宁斯大林著作编译局，译．北京：人民出版社，1972：234.

③ 马克思，恩格斯．马克思恩格斯全集：第23卷［M］．中共中央马克思恩格斯列宁斯大林著作编译局，译．北京：人民出版社，1972：243.

④ 王一鸣．《政治经济学》教学参考［M］．北京：经济科学出版社，1991：145－146.

# 第三章　资本积累与再生产

## 一、本章内容简介

在第二章研究资本主义直接生产过程的基础上，本章从资本主义再生产过程考察剩余价值如何转化为资本而形成资本积累。

第一节分析资本主义再生产和资本积累。本节在认识社会再生产的基础上，通过对资本主义再生产过程的分析，揭示资本主义直接生产过程所不能体现的资本主义经济关系运动的特点，说明资本主义再生产是物质资料再生产和资本主义生产关系再生产的统一；继而阐明扩大再生产条件下资本家怎样把剩余价值转化为资本，实现资本积累，并揭示资本积累的实质、原因以及影响其规模的因素。

第二节分析资本主义积累的一般规律。本节阐明资本积累的发展、资本有机构成的不断提高，必然导致相对过剩人口的形成和无产阶级的贫困化，进而揭示出资本主义积累的一般规律。

第三节分析资本主义积累的历史趋势。本节通过对从资本主义经济成熟前的资本原始积累到资本主义积累的分析，说明资本主义基本矛盾的不断深化，科学地预见资本主义生产方式的历史暂时性。

## 二、本章主要知识点

### （一）社会再生产

（1）社会生产必须连续不断地、周而复始地进行。这种连续不断反复进行的生产过程就是再生产过程。

（2）社会再生产是物质资料再生产和生产关系再生产的统一。

（3）社会再生产按其规模可分为简单再生产和扩大再生产。

①简单再生产是指生产在原有的规模上重复进行的社会生产过程。

②扩大再生产是指生产在扩大的规模上重复进行的社会生产过程。

（4）简单再生产既是扩大再生产的组成因素，又是扩大再生产的基础。

（5）分析资本主义简单再生产的意义。

### （二）资本积累

（1）资本积累就是把剩余价值再转化为资本，或者说，是剩余价值的资本化。

（2）资本主义扩大再生产与资本积累。

①资本主义扩大再生产指资本家不把剩余价值全部用于个人消费，而是将其中的一部分再转化为新的资本，用于购买追加的生产资料和劳动力，使再生产在扩大的规模上重复进行。

②剩余价值是资本积累的唯一源泉，而资本积累又是资本主义扩大再生产的源泉。

（3）资本积累的实质；资本积累的内在动力和外在压力。

（4）影响资本积累规模的主要因素。

### （三）资本有机构成

（1）资本的构成包括两方面：价值构成和技术构成。

①从价值方面看，资本是由一定数量的不变资本和可变资本构成的。这两部分资本价值之间的比例叫作资本的价值构成。

②从物质方面看，资本是由一定数量的生产资料和劳动力构成的，它们之间的比例一般是由生产技术水平决定的。这种反映或表现生产技术水平的生产资料和劳动力之间的比例叫作资本的技术构成。

（2）资本价值构成和技术构成的相互关系；由资本技术构成决定，并反映资本技术构成变化的资本价值构成叫作资本有机构成，用 $C:V$ 表示；把握资本有机构成需注意：

①资本价值构成的变化并不都是由技术构成的变化引起的。

②资本有机构成在不同的生产部门和企业是不一样的。

（3）随着资本主义经济的发展，资本有机构成具有不断提高的趋势。

### （四）资本积聚和资本集中

（1）个别资本的增大有两种基本形式：资本积聚和资本集中。

①资本积聚是指个别资本依靠本身的积累，将剩余价值转化为资本来增大自己的资本总额。

②资本集中是把许多已经存在的规模较小的资本合并或联合起来形成大资本。

（2）资本积聚和资本集中是互相联系、互相促进的，同时，二者又是有区别的。

### （五）相对过剩人口

（1）相对过剩人口是指超过资本需要的相对多余的劳动人口。

（2）相对过剩人口是在资本有机构成提高的条件下资本积累的必然产物。

（3）相对过剩人口不但是资本积累的必然产物，而且是资本主义存在和发展的必要条件。

（4）相对过剩人口的基本形式：①流动的过剩人口，是指那些暂时从生产过程中被排挤出来的失业工人。②潜在的过剩人口，是指那些在农村中还有一小块土地，靠经营这一小块土地和做短工维持生活的人。③停滞的过剩人口，是指那些没有固定职业，依靠干些杂活勉强维持生活的人。

### （六）资本主义积累的一般规律

（1）资本主义积累的一般规律的基本内容。

（2）资本主义积累的一般规律作用的社会后果。

### （七）无产阶级贫困化

（1）无产阶级贫困化，是指资本主义制度下整个无产阶级处于贫困状态。这种贫困状态从根本上意味着无产阶级丧失了生产资料所有权，在经济上处于一无所有的地位。

（2）无产阶级贫困化的基本形式：相对贫困化和绝对贫困化。

①无产阶级相对贫困化是指无产阶级的收入在国民收入中的比重下降。

②无产阶级绝对贫困化是指无产阶级物质生活状况的绝对恶化。

### （八）资本原始积累和资本主义历史趋势

（1）资本原始积累不是资本主义生产方式的结果，而是它的起点。

（2）资本原始积累的方法和实质。

（3）资本主义历史趋势：剥夺剥夺者——资本主义生产方式的历史暂时性。

## 三、重点问题解答

**1. 如何理解“分析资本主义简单再生产能够发现资本主义生产关系的新特征”？**

资本主义简单再生产是指资本家把剩余价值全部用于个人消费，而在原有规模上重复进行的再生产。资本主义再生产的特征是扩大再生产，但考察资本主义再生产，必须从简单再生产开始。这不但是科学的方法论的要求，而且由于简单再生产的重复性或连续性，会呈现出资本的一次孤立的生产过程所看不到的新的特征，消除它作为一次孤立过程所具有的虚假现象，从而有助于进一步认识资本主义生产的实质。

（1）资本家用来购买劳动力的可变资本即支付给工人的工资是工人自己创造的。在孤立的生产过程中，劳动力的买卖是生产的一个重要前提条件，因而资本家必须先拿出一定数量的货币，当作可变资本以工资的形式付给工人。这就造成一种假象，好像是工人得到的工资表现为资本家从私人基金中预付的货币给工人，是资本家养活工人的。但是，从连续不断的再生产过程来看，这种假象马上就会消失。因为在连续不断的再生产过程中，工人在为资本家生产剩余价值的同时还再生产出自身的劳动力价值。资本家不过是用工人上一个生产过程已经再生产出来的劳动力价值来进一步雇佣工人，这不是资本家养活工人，而是工人自己养活自己，而且还养活资本家。

（2）资本家手中的全部资本，也是由工人的劳动创造的。从孤立的一个生产过程来看，在资本主义生产开始前，资本家要购买劳动力和生产资料，不仅要预付可变资本，还要预付不变资本。从表面上看，好像资本家预付的全部资本是由资本家自己积攒而来的。但是，从连续的再生产过程来看，资本家手中的全部资本，也是由工人的劳动创造的。不但资本家手中的原始资本是依靠剥削、掠夺劳动者获得的，而且即使撇开一切积累因素的简单再生产，经过若干年或若干再生产周期，资本家原预付资本就会被资本家用于生活消费而消失，他现在手中的任何资本都变成了资本化的剩余价值，都是由剩余价值转化而来的。

（3）工人的个人消费也是隶属资本需要的，是服从于剩余价值生产的。从孤立的一个生产过程来看，在资本主义生产中，工人出卖劳动力以后，用所得工资购买生活资料进行个人消费是在生产过程之外，似乎与生产过程无关。可是，从简单再生产过程来看，工人的个人消费是从属于资本家追逐剩余价值的需要的，是资本生产和再生产的一个要素。工人的个人消费并不是生产过程以外的事情，而是重新再生产出可供资本家剥削的劳动力。

综上所述，从资本主义简单再生产过程考察，“它不仅生产商品，不仅生产剩余价值，而且还生产和再生产资本关系本身：一方面是资本家，另一方面是雇佣工人”①。

**2. 资本主义扩大再生产与资本积累的实质及其原因是什么？**

（1）扩大再生产是指资本家不把剩余价值全部用于个人消费，而是将其中的一部分再转化为新的资本，用于购买追加的生产资料和劳动力，使再生产在扩大的规模上重复进行。

（2）扩大再生产是资本主义再生产的特征，而资本积累是资本主义扩大再生产的主要源泉。第一，扩大再生产是资本主义再生产的特征。这是由资本主义生产方式决定的。资本主义生产的直接目的和决定性动机是获取尽可能多的剩余价值，而资本家为了不断地榨取越来越多的剩余价值，就必须进行资本积累，扩大再生产，加强对工人的剥削；同时，这也是竞争规律所决定的，因为在激烈的竞争中，资本规模的大小是决定胜负的重要条件，这也要求进行扩大再生产。其次，“积累就是资本的规模不断扩大的再生

---

① 马克思，恩格斯．马克思恩格斯全集：第 23 卷［M］．中共中央马克思恩格斯列宁斯大林著作编译局，译．北京：人民出版社，1972：634.

产”①。因为积累的追加资本，无非是工人过去劳动创造的剩余价值。工人阶级总是用他们这一年的剩余价值创造了下一年雇佣追加劳动的资本。追加资本分为两部分，一部分作为不变资本，购买追加的生产资料，另一部分作为可变资本，雇佣追加的劳动力，两者在生产过程中被合并在一起，从而实现了规模扩大的再生产。因此，从这个意义上讲，积累是资本的规模不断扩大的再生产。资本积累是扩大再生产的前提，而扩大再生产是资本积累的结果。

（3）资本积累的实质。剩余价值是由工人创造的，因此，资本家进行资本积累和规模扩大的再生产，无非就是用从工人身上榨取的剩余价值作为进一步榨取工人剩余价值的条件，工人总是用他们的剩余价值创造着资本家雇佣追加劳动力的资本。马克思指出：“现在，对过去无酬劳动的所有权，成为现今以日益扩大的规模占有活的无酬劳动的唯一条件。资本家已经积累的越多，就越能更多地积累。”② 也就是说在所谓等价交换的形式下，资本家不断地使用无偿占有的剩余价值增加资本，用以榨取更多的剩余价值，扩大生产规模，加重对工人的剥削，这就是资本积累的实质。

（4）资本积累的原因。①占有更多剩余价值是资本积累的内在动力。从资本家追求剩余价值来看，资本主义生产本质上是剩余价值生产，资本主义生产的目的是追求剩余价值，发财致富。正是这个内在动力推动资本家不断进行积累以扩大生产规模。②竞争是迫使资本家进行资本积累的外在原因。资本主义竞争是以经济实力为基础的。资本家为了在竞争中取得胜利，既需要努力采用新技术设备，提高劳动生产率；又需要不断增加投资，从而扩大生产规模。这些都需要不断增大资本，迫使资本家不断进行资本积累。

**3. 如何正确认识资本有机构成及其提高趋势？**

（1）提出资本有机构成理论的意义。

马克思考察资本积累理论的任务在于，研究资本增长对工人阶级命运产生的影响，而在这种研究中，最重要的因素是资本的构成和它在积累过程中所起的质的变化。马克思运用他创立的资本有机构成学说，考察了资本增长对工人阶级命运产生的影响以及其他许多重大理论问题。

（2）资本有机构成建立的基础及其内在规定性。

资本有机构成概念是建立在劳动二重性学说、不变资本学说和可变资本学说的基础上的。马克思认为资本构成要从双重意义上来理解。第一，从在生产过程中发挥作用的资本的物质方面来看，每一个资本都分为生产资料和劳动力。这种资本构成是由所使用的生产资料和为生产这些生产资料而必需的劳动量之间的比率来决定的。这种比率是随

---

① 马克思，恩格斯. 马克思恩格斯全集：第 23 卷［M］. 中共中央马克思恩格斯列宁斯大林著作编译局，译. 北京：人民出版社，1972：637.

② 马克思，恩格斯. 马克思恩格斯全集：第 23 卷［M］. 中共中央马克思恩格斯列宁斯大林著作编译局，译. 北京：人民出版社，1972：639.

着生产技术和劳动生产力的提高而改变的，但在一定时间内则是一定的。由于这种比率是一种技术性的，因此把它叫作资本的技术构成。第二，从资本的价值的形式来看，资本可以分为不变资本和可变资本。由于生产资料和劳动力之间存在着一定的比率，因此用来购买生产资料的不变资本和购买劳动力的可变资本之间也应该相应地保持一定的比率关系。这种不变资本和可变资本的比率，就是资本的价值构成。马克思认为，资本的技术构成和价值构成之间存在着密切联系：资本的价值构成以资本的技术构成为基础，资本的技术构成决定资本的价值构成；资本的技术构成变化一般会引起资本价值构成变化，而资本的价值构成变化通常也可以反映资本技术构成的变化。马克思说："为了表达这种关系，我把由资本技术构成决定并且反映技术构成变化的资本价值构成，叫作资本的有机构成。"①

(3) 资本有机构成不断提高的趋势。

马克思认为，资本主义的生产发展从生产组织形式和技术工具来看，经历了简单协作、工场手工业和机器大工业三个阶段。而在前两个阶段，手工劳动或半机械劳动成为生产的主体，生产技术水平低，新技术在生产中的应用还不普及，资本有机构成的变化十分缓慢。但随着资本主义经济的发展，机器大工业的出现，科学技术的进步，资本积累的增长，资本有机构成有不断提高的趋势。马克思把资本积累进程中资本有机构成的提高叫作资本构成质的变化。其原因是，资本追求剩余价值的内在冲动和资本互相竞争的外在压力，迫使资本家努力提高劳动生产率，减少单位产品劳动耗费，使个别劳动时间低于社会必要劳动时间，追求更多的超额剩余价值。因此，资本家就要采用先进的技术设备，提高劳动效率，促进资本技术构成的提高。而资本技术构成提高的结果必然导致资本价值构成发生变化，即在总资本中用于购买劳动力的可变资本比例逐步下降，使用同样的劳动力将推动更多生产资料；用于购买机器设备等生产资料的不变资本比例的增长速度相对加快，结果资本技术构成提高引起资本价值构成的变化最终将推动资本有机构成的不断提高。从全社会来看，个别企业资本有机构成的提高最终会引起部门以及整个社会资本有机构成的提高。

**4. 怎样理解资本积累与资本积聚、资本积聚与资本集中的相互关系？**

(1) 资本积累与资本积聚的相互关系。

①资本积累和资本积聚的概念。

资本积累就是把剩余价值再转化为资本，或者说，是剩余价值的资本化。

资本积聚是指个别资本依靠本身的积累，不断将剩余价值转化为资本来增大自己的资本总额。

②资本积累和资本积聚的关系。

---

① 马克思，恩格斯. 马克思恩格斯全集：第23卷［M］. 中共中央马克思恩格斯列宁斯大林著作编译局，译. 北京：人民出版社，1972：672.

资本积累是资本积聚发生的前提条件，资本积聚是资本积累作用的必然结果。二者的区别在于，资本积累只是代表个别资本中剩余价值转化为资本的那部分新追加的资本量，而资本积聚代表了整个扩大的个别资本量，既包括原有资本量，又包括新追加资本量。

（2）资本积聚与资本集中的相互关系。

①资本集中是把许多已经存在的规模较小的资本合并或联合起来形成大资本。

②资本积聚与资本集中的相互关系：

第一，资本积聚和资本集中是互相联系、互相促进的。一方面，资本积聚可以促进资本集中。因为随着资本积聚的进行，大资本规模大，在竞争中更容易击败、吞并中小资本，促进资本集中；同时，随着资本积聚的进行，个别资本的增大，可用于借贷的资本数量增多，信用发展，这也促进了资本集中。另一方面，资本集中也可以促进资本积聚。因为资本集中可以使资本主义企业生产经营规模迅速扩大，这有利于先进技术的采用，从而获得超额剩余价值，以增加积累，促进资本积聚。

第二，资本积聚和资本集中又是有区别的。主要区别在于：第一，资本积聚是单个资本的自我积累；资本集中是社会资本的合并或联合。第二，资本积聚是单个资本家依靠剩余价值资本化实现的，它能增大社会资本总额；资本集中是通过原有资本在资本家之间重新分配实现的，不会增大社会资本总额。第三，资本积聚要受积累基金的限制，增长速度较缓慢；资本集中不受积累基金的限制，增长速度较快。

**5. 如何正确认识相对过剩人口的形成及其基本形式？**

（1）相对过剩人口是指超过资本需要的相对多余的劳动人口。

（2）相对过剩人口是在资本有机构成提高的条件下资本积累的必然产物。在资本主义积累过程中，一方面，由于资本有机构成的不断提高，在总资本中不变资本部分日益增加，可变资本部分相对减少以至于资本对劳动力的需求相对减少。另一方面，由于下列各种原因，劳动力的供给却日益增加：①随着技术的不断进步，机器的广泛使用，资本家可以大量使用童工、女工取代原来工资成本相对较高的工人。②随着资本主义的发展，小生产者的两极分化，大批农民和手工业者破产，加入了雇佣工人的队伍。③随着资本主义竞争的激烈进行，一部分中小资本家在竞争中破产，沦为了无产者，也加入了雇佣工人的队伍。

从以上两方面可以看出，随着资本主义积累的进行，一方面必然造成资本对劳动力需求相对减少，另一方面又必然造成劳动力的供给不断增加。这就使劳动力的供给超过劳动力的需求，从而必然造成大量劳动者失业，形成相对过剩人口。

（3）相对过剩人口不仅是资本积累的必然产物，而且是资本主义存在和发展的必要条件。原因是：①相对过剩人口的存在所形成的产业后备军，就像存储劳动力的“蓄水池”，它可以随时调节资本对劳动力的需求。这样，当资本主义生产发展处于繁荣时期就随时都能获得可以榨取的劳动力；当资本主义生产发展处于萧条时期又可将多余劳动力排出生产过程进入产业后备军。②由于存在相对过剩人口，劳动力供过于求，这时资本家不但可以从市场上购买到更廉价的劳动力，还可以以此相威胁压低在业工人的工资，迫使他们提高劳动强度或接受其他种种苛刻条件。这样，资本家又可以加强对在业工人的剥削。

（4）相对过剩人口的基本形式：

①流动的过剩人口。流动的过剩人口在资本主义生产扩张和收缩的周期变动中处于时而被现代产业吸纳，时而又被抛出的流动状态。流动的过剩人口产生是各个部门资本主义生产发展、资本流动和资本有机构成变化的不平衡以及资本主义再生产过程中危机和繁荣时期的互相交替进行等因素综合作用的结果。

②潜在的过剩人口。潜在的过剩人口是潜伏在资本主义农业部门中的过剩人口，他们随时可能显现出来加入产业后备军的队伍中。因为随着农业资本主义的发展，农村中的大生产排挤小生产，使大量的小私有者破产；同时，由于农业资本有机构成的提高，农业对劳动力的需求相对减少。这就必然形成大量的农业过剩人口。这些过剩人口住在农村等待时机，准备随时转入城市做工。但在转入城市前，因为他们还保留着一小块土地，过着艰苦的生活，从形式上看，又好像没有失业，所以，这种过剩人口称为潜在的过剩人口。

③停滞的过剩人口。停滞的过剩人口是由于各种原因再也不能进入现代产业中心就业的过剩人口，他们一般生活在社会的底层。这些人工作极不稳定，劳动时间长，工作条件差而工资又特别低。这种过剩人口还不断从工业和农业过剩人口中得到补充。

**6. 资本主义积累的一般规律的基本内容及其社会后果是什么？**

（1）资本主义积累的一般规律的实质性内在逻辑关系。

资本主义积累的一般规律，实质上是指资本积累的进行必然引起资产阶级财富和无产阶级贫困的积累的内在的、本质的、必然的联系。

（2）资本主义积累的一般规律的内容表述。

马克思通过资本积累进程中资本有机构成作用机制的分析，揭示了资本主义积累的一般规律："社会的财富即执行职能的资本越大，它的增长的规模和能力越大，从而无产阶级的绝对数量和他们的劳动生产力越大，产业后备军也就越大。可供支配的劳动力同资本的膨胀力一样，是由同一些原因发展起来的。因此，产业后备军的相对量和财富的力量一同增长。但是同现役劳动军相比，这种后备军越大，常备的过剩人口也就越多，他们的贫困同他们所受的劳动折磨成正比。最后，工人阶级中贫苦阶层和产业后备军越大，官方认为需要救济的贫民也就越多。这就是资本主义积累的绝对的、一般的规律。"① 从这一规律的基本内容及其内在逻辑关系来看，可以概括出逻辑推理递进的三

---

① 马克思，恩格斯. 马克思恩格斯全集：第 23 卷［M］. 中共中央马克思恩格斯列宁斯大林著作编译局，译. 北京：人民出版社，1972：707.

点：①执行职能的资本越大，社会劳动生产力越大，产业后备军也越大；②产业后备军越大，经常的过剩人口就越多，他们就越贫困；③产业后备军越大，他们经常失业并且越来越贫困，于是需要接济的贫民也就越多。把这三点合并成一句话就是：执行职能的资本越大，产业后备军也越大，由于失业和贫困而需要接济的贫民也就越多，这就是资本主义积累的一般规律的核心思想。

（3）资本主义积累的一般规律作用的社会后果。

由于这一规律的作用，资本主义两极分化现象日益发展。“这一规律制约着同资本积累相适应的贫困积累。因此，在一极是财富的积累，同时在另一极，即在把自己的产品作为资本来生产的阶级方面，是贫困、劳动折磨、受奴役、无知、粗野和道德堕落的积累。”① 也就是资本主义积累的一般规律的作用，结果造成一极是资本家阶级财富的积累，另一极是广大劳动群众贫困的积累，资本主义形成了自身无法逾越的贫富鸿沟。

**7. 资本原始积累的方法与实质是什么？**

（1）资本原始积累是处于资本主义生产方式占统治地位的史前时期。最初资本家开展资本主义经济所必要的生产要素（货币资本、劳动力、土地等）都是通过资本原始积累取得的。资本原始积累就是为了完成“创造资本关系的过程，只能是劳动者和他的劳动条件的所有权分离的过程。这个过程一方面使社会的生活资料和生产资料转化为资本，另一方面使直接生产者转化为雇佣工人……这个过程所以表现为‘原始的’，因为它形成资本及与之相适应的生产方式的前史”。②

（2）实现资本原始积累的方法：对农民土地的剥夺和对货币财富的剥夺。

①对农民土地的剥夺是使直接生产者转为雇佣工人的主要方式，它形成资本主义原始积累“全部过程的基础”③。这种掠夺在英国进行得最彻底、最典型。15 世纪末到 19 世纪初，英国毛纺业兴起，世界市场骤然扩大。新兴的资产阶级为了发展牧羊业进行了大规模的圈地运动。他们用暴力强占耕地，平毁村庄，并将强占的耕地连成一片，围上篱笆，变成牧场，土地被圈的农民破产，沦为乞丐和流浪者。当时国家还颁布许多血腥的法律，用鞭打、烙印、监禁甚至死刑来禁止农民流浪乞讨，强迫他们成为资本主义的雇佣劳动者。

②对货币财富的剥夺是资本原始积累的重要因素。这是通过殖民制度、国债、重税、保护关税和商业战争的暴力手段进行的。在这些手段中，殖民制度起着特别重要的作用。“美洲金银产地的发现，土著居民的被剿灭、被奴役和被埋葬于矿井，对东印度

---

① 马克思，恩格斯. 马克思恩格斯全集：第 23 卷［M］. 中共中央马克思恩格斯列宁斯大林著作编译局，译. 北京：人民出版社，1972：708.

② 马克思，恩格斯. 马克思恩格斯全集：第 23 卷［M］. 中共中央马克思恩格斯列宁斯大林著作编译局，译. 北京：人民出版社，1972：782－783.

③ 马克思，恩格斯. 马克思恩格斯全集：第 23 卷［M］. 中共中央马克思恩格斯列宁斯大林著作编译局，译. 北京：人民出版社，1972：784.

开始进行的征服和掠夺，非洲变成商业性地猎获黑人的场所：这一切标志着资本主义生产时代的曙光。这些田园诗式的过程是原始积累的主要因素。”①

（3）资本原始积累的实质。资本原始积累过程的实质就是“所谓原始积累只不过是生产者和生产资料分离的历史过程”②。而这个过程完全是通过暴力来实现的。因此，马克思一针见血地指出“资本来到世间，从头到脚，每个毛孔都滴着血和肮脏的东西”③。

## 四、疑难问题和学术争鸣

**1. 如何理解商品生产的所有权规律转变为资本主义占有规律？**

（1）商品生产所有权规律的基本内容。

商品生产所有权规律是以商品生产和商品流通为基础的占有规律。其内容是：在简单商品经济条件下，劳动和财产所有权是统一的。商品生产者对自己的商品具有所有权，并按照等价交换的原则占有别人的商品。具体地说，在商品生产和商品流通的关系中，商品生产者之间是权利平等的，又是相互对立的。在进行商品交换时，双方要互相承认对方的所有权；要取得对方的产品，就必须让渡自己的产品或货币。既然双方都承认对方具有商品所有权，权利又是平等的，那么在让渡商品时就必须进行等价交换。遵守了等价交换原则，就意味着遵守了商品生产所有权规律。

（2）资本主义占有规律的基本内容。

资本主义占有规律的内容是：占有生产资料的资本家占有工人生产的产品，无偿占有工人生产的产品中包含的剩余价值；而工人不能占有产品，他们只能保持劳动力以便作为商品继续出卖。这就意味着，所有权对资本家来说，表现为占有工人无酬劳动或产品的权利，而对工人来说，则表现为不能占有自己生产的产品的权利。这一占有规律所揭示的内容，在资本主义再生产过程中将随着再生产规模的变化（从简单到扩大）而不断发展、不断扩大、不断深化。

（3）在资本主义再生产过程中，商品生产的所有权规律转变为资本主义占有规律。

①资本主义占有规律的成立是商品生产所有权规律的直接对立物。马克思说，“以商品生产和商品流通为基础的占有规律或私有权规律，通过它本身内在的、不可避免的

① 马克思，恩格斯．马克思恩格斯全集：第23卷［M］．中共中央马克思恩格斯列宁斯大林著作编译局，译．北京：人民出版社，1972：819.

② 马克思，恩格斯．马克思恩格斯全集：第23卷［M］．中共中央马克思恩格斯列宁斯大林著作编译局，译．北京：人民出版社，1972：783.

③ 马克思，恩格斯．马克思恩格斯全集：第23卷［M］．中共中央马克思恩格斯列宁斯大林著作编译局，译．北京：人民出版社，1972：829.

辩证法转变为自己的直接对立物”①，即资本主义占有规律。最初，资本家和工人在劳动市场上进行劳动力买卖，是遵循商品生产所有权规律的等价交换原则进行的。但是在积累和扩大再生产过程中，这个表现为最初行为的等价物交换，已经变得仅仅在表面上是等价交换，即作为商品生产所有权表现的等价交换仅仅是形式，而它的内容完全改变了。因为这时从资本家和工人之间的交换关系来看，用来交换劳动力的那部分资本本身只是不付等价物而无偿占有的别人劳动产品的一部分；这部分资本不仅必须由它的生产者即工人来补偿，而且在补偿时还要加上一个新的剩余价值。这表明劳动力买卖的等价交换仅仅是形式，其内容则是无偿占有，即“资本家用他总是不付等价物而占有的别人的已经物化的劳动的一部分，来不断再换取更大量的别人的活劳动”②。这是对资本主义占有规律的深刻揭示。

②商品生产所有权规律转变为资本主义占有规律是劳动力成为商品的必然结果。为什么会发生商品生产所有权规律转变为资本主义占有规律呢？这是劳动力作为商品买卖的必然结果。本来商品生产所有权规律是以生产资料所有权和劳动的结合为基础的。但在所谓资本原始积累时期，发生了直接生产者和生产资料相分离的过程。生产资料所有权和劳动分离的结果，是独立生产者沦为出卖劳动力的雇佣劳动者。在这样的条件下，市场上虽然资本家和工人之间仍然可能按照等价交换原则买卖劳动力，形式上仍符合商品生产所有权规律，但实质上在生产过程开始后资本家按照资本主义占有规律不断无偿占有工人生产的劳动产品和剩余价值，工人每次走出生产过程后仍然一无所有，为了生存又不得不反复出卖劳动力，这样商品生产所有权规律就转变为资本主义占有规律。用马克思的话讲，“一旦劳动力由工人自己作为商品自由出卖，这种结果就是不可避免的”③。

（4）资本主义占有方式的产生是商品生产所有权规律的应用。

在资本主义生产方式产生以后，在商品流通领域中，资本家之间、资本家和工人之间的交换完全遵循了商品生产所有权规律。从流通领域转到生产领域后，生产过程的结果是资本主义占有，资本主义占有规律就转变为资本主义所有规律了。但是，这个转变并没有违反商品生产所有权规律。“不论资本主义占有方式好像同最初的商品生产规律如何矛盾，但这种占有方式的产生绝不是由于这些规律遭到违反，相反地，是由于这些规律得到应用。”④ 这是因为，资本家购买劳动力是遵守等价交换原则的，但是生产的结

① 马克思，恩格斯．马克思恩格斯全集：第23卷［M］．中共中央马克思恩格斯列宁斯大林著作编译局，译．北京：人民出版社，1972：640.

② 马克思，恩格斯．马克思恩格斯全集：第23卷［M］．中共中央马克思恩格斯列宁斯大林著作编译局，译．北京：人民出版社，1972：640.

③ 马克思，恩格斯．马克思恩格斯全集：第23卷［M］．中共中央马克思恩格斯列宁斯大林著作编译局，译．北京：人民出版社，1972：644.

④ 马克思，恩格斯．马克思恩格斯全集：第23卷［M］．中共中央马克思恩格斯列宁斯大林著作编译局，译．北京：人民出版社，1972：640.

果是资本主义占有，即产品归资本家所有，产品中包含了剩余价值。可见，资本主义占有规律是商品生产所有权规律作用的结果。

**2. 为什么说失业既是生产社会化和市场经济发展的一般经济现象，又反映特定社会经济制度的要求？**

（1）失业是生产社会化和市场经济发展的产物。

相对过剩人口及其形式，是失业问题在资本主义制度下存在的特殊表现形式，但失业问题并不是资本主义经济中才有的现象。一般来讲，失业是市场上劳动力供给超过需求时表现出的总量失衡，这种现象并非自古就有，是生产社会化和市场经济发展的必然产物，是市场经济国家中存在的一般经济现象。

①随着生产社会化的发展，社会分工不断细化和改变，导致产业结构的调整和升级，生产要素也就会随着产业结构的调整变化而配置组合，这样从传统产业中被排挤出来的劳动力如果不能适应现代科学的应用以及新兴产业发展的需要，就可能失业。这种由经济结构调整发生的失业，为结构性失业。

②在市场经济条件下，市场配置资源，价格、竞争、供求、风险等市场机制在其中发挥基本的作用，以实现资源配置的最优效率。因此，市场配置资源，必然会使一些经营管理不善、严重亏损的企业被淘汰出局。于是企业因经营不善发生亏损、倒闭以及一些个体经营者的破产，都会造成经营亏损性或破产性失业。

③市场经济发展过程中，经济运行会呈现有规律的、周期性的波动。当经济处于低谷即危机或萧条时期，社会上必然会出现大量的失业人口。因此，这种经济周期性波动会导致对劳动的需求的波动，这样失业就不可避免。这种在经济周期波动中出现的失业，又称为周期性失业。

④在市场经济体制下，就业是由劳动力的市场来调节的，但劳动力市场发育和经营是一个渐近的过程。如果就业信息渠道不畅通，就业信息网络建设滞后，劳动者从一个地区流动到另一个地区，从一种工作岗位下来想转入另一种岗位都可能失业。社会上就可能发生空岗和失业的并存，即用工单位找不到所需要的劳动力，而劳动者也难以找到适合自己的就业岗位，这就出现了通常所说的摩擦性失业。

⑤在一些转型国家，即由计划经济体制转向市场经济体制的国家，由于企业掌握了用工自主权，原来隐藏在企业内部的失业人员，会进入社会失业的行列，成为公开失业人员，这就是隐性失业的显性化。隐性失业是相对公开失业而言的，是指虽然劳动者不处于零工时、零收入，但其劳动力不能得到充分利用，而且收入也不能达到正常的工资收入水平的状态。因此，隐性失业虽然表现为劳动者还留在企业，没有进入社会的公开范围，但实质上是就业不足，是社会名义就业量减去有效就业量的失业状态。

总之，在上述因素的综合作用下，失业在现代经济中会作为一种普遍的经济问题而存在，无论是资本主义市场经济或是社会主义市场经济都无法避免。

（2）失业仍要受到社会经济制度的制约。

虽然失业在现代市场经济中会作为一种普遍的经济问题而存在，无论是资本主义市场经济或是社会主义市场经济都无法避免，但是我们必须认识到的是，失业作为一种社会经济问题存在，就不能不受到特定社会形态中社会经济制度的制约和影响。在资本主义生产方式条件下，作为失业特殊形式的相对过剩人口是私人资本对雇佣劳动的排挤和压迫，失业是服从于私人资本增殖的需要。而在我国初级阶段的公有制市场经济中，虽然这种制度性排挤和压迫的根本性质消失了，但由于生产要素仍然要通过市场来配置，尤其是劳动力仍然作为商品来交换，宏观经济因素的变动和劳动力市场中各种自然因素以及劳动者自身因素的作用，都会使失业不会完全消失。

（3）我国学术界关于认识社会主义条件下失业问题的理论观点。

①改革开放前的“社会主义无失业论”。改革开放以前，在计划经济体制下搞单一的生产资料公有制结构，无论是市场上或企业用工制度上都根本否认和取消劳动力作为商品来交换，因而学术界传统地坚持马克思关于资本主义失业的理论，认为“失业是资本主义制度下的一种社会现象，无产阶级中的一部分人丧失劳动机会，成为产业后备军的组成部分”[①]。而建立在社会主义公有制基础上的计划经济消除了资本主义经济的无政府状态，也就从根本上消除了失业，论证没有失业是社会主义优越性的体现成为当时学术界的理论取向。

②改革开放后的“社会主义市场经济失业论”。改革开放之后，随着社会主义市场经济体制的建立和发展，尤其在1994年中央文献将我国经济生活中的“待业”一词改为“失业”以后，学术界关于社会主义制度下的失业与就业理论的研究有了新的转变及发展，在继承和发展马克思主义失业与就业理论的基础上，承认了劳动力个人所有制，明确劳动力是商品，推行企业和劳动者通过市场双向选择的自主用工制度。社会主义市场经济也存在失业渐成共识，在探讨我国失业性质、原因、机制及政策等方面形成了不少研究成果。

第一，有观点认为，我国目前的失业仍然是人口总量过剩型失业，或者是总量过剩失业的背景叠加了一个转轨型失业。[②]

第二，有观点认为，我国当前的失业现象主要背景是经济体制转轨，要了解我国经济中的失业问题，必须着眼于我国经济从计划经济体制向市场经济体制过渡的客观事实。[③]

第三，有观点认为，我国的失业主要是经济波动造成的，在现阶段对我国失业率变动的影响主要还是宏观经济的波动，失业率对经济波动还是比较敏感的，而结构因素和

① 程连升．中国反失业政策研究（1950—2000）［M］．北京：社会科学文献出版社，2002：33.
② 钟朋荣．跨世纪难题：谁为中国人造饭碗［M］．北京：中国经济出版社，1998：25.
③ 杨宜勇．就业理论与失业治理［M］．北京：中国经济出版社，2000：279.

摩擦因素还没有对失业率的变动带来较大的影响。[①]

第四，有观点认为，我国失业主要不是周期性的，而是具有结构的性质，下岗失业严重的行业，需求相对疲软、就业增长缓慢，而新兴扩张的行业几乎不存在失业问题，就业增长速度则较快，可见失业的结构性特征十分明显。[②]

**3. 如何看待资本主义制度下贫困的特殊性和世界范围内贫困存在的一般性？**

（1）贫困既是一个世界问题，也是社会经济问题。

贫困是一个世界问题，它存在于历史和现实之中，存在于世界范围之内。迄今为止，全球还有13亿多贫困人口分布在世界各国。尽管贫困问题成为世界各国共同面临的一种灾难性通病，有其共性，表现为生产生活环境恶劣、收入水平低、文化素质差、健康状况不良等，但是，贫困毕竟是一个社会经济问题，不是一个纯粹的自然灾害问题。它的存在与演变与各个国家深层次的历史背景、经济、政治、社会、文化以及自然地理环境等内在和外在因素的综合作用有关。从这个意义上讲，不同制度类型和不同意识形态的国家内发生的贫困又有差异性。比如，不能将资本主义制度下，因资本积累一般规律作用所造成的无产阶级贫困化与我国因生产力发展暂时落后以及经济社会转型所引发的部分劳动群众生活困难的贫困现象混为一谈，二者在形成原因、状态特征、社会后果等方面都有本质区别。

（2）资本积累一般规律作用下的资本主义社会贫困问题。

马克思从资本主义积累的一般规律上揭示了无产阶级贫困化发生的必然性，并且阐明了受资本主义积累的一般规律作用的支配无产阶级经济状况的贫困化将发生变化。因此，只要有资本主义积累的一般规律的存在，无产阶级贫困化就不可避免，改变的只是它在不同历史阶段上的表现形式。尽管距马克思揭露资本主义制度下无产阶级贫困化问题已经有一百多年了，资本主义社会的贫困现象也发生了许多的变化，但其根源仍然是资本积累不断增进、资本有机构成不断提高、相对过剩人口不断增多，因为这必然导致资本主义社会资产阶级一极的财富积累和广大劳动群众一极的贫困积累，这是资本主义积累的一般规律的内在要求。在这一般规律的作用下，资本主义社会贫困就是不可避免的客观存在，发达资本主义国家普遍存在相对贫困与生活在贫困线以下的人口以及发展中的资本主义国家普遍存在绝对贫困就是其充分的表现形式。因此，当今资本主义发展过程中，资本主义积累的一般规律仍然深刻地制约着资本主义积累与资产阶级的财富积累同劳动阶级的失业、贫困积累之间内在的、本质的、必然的联系。资本主义积累一般规律作用的必然结果仍然是：在资本主义制度下，劳动群众用自己的劳动创造出大量的社会财富，而这些财富被资产阶级及其财团无偿占有；要根除资本主义社会的贫困就必须消灭资本主义雇佣劳动制。

---

① 钱小英．我国失业率的特征及其影响因素分析［J］．经济研究，1998（10）．

② 盛仕斌．中国失业的性质与失业治理对策［J］．当代经济科学，1998（11）．

### 4. 如何评价马尔萨斯的“人口论”？

（1）马克思之前的近代人口理论。

马克思的相对过剩人口理论，是在批判与借鉴古典经济学和其他人口理论中建立起来的。在马克思以前，流行的人口理论主要有古典经济学人口理论、马尔萨斯的人口理论和空想社会主义的人口理论。①这些人口理论试图解答，随着资本主义工业化的发展，社会财富增长与人口生产的内在相关性，以及与它们相伴随的失业、贫困、收入差距等社会不公平问题的根由，并相应提出了它们各自解决问题的社会方案，其中尤以马尔萨斯的人口理论最为惊世骇俗，在理论界引起了激烈的争论，产生了深远的影响。马克思在《资本论》第三卷和《剩余价值学说史》中，集中对马尔萨斯人口理论的学术渊源、理论性质和阶级背景进行了鞭辟入里的揭示和批判；同时，也看到了马尔萨斯人口理论中的合理成分，从而为建立科学的人口理论奠定了基础。

（2）马尔萨斯“人口论”的基本内容。

①马尔萨斯“人口论”的两个假设前提。

马尔萨斯研究人口问题首先提出了两个假设前提：人的性本能几乎无法限制；食物为人类生存所必需。

基于这两个假设，他论断人口是按几何级数，例如1，2，4，8…$2^{n-1}$增加，而食物只是按算术级数，例如1，2，3，4…$n$增加，因而食物供应量的增加永远赶不上人口的增加。

②马尔萨斯提出防止人口增长过快的方法。

他认为，防止人口增长过快的方法在历史上有两种：

一是积极性抑制，如饥荒、灾害、疾病、战争等；

二是道德抑制（也叫预防性抑制），如禁欲、晚婚、不结婚等。

马尔萨斯断言，人口的繁殖超过生活资料的增长是任何社会都存在的一种“自然规律”。马尔萨斯人口论的理论基础是土地肥力递减规律，就是在一定范围的土地上，由于土地生产潜力的影响，递增投资不能相应增加农产品的产量，而是到一定限度后收益反而会递减。因此，人口增长必然为生活资料所限制；只要生活资料增长，人口一定会坚定不移地增长，除非受到某种非常有力而又显著的阻止；占优势的人口繁殖力，为贫困和罪恶所抑制，因而使现实的人口增长和物质资料增长保持一致。人口的增长必须要有一个适当的限度。

（3）对马尔萨斯“人口论”的简要评价。

马尔萨斯的人口理论一经提出便引发了颇多的争论，其理论也一度成为帝国主义战争政策的理论根据之一。

马尔萨斯提出的人口按几何级数增长的说法是没有理论根据的。整个人口绝对不会

① 吴忠观．吴忠观文集［M］．成都：西南财经大学出版社，2004：164.

如此增长，因为社会的条件只能适应一定数量的人口。另外，如果说由一定形式的生产条件的扩展能力所设定的人口限制随生产条件而变化，那么人口的绝对增长率以及过剩人口率也会随生产条件变化。离开一定的生产力状况和具体的生产方式去研究人口增长的规律性，这正是马尔萨斯人口论在理论上的致命错误所在。而现实生活中的事实，也有力地驳斥了马尔萨斯“两个级数”的人口理论。以某些资本主义国家的有关历史材料为例：法国在1760—1840年的80多年中，人口仅增加了60%，而食物数量增加了2倍；德国在19世纪的100年内，人口增加了2倍，而生活资料增加了3倍。①

马克思和恩格斯对马尔萨斯人口理论进行了批判分析和探索。马克思认为，马尔萨斯谈论的抽象的人口规律只存在于历史上还没有受过人类干涉的动植物世界，现实社会根本不存在这种抽象的规律。工人人口在生产出资本积累的同时以日益扩大的规模生产出使他们自身成为相对过剩人口的手段，是资本主义特有的人口规律。

当然，马尔萨斯的人口理论也有其合理的因素，他所提出的人口增长和生活资料增长的关系问题，以及人口的增长必须要有一个适当的限度，应采取节育、晚婚等方式来解决人口膨胀等问题，值得人们注意和研究。如果对人口增长不加控制，无疑会造成社会的沉重负担。但马尔萨斯没有看到人口的增长不是纯生物的自然过程，而是同一定的生产方式相联系的社会历史过程。

同时，马尔萨斯对经济学也有着重要的影响。受马尔萨斯影响的经济学家断定：在正常的环境下，人口过剩使工资不会大大地高于维持生计的水平。著名的英国经济学家大卫·李嘉图（马尔萨斯的亲密朋友）说：“劳动的自然价格就是必须使劳动者能够共同生存，即使人类不增不减永世长存的价格。”这个学说一般被称为“工资钢铁定律”，为马克思所接受，成为其剩余价值学说的一个重要组成部分。

① 徐禾，等. 政治经济学概论［M］. 北京：人民出版社，1973：189.

# 第四章　资本循环与周转

## 一、本章内容简介

本章在第三章对个别资本直接生产过程研究揭示了资本主义生产的实质及其运动规律的基础上，将生产过程与流通过程统一起来进一步研究资本的运动。

第一节：资本循环分析考察了个别资本运动中的形式变化和实现资本连续循环的条件。产业资本的运动要依次经过购买阶段、生产阶段和售卖阶段三个阶段，相继采取货币资本、生产资本和商品资本三种职能形式，最后回到原来的出发点，由此构成自己的循环。这说明了产业资本循环要连续进行必须同时具备三种职能形式在空间上并存和三种循环形态在时间上继起这两个条件。

第二节：资本周转考察了资本运动的时间、速度及资本周转速度对资本使用效果与价值增殖的影响。周而复始的资本循环就是资本的周转，循环一次即是周转一次。周转时间由生产时间和流通时间组成。周转速度与周转时间成反比，与周转次数成正比。加快资本周转速度可以大大提高资本的使用效率。

## 二、本章主要知识点

### （一）产业资本循环的三个阶段和三种职能形式

（1）资本循环指资本在运动过程中，依次经过购买阶段、生产阶段和售卖阶段三个阶段，相应采取货币资本、生产资本、商品资本三种职能形式，使价值得到增殖，最后又回到原来的出发点的一个运动过程。

（2）产业资本循环的三个阶段是互相连接、有机统一的，并且三个阶段是依次经过的，有规律性，不能颠倒。

（3）产业资本循环的三种职能形式不是三个独立资本，而是资本在三个阶段中发挥着不同的作用。

### （二）产业资本循环的三种循环形态

（1）产业资本在循环过程中要顺次采取三种资本形式。每一种资本形式都会形成自己的独立循环。

（2）货币资本的循环。

（3）生产资本的循环。

（4）商品资本的循环。

产业资本循环是三种循环形态的统一。

### （三）产业资本连续循环必须具备两个基本条件

（1）产业资本三种职能形式在空间上的并存性。

（2）产业资本三种循环形态在时间上的继起性。

### （四）资本循环与资本周转的关系

（1）资本周转就是周而复始、不断反复的资本循环过程。

（2）资本循环与资本周转的联系。

（3）资本循环与资本周转的区别。

### （五）资本周转时间与周转次数

（1）资本周转时间指资本周转一次所需要的时间，即生产时间和流通时间的总和。

①生产时间及其构成。

②流通时间及其构成。

（2）资本周转次数指以“年”为单位来计算的资本的周转速度，即一年内资本周转多少次。掌握资本周转速度公式。

（3）资本周转时间与资本周转次数是成反比例变化的，资本周转速度与资本周转次数是成正比例变化的。

### （六）固定资本和流动资本

1. 固定资本

（1）固定资本是物质形态上全部参加生产过程，其价值却在多次生产过程中逐渐转移到新产品中去的资本。

（2）固定资本磨损的两种类型：

①固定资本的有形磨损（也称物质磨损）及形成。

②固定资本的无形磨损（也称精神磨损）及形成。

2. 流动资本

（1）流动资本是物质形态上参加一次生产过程后，全部价值转移到新产品中去的资本。

（2）购买原材料的流动资本与购买劳动力的流动资本价值转移的不同。

（3）固定资本与流动资本的区别。

3. 不变资本与可变资本的划分同固定资本与流动资本的划分的区别

**（七）预付资本的总周转**

（1）预付资本的总周转速度公式：

$$\text{预付资本的总周转速度}=\frac{\text{固定资本周转的价值总额}+\text{流动资本周转的价值总额}}{\text{预付总资本}}$$

（2）影响预付资本总周转速度的因素。

**（八）加速资本周转的意义**

（1）加速资本周转，可以最大限度地发挥资本的潜能，节省资本的投入量。

（2）加速资本周转，特别是流动资本的周转，可以增加年剩余价值量和提高年剩余价值率。

①年剩余价值量（$M$）。

②年剩余价值率（$M'$）$=\frac{\text{一年生产的剩余价值量}}{\text{预付可变资本}}$

即：

$$\text{年剩余价值率}(M')=\frac{m'vn}{v}=m'n$$

（3）加速资本周转，对剩余价值的流通有着重要的影响，进而影响资本家的生活、生产和再生产。

## 三、重点问题解答

**1. 产业资本循环必须经过的三个阶段和采取的三种职能形式是什么？**

产业资本循环要依次经过购买阶段、生产阶段和售卖阶段三个阶段，资本相应采取货币资本、生产资本和商品资本三种职能形式，使价值得到增殖，最后又回到原来的出发点。资本循环的全过程公式为：

$$G—W\begin{cases}A\\Pm\end{cases}\cdots P\cdots W'—G'$$

（1）资本循环的第一阶段：购买阶段。

①购买阶段指资本家带着一定数量的货币资本进入市场，用于购买生产资料和劳动力，为直接生产过程的进行准备条件。用 $A$ 代表劳动力，$Pm$ 代表生产资料。其公式为：

$$G—W\begin{cases}A\text{（劳动力）}\\Pm\text{（生产资料）}\end{cases}$$

②在这一阶段，货币除了购买生产资料外，关键在于购买了劳动力这种特殊商品，从而为生产剩余价值准备了条件，因此，货币成为资本的存在形式（即货币资本）。

③在这一阶段，当货币购买到了劳动力和生产资料，货币资本的职能就实现了，资本由货币资本转化为生产资本。

（2）资本循环的第二阶段：生产阶段。

①生产阶段是资本家把在流通领域里购买到的生产资料和劳动力带回工厂，使劳动力和生产资料结合起来，进行生产。经过生产过程，不但生产出来的商品与当初购买进来的商品完全不同，而且价值量也发生了变化。现在生产出来的新商品中包含了雇佣工人创造的剩余价值。以 $P$ 表示生产过程，$W'$ 表示包含了剩余价值的商品，虚线表示流通过程的中断和生产过程的进行。其公式为：

$$W\begin{cases}A\\Pm\end{cases}\cdots P\cdots W'$$

②生产阶段是资本循环过程中具有决定意义的阶段。在这一阶段，资本不但在形态上发生了变化，而且资本的价值也发生了增殖。

③在这一阶段，生产资本一经生产出带有剩余价值的商品来，生产资本的职能就得以实现，生产资本即转化为商品资本。

（3）资本循环的第三阶段：售卖阶段。

①售卖阶段是资本家带着包含有剩余价值的商品回到市场，将包含有剩余价值的商品卖出，换回货币，但是资本家收回的货币不同于当初垫付的货币，发生了量的变化。它包含着一个剩余价值，已经是一个增殖了的货币资本。其公式为：

$$W'—G'$$

②售卖阶段是一个十分关键和特殊的阶段。如果资本不能顺利地通过售卖阶段，资本循环就不能回到它原来的出发点，资本的再生产过程就会中断。因此，马克思把这一阶段称为“惊险的跳跃”[①]。

③在这一阶段，商品卖出去了，商品形态转化为了货币形态，商品资本的职能就得以实现，商品资本也就转化为了货币资本。

**2. 怎样理解产业资本循环的三种循环形态的统一？**

产业资本在循环过程中要顺次采取三种资本形式。每一种资本形式都会形成自己的

① 马克思，恩格斯．马克思恩格斯全集：第 23 卷［M］．中共中央马克思恩格斯列宁斯大林著作编译局，译．北京：人民出版社，1972：124．

独立循环，从而形成产业资本的三种循环形态：

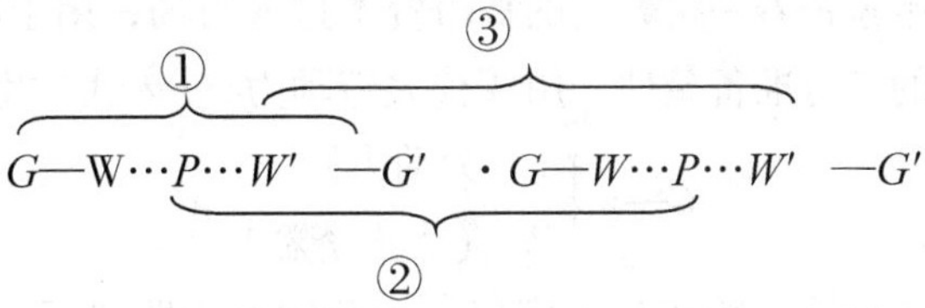


（1）货币资本的循环，就是指从货币资本出发最后又回到货币资本的循环形态。其公式为：

$$G—W\begin{cases}A\\Pm\end{cases}\cdots P\cdots W'—G'$$

（2）生产资本的循环，就是以生产资本为出发点，最后又回到生产资本的循环形态。其公式为：

$$P\cdots W'—G'—W\cdots P$$

（3）商品资本的循环，是从商品资本出发最后又回到商品资本的循环形态。其公式为：

$$W'—G'—W\cdots P\cdots W'$$

产业资本的三种循环状态都从某个侧面反映出了资本运动的特性，但同时又都有一定的片面性，因此，必须把三种循环形态统一起来加以考察，才能全面把握资本运动的实质及其运动规律。产业资本循环是三种循环形态的统一。

**3. 产业资本如何才能实现连续不断的循环？**

产业资本要实现连续不断的循环必须同时具备两个条件：

（1）产业资本三种职能形式在空间上的并存性。即：产业资本家必须把他的全部资本按照一定比例，分成三个部分，使其同时并存于货币资本、生产资本和商品资本三种职能形式上。

（2）产业资本三种循环形态在时间上的继起性。即：产业资本要连续地进行，不但要把一笔资本按照一定比例分成三个部分，并存于三种职能形式上，而且每一种资本形式还必须同时顺次地通过资本循环的三个阶段，依次改变它们的形式，最后又回到原来的形式上。

上述两个条件互为条件、互相制约、缺一不可。并存性是继起性的前提，继起性是并存性的保证。

**4. 资本循环与资本周转的关系是什么？**

资本循环与资本周转是既有联系，又有区别的两个概念。

（1）资本循环与资本周转的联系。

①资本循环是资本周转的起点和基础。周转就是周而复始的循环。

②资本完成一次循环，也就完成一次周转。

（2）资本循环与资本周转的区别。

①资本循环是从出发点又回到出发点；资本周转则是从出发点重新出发，反复不断地循环。

②资本循环揭示的是资本在一次运动中经历了哪些阶段，采取了哪些形式及所行使的职能；资本周转揭示的是资本在不断重复的周期性运动中所需要的时间、速度以及对剩余价值生产和实现的影响。

**5. 不变资本与可变资本的划分同固定资本与流动资本的划分有何不同？**

不变资本与可变资本的划分同固定资本与流动资本的划分都是对生产资本进行的划分。但是这两种划分又是有所区别的：

（1）二者划分的目的不同。前者的划分是为了揭示剩余价值的源泉；后者的划分是为了揭示资本构成对周转速度的影响。

（2）二者划分的依据不同。前者划分的依据是资本的不同组成部分在剩余价值生产中的作用不同；后者划分的依据是资本的不同组成部分的周转方式不同。

（3）二者划分的物质内容不同。在不变资本和可变资本的划分中，不变资本包括购买机器、厂房、设备、燃料、原料、辅助材料的这部分资本，可变资本只包括购买劳动力的资本；在固定资本与流动资本的划分中，固定资本中只包括购买机器、厂房和设备的资本，流动资本则包括购买燃料、原料、辅助材料和劳动力的资本，可变资本只是流动资本的一部分。

由此可见，如果只把资本划分为固定资本与流动资本，而不区分为不变资本与可变资本，就会掩盖剩余价值的真正来源。

**6. 固定资本与流动资本有何区别？**

（1）二者的价值周转方式不同。固定资本价值是逐渐转移到新产品中去的；流动资本的价值则是一次全部转移到新产品中去的。

（2）二者的周转时间不同。在固定资本周转一次的时间内，包含着流动资本的多次周转。

（3）二者的价值收回方式不同。投在固定资本上的价值，是一次全部预付出去，以后逐渐收回的；而投在流动资本上的价值则是一次全部预付出去，却是一次全部收回的。

（4）二者的实物更新方法不同。固定资本在它发挥作用的整个时期内不需要购买和更替；而流动资本随着生产过程的连续进行，要不断购买和更新。

**7. 精神磨损（无形磨损）是怎样产生的？**

（1）精神磨损，是指机器设备等在有效使用期间内同物质磨损无关的价值贬值。它只能使人们在精神上感觉到，而在实物形态上表现不出来。

（2）精神磨损是由两方面原因引起的：

①由于生产技术的进步，劳动生产率提高了，这时生产和过去同样的机器设备所需要的社会必要劳动时间减少，从而引起单位商品价值的降低，使过去生产的机器的价值发生贬值。

②由于出现了新技术，发明了效能更高的新的机器设备，如继续使用原有机器就不合算，它只能被淘汰掉。

**8. 加速资本周转对剩余价值生产有何影响？**

（1）可以最大限度地发挥资本的潜能，节省资本的投入量。

资本周转速度加快，特别是流动资本的周转速度加快，在一定时期内所需要的流动资本会减少，少量的流动资本能够发挥更大量流动资本的作用，这就意味着用少量的可变资本可以雇佣更多的劳动力，从而增加剩余价值量。

如果固定资本的周转速度加快，既可避免或减少固定资本的无形磨损（精神磨损），又可提高固定资本的利用率，更快收回预付在固定资本上的资本，或用于更新固定资本，或用于扩大生产规模，使剩余价值增殖。

（2）增加年剩余价值量。

年剩余价值量（$M$），就是一年内生产的全部剩余价值总量。可变资本周转速度越快，意味着实际发挥作用的可变资本越多，雇佣的工人就越多，剥削的工人也就越多，即剥削的剩余劳动量越大，因而年剩余价值量也就越多。

（3）提高年剩余价值率。

年剩余价值率（$M'$），就是一年生产的剩余价值总量与预付可变资本的比率，它表示一年内可变资本的增殖程度。其公式为：

$$\text{年剩余价值率}(M') = \frac{\text{一年生产的剩余价值量}}{\text{预付可变资本}}$$

可见，可变资本的周转速度越快，预付的可变资本就会越少，实际发挥作用的可变资本就越多，从而年剩余价值量增加，年剩余价值率提高。

（4）加速资本周转，对剩余价值的流通有着重要的影响，进而影响资本家的生活、生产和再生产。

剩余价值的流通包括剩余价值的实现和实现了的剩余价值的使用。资本周转速度决定着剩余价值实现的速度和实现了的剩余价值的使用率。

**9. 年剩余价值率与剩余价值率有何不同？**

（1）剩余价值率是剩余价值与可变资本的比率，年剩余价值率是年剩余价值量与预付的可变资本的比率。

（2）剩余价值率反映的是资本的剥削程度，年剩余价值率则反映的是预付的可变资本的增殖程度。

（3）二者在数量上是不同的，年剩余价值率高于剩余价值率。只有当资本周转速度为1时，二者才在数量上一致。

（4）造成年剩余价值率与剩余价值率存在区别的原因是由于资本周转速度不同，预付可变资本与实际发挥作用的可变资本出现了分离，实际发挥作用的可变资本大于预付的可变资本。

## 四、疑难问题和学术争鸣

**1. 马克思指出："产业资本的连续进行的现实循环，不但是流通过程和生产过程的统一，而且是它的所有三个循环的统一。"①如何理解这句话？**

（1）产业资本循环要依次经过购买阶段、生产阶段和售卖阶段三个阶段，相应采取货币资本、生产资本和商品资本三种职能形式，使价值增殖，最后又回到原来的出发点。

（2）在产业资本循环依次经过的三个阶段中，第一阶段购买阶段和第三阶段售卖阶段是处于流通过程的，第二阶段是处于生产过程的，因此产业资本循环是流通过程和生产过程的统一。

（3）产业资本的连续进行必须具备两个条件：

①产业资本三种职能形式要在空间上并存。即：产业资本家必须把他的全部资本按照一定比例，分成三个部分，使其同时并存于货币资本、生产资本和商品资本三种职能形式上。

②产业资本三种循环形态要在时间上继起。即：产业资本要连续地进行，不但要把一笔资本按照一定比例分成三个部分，并存于三种职能形式上，而且每一种资本形式还必须同时顺次地通过资本循环的三个阶段，依次改变它们的形式，最后又回到原来的形式上。由此形成产业资本循环的三种循环形态：货币资本循环、生产资本循环、商品资本循环。

（4）产业资本循环是三种循环形态的统一。

①产业资本三种循环形态的统一不仅体现在它们在再生产过程中的并存性和连续性，也体现在它们各自的循环特点上。这些特点说明三种循环形态都是整个资本循环的重要环节，谁也离不开谁。货币资本循环就是指从货币资本出发最后又回到货币资本的循环形态。它的特点是表明了追求剩余价值和货币增殖的生产目的，因此货币资本的循环是产业资本循环的典型的和一般形态。生产资本的循环就是以生产资本为出发点，最

---

① 马克思，恩格斯. 马克思恩格斯全集：第24卷［M］. 中共中央马克思恩格斯列宁斯大林著作编译局，译. 北京：人民出版社，1975：119.

后又回到生产资本的循环形态。它表现了资本主义再生产，同时也表现了剩余价值生产和再生产的本质要求。商品资本的循环就是从商品资本出发最后又回到商品资本的循环形态。它的循环实际上是资本价值和剩余价值的不断实现的过程，而这一过程的实现，是以这些产品全部被消费为前提的。

②如果单纯地考察一种资本的循环形态，就可能因为其循环表现的片面性而产生错觉，从而掩盖资本主义再生产的本质。货币资本循环的片面性在于货币似乎本身就具有一种生出货币的能力，而增加的价值又似乎是在流通过程中产生的，从而掩盖了剩余价值的真正来源。生产资本循环的片面性容易给人造成一种错觉，似乎资本主义生产的目的是生产某种使用价值，表现为为生产而生产，生产本身就是目的。这就掩盖了资本主义生产的目的是追求剩余价值的真相。商品资本循环的片面性会造成一种假象，似乎资本主义再生产不是为了追求剩余价值，而是为了满足社会的需要。由此可见，产业资本的三种循环状态都从某个侧面反映出了资本运动的特性，但同时又都有一定的片面性。因此，必须把三种循环形态统一起来加以考察，才能全面把握资本运动的实质及其运动规律。

**2. 如何理解生产时间与劳动时间并不一致，二者不能混淆？**

（1）资本周转时间是由生产时间和流通时间构成的。生产时间是资本停留在生产领域的时间。它由原材料储备时间、劳动时间、自然力作用于劳动对象的时间三部分所组成。通常把原材料储备时间和自然力作用时间又统称为非劳动时间。

（2）劳动时间是指劳动者借助劳动资料对劳动对象进行加工的时间，它是生产时间的重要组成部分。原材料储备时间和自然力作用时间的存在，会使劳动时间与生产时间相分离。

（3）由于在原材料储备时间和自然力作用时间即非劳动时间里，劳动者与生产资料是相分离的，资本是处于闲置状态的，因此在这段时间里是不能创造价值和剩余价值的，但是它又是客观存在的。只要尽可能地减少非劳动时间，使生产时间与劳动时间的差距缩小，二者越趋于一致，资本的效率就会越高。劳动时间的长短取决于两个因素：一是生产部门的性质；二是生产技术水平。

（4）就劳动时间长短本身而言，也是包含着矛盾的：从劳动时间是价值形成和价值增殖的时间这一点来看，似乎劳动时间越长，价值增殖也就越多。其实不然，价值的大小要受到社会必要劳动时间的制约。在所生产的产品质量和数量既定的情况下，超过社会必要劳动时间的劳动时间是不形成价值的，更谈不上价值增殖了。从劳动时间是生产时间或资本周转时间的组成部分这一点来看，在不影响产品质量的前提下，劳动时间越短，资本周转时间就越短，资本周转速度就越快。

**3. 如何正确认识马克思资本循环和周转理论在社会主义市场经济中的运用及发展？**

关于马克思资本循环和周转理论，在学术界引起的争论并不多见。学者们大多是把该理论应用到分析社会主义市场经济中企业的现实经营管理中。目前的分析研究主要侧重在以下几方面：

（1）马克思资本循环和周转理论与现代企业内部的购产销的优化组织管理。

有些学者和企业家近些年来把“业务流程再造”引入我国企业的生产经营管理之中。“业务流程再造”（BPR）是美国学者于1990年提出的。它是对企业的业务流程进行根本性的再思考和彻底性的再设计，使得企业在成本、质量、服务和速度等方面都有很大的改善。我们以“海尔的业务流程再造”为例来说明其应用原理及效率。

“海尔的业务流程再造”工程开始于1998年。它主要是从采购和销售这一资本循环的两个重要环节入手，以订单信息流为中心带动物流、资金流、市场链的业务流程。过去，海尔的采购和配送由各个事业部门各自采购，而现在则是成立物流本部，实行集团统一采购。这样原材料只有不到7天的库存，成品在24个小时内就发送到全国42个配送中心，滞留物资降低了90%，原材料库存资金周转天数从30天以上缩短到不到10天，销售人员减少了30%，全国的营销网络增加到2 000多家。这一改革使营销成本降低；国内应收账款几乎为零；集团流动资金的周转速度在1999年为118天，而在2001年为79天；接到客户订单，在10天内即可完成从采购、制造到配送的全过程，而一般企业则需要36天。对客户需求的快速反应，必然给海尔带来高利润回报和市场美誉。①

“海尔的业务流程再造”就是对马克思循环和周转理论的最现实的、最充分的运用：第一，马克思资本循环理论指出，产业资本循环要依次经过购、产、销三个阶段，“海尔的业务流程再造”十分重视在购买和销售这两个阶段上下功夫，尽可能减少资本在这两个阶段的积压，这样就可以将大部分资本用于生产领域，扩大生产规模，提高资本的使用效率；第二，马克思资本周转理论指出，资本周转时间由生产时间和流通时间两部分组成，周转时间与周转速度成反比。“海尔的业务流程再造”就是要尽可能地缩短流通时间，这样就可以大大加快周转速度，提高资本的使用效率。

（2）马克思资本周转理论与现代物流业的发展。

传统意义的物流，是指物质实体在空间上和时间上的流动，即商品在运输、装卸、存储等方面的活动过程。现代意义上的物流，是指引入高科技手段如计算机进行信息联网，对物流信息进行科学管理，通过运输、保管、配送等方式，实现原材料、半成品、成品及相关信息由商品的产地到商品的消费地所进行的计划、实施和管理的全过程，从而加快物流速度，提高准确率，减少库存，降低成本。“即时供应”（just - in - time）和“零库存”（zero inventory）是各个企业所追求的目标。

发展现代物流，既可以大大缩短流通时间，降低流通费用和企业成本，又可以提高企业对市场的反应速度，从而加快资本周转，节约大量流动资金，提高资源利用率。在现代物流体系相当发达的一些跨国连锁企业如沃尔玛、家乐福等公司，流动资本年周转

---

① 刘洁，刘娜. 马克思主义政治经济学原理教学案例［M］. 北京：中国人民大学出版社，2004.

速度都达到 20 ~ 30 次，大致是我国企业的 20 ~ 30 倍，即他们的 1 元钱相当于我们的 20 ~ 30元。

现代物流业的发展不仅提高了社会和企业的资本利用效率，增加了社会财富，成为现代经济增长的重要推动力，还证明了，马克思资本周转理论所揭示的资本运动的一般原理是具有普遍性的。

（3）网络经济和电子商务对现代企业的影响。

近些年来，网络经济和电子商务对现代企业及社会经济的影响日益深入。其对现代企业的影响主要表现在两方面①：

①网络经济和电子商务改变了企业在流通领域的经营模式，使企业的生产方式由工业经济时代的集中化、规模化生产转变为分散的社会化生产，从而有利于降低原材料采购成本，提高销售效率。

②网络经济和电子商务改变了企业在生产领域的管理理念，促使传统的生产管理向人本管理转变，促进企业内部机制管理信息化、管理手段多样化、管理效率化。

从资本循环和周转理论的角度看，网络经济和电子商务都有利于企业合理配置生产要素，缩短不同领域、不同部分资本的周转时间，加速预付总资本周转，大大提高资本运营效率；同时，有利于整个社会经济效益的提高。

**4. 在科学技术不断发展的趋势下如何应对固定资本的无形损耗？加速固定资本折旧有什么经济意义？**

固定资本的无形磨损又称精神磨损，是指机器设备等在有效使用期间内同物质磨损无关的价值贬值。它只能使人们在精神上感觉到，而在实物形态上表现不出来，但是，固定资本的无形磨损会造成实实在在的损失。固定资本的无形磨损主要是由生产技术的进步、新技术的出现引起的，科学技术不断发展的趋势决定了固定资本的无形磨损是不可避免的。

为了避免固定资本的无形磨损所造成的损失，在现实中最常用的方法就是加速固定资本的折旧。加速固定资本折旧就是提高折旧率，增加提取的折旧基金。

加速固定资本折旧的经济意义在于：第一，加速固定资本折旧，可以在机器设备被淘汰或报废以前，将投入固定资本的资本收回来，减少固定资本的无形磨损。第二，加速固定资本折旧，可以在较短的时间里把投入固定资本中的资本收回来，加快资本周转速度。第三，加速固定资本折旧，可以提取较多的折旧基金，这部分资金可以用于机器设备的技术革新和改造，以减少无形磨损，也可以购买新的、效率更高的机器设备，提高生产效率和资本利用率。第四，国家通过产业政策鼓励企业加速折旧，有利于促进企业的技术创新，提高整个国家的科技创新能力。

---

① 赵少平，郭世江．网络经济对现代企业的影响［J］．经济论坛，2007（18）：73.

**5. 现代市场经济条件下加快资本周转有何方法？**

由于资本是有限的，而资本对价值增殖的追逐是无限的，加速资本周转对资本利用和资本价值增殖有着重要的影响，因此加快资本周转有着十分重要的意义。根据马克思的资本周转理论，影响资本周转速度的因素很多，包括企业的生产条件和销售条件、行业的特点、固定资本和流动资本分配的比例等，因此要加快资本周转速度应从这些影响因素入手。具体讲，主要有以下方法：

（1）努力提高企业的生产技术和管理水平，缩短生产时间，加快资本周转速度。如：采用先进的科学技术和机器设备，提高企业的生产效率；加强对劳动者生产技能和素质的培养，提高劳动者的劳动效率；提高企业管理水平，尽可能减少原材料的储备，避免积压，缩短生产时间，提高资本使用效率等。

（2）利用现代化的手段如交通、通信、电子网络等，缩短流通时间，加快资本周转速度。如：利用网络、市场调查等手段，充分掌握市场需求及其变化规律，生产适销对路的商品；利用发达的交通、通信、电子网络等设施，搞好企业的物流，减少流通环节，缩短流通时间等。

（3）根据固定资本和流动资本的特性以及企业自身的特点，科学合理配置固定资本和流动资本的比例，加快资本周转速度。

# 第五章　社会总资本再生产与经济危机

## 一、本章内容简介

本章分析了社会总资本的运动过程及运动规律，揭示了资本主义经济危机周期性爆发的必然性。

第一节：社会总资本是单个资本在运动中形成的相互联系、相互交错的资本总和。社会总资本的运动不仅包含资本流通，而且包含一般商品流通。研究社会总资本再生产运动的出发点是社会总产品，研究的核心问题是社会总产品的价值补偿和物质补偿问题。社会总资本再生产理论的前提，一是社会生产划分为两大部类；二是社会总产品的价值都分为三个部分，不变资本 $c$、可变资本 $v$ 和剩余价值 $m$。

第二节：简单再生产就是生产规模不变的社会总资本再生产。其实现条件表明：两大部类生产部门各自生产的全部产品应该能够满足两大部类对生产资料和消费资料的全部需求。

第三节：扩大再生产就是生产规模扩大的社会总资本再生产。其实现条件表明：两大部类的积累应该相辅相成，任何一方都不能脱离另一方孤立地发展，否则将阻碍社会扩大再生产有序进行。

第四节：资本主义私人占有制度使社会生产资料和生产成果日益集中到少数资本家手中，这与其生产的高度社会化之间产生矛盾，使得各部门平衡积累、协调发展这一社会化大生产的客观要求难以实现，最终导致生产过剩，经济危机成为必然。资本主义危机具有周期性，危机也暴露了资本主义制度的历史过渡性。

## 二、本章主要知识点

### （一）社会总资本

（1）社会总资本是单个资本相互联系、相互交错而构成的资本总和。

（2）社会总资本的再生产运动与单个资本再生产运动的区别。

（3）社会总资本并不是单个资本运动的简单加总求和。

### （二）社会总产品

（1）社会总产品范畴是分析社会总资本运动的理论出发点。

（2）社会总产品是指一国在一定时期内（通常为一年）由物质部门生产出来的全部物质资料的总和。它既包括生产消费，也包括个人消费。

（3）考察社会总资本再生产的核心问题是社会总产品的实现问题。

（4）社会总生产划分为两大部类：第Ⅰ部类生产资料生产和第Ⅱ部类消费资料生产。社会总产品的价值形态划分为 $c$，$v$，$m$ 三个部分。

### （三）社会总资本的简单再生产

（1）社会总资本的简单再生产就是生产规模不变的社会总资本再生产。其特点是全部剩余价值都用于资本家的个人消费，不进行资本积累。

（2）研究简单再生产的理论假定。

（3）简单再生产的三个实现条件。

（4）研究简单再生产的意义。

### （四）社会总资本的扩大再生产

（1）社会总资本的扩大再生产就是生产规模扩大的社会总资本再生产，其特点是资本家不把全部剩余价值用于个人消费，而是把其中一部分积累起来，用于追加资本并投入生产。

（2）实现社会总资本扩大再生产的物质条件。

（3）社会总资本扩大再生产的三个实现条件。

（4）扩大再生产实现条件的意义。

（5）两大部类积累的辩证关系。

### （五）外延扩大再生产和内涵扩大再生产

（1）扩大再生产一般取决于生产要素投入量的增加和生产要素质量的提高。

（2）单纯依靠增加生产资料和劳动力的数量而实现的扩大再生产，就是外延扩大再生产，它排除了技术进步的因素。

（3）以技术进步为基础，依靠提高生产资料和活劳动的使用效率而实现的扩大再生产，就是内涵扩大再生产。内涵扩大再生产的根本在于通过提高劳动生产率实现生产力的发展。

（4）外延扩大再生产是内涵扩大再生产的出发点，内涵扩大再生产是外延扩大再生产的进一步发展和提高。

### （六）经济危机

（1）资本主义经济危机的实质是生产相对过剩的危机。

（2）经济危机的表现。

（3）资本主义经济危机的根源在于资本主义生产方式的基本矛盾。

（4）资本主义生产方式基本矛盾的具体表现。

（5）资本主义经济危机具有周期性爆发的特征。

## 三、重点问题解答

**1. 社会总资本运动的特点是什么？**

（1）相互联系、相互交错的单个资本的总和，构成社会总资本。相互联系、相互交错的单个资本的运动总和，就形成社会总资本的运动。

（2）社会总资本再生产的运动和个别资本再生产的运动一样，都必须经过生产过程和流通过程，采取货币资本、生产资本、商品资本的形式，都是不断进行价值增殖的过程。

（3）社会总资本运动并不是单个资本运动的简单加总。社会总资本的运动比单个资本运动具有更为复杂的关系：社会总资本的再生产运动，不但包括资本流通，而且涵盖一般商品流通，也就是说它包含了资本家和工人的个人消费。

（4）具体而言，单个资本运动围绕的中心是资本如何带来剩余价值，进而剩余价值又如何转化为资本，因此，单个资本运动考察的只是生产消费，至于资本家和工人的个人生活消费，都是在个别资本运动之外进行的，并不属于单个资本运动的研究范围。但是，一旦考察视野从单个资本运动延伸到全社会范围内的社会总资本运动，工人和资本家的消费问题就再也无法被排除在外了。因为资本家和工人生活所需要的个人消费品，只能在整个社会生产的商品中购买。

**2. 研究社会总资本再生产所依据的两个理论前提是什么？其意义何在？**

（1）第一个理论前提——社会生产划分为两大部类。

①社会总产品或社会生产分为两大部类，是根据物质产品在社会再生产过程中的地位和作用尤其是最终用途来划分的，是对社会生产所有生产部门最概括、最恰当的分类。

②社会总产品划分为两大部类，归根到底是由于社会再生产过程中包含着两种不同性质的消费，即生产消费和个人消费。前者只能用生产资料来满足，后者则只能用消费资料来满足。正是马克思第一次科学地区分了生产消费和个人消费，才使社会生产划分

为两大部类。

（2）第二个理论前提——每个部类的产品价值都划分为三个部分：不变资本 $c$、可变资本 $v$、剩余价值 $m$。

（3）把社会生产划分为两大部类和把社会总产品的价值划分为三个部分，这种划分的基础是马克思的劳动价值学说和剩余价值理论，从而使得在这两个前提下对社会总资本再生产的研究具有了科学的理论基础。因此，这两个理论前提不仅是马克思社会总资本再生产理论分析方法的精华所在，也是科学揭示社会总资本再生产运行规律的必要条件。

**3. 研究社会总资本再生产的核心问题是什么？**

（1）社会总资本的运动包含了生产消费和生活消费，而包含这两大物质内容的范畴就是社会总产品 $W'$，因此分析社会总资本运动，只有从社会总产品出发才能对社会总资本的运动做出正确的分析。

（2）社会总产品的价值补偿和物质补偿的问题，也就是社会总产品的实现问题，是考察社会总资本再生产的核心问题。在考察个别资本的再生产时，集中考察的是个别企业的资本价值增殖运动，也就是价值补偿问题，并没有涉及企业之间发生的实物补偿问题。比如资本家生产什么商品，这些商品销售到哪里，生产商品所消耗的原材料和燃料又从哪里购买，还有资本家用剩余价值以及工人用工资从哪里买来生活消费品等，这些实物补偿问题，都被假定能在市场上顺利解决，被当成外生变量。但是，当把这些个别资本的总和当成运动整体考察时，再生产过程中所需要的生产资料和消费资料，只能在社会总商品中得到补偿。这时候除了要考察社会总产品的价值补偿外，更重要的是要研究生产社会总产品时所消耗的生产资料和消费资料能否从社会总产品中找到相应的物质资料来补偿。因此，社会总产品的实现问题是研究社会总资本再生产的核心问题。

**4. 社会总资本简单再生产的实现条件及其意义是什么？**

（1）$\text{I}(v+m)=\text{II}c$ 是社会资本简单再生产顺利进行的基本条件。它说明：要实现简单再生产，第Ⅰ部类新创造的产品价值必须全部用于补偿第Ⅱ部类消耗掉的生产资料；第Ⅱ部类产品中相当于不变资本的部分必须能够维持第Ⅰ部类工人和资本家原有的生活需要。

（2）$\text{II}(c+v+m)=\text{I}(v+m)+\text{II}(v+m)$ 是社会资本简单再生产实现的又一个必要条件。它说明：在简单再生产的条件下，第Ⅱ部类生产的全部产品价值，应该等于两大部类的可变资本和剩余价值的总和；第Ⅱ部类生产的全部消费资料必须和两大部类的工人和资本家对个人消费品的需要相等。

（3）社会资本简单再生产的实现，还要满足 $\text{I}(c+v+m)=\text{I}c+\text{II}c$。它说明：在简单再生产条件下，第Ⅰ部类生产的全部产品价值，应该等于两大部类的不变资本价值的总和；第Ⅰ部类生产的生产资料必须全部用来补偿两大部类消耗掉的生产资料。

（4）这三个平衡公式反映了简单再生产中第Ⅰ部类生产资料的生产和第Ⅱ部类对生产资料的消费之间，以及第Ⅱ部类消费资料的生产和第Ⅰ部类对消费资料的消费之间，必须保持一定的比例关系。

**5. 社会总资本扩大再生产的物质前提条件是什么？**

（1）货币储藏到一定的数量。

在一定的生产技术条件下，无论是对原有企业进行扩建，还是新建企业，都有一个最起码的投资量要求，低于这个数量，投资就无法实施。而资本家在每次资本周转后可能积累的剩余价值是有限的，不可能一次周转后就满足投资的最低限量。因此，在进行实际积累和扩大再生产以前，在剩余价值不断货币化的基础上，有一个货币储藏或货币积累的长期过程。

（2）要有扩大再生产的物质条件。

当货币储藏到一定数量，可以进行实际的积累时，货币必须能够买到追加的生产资料和劳动力。资本主义市场经济条件下，可供追加的闲置劳动力是经常存在的。因此，关键问题在于能否买到追加的生产资料。这就要求，社会生产要事先扩大，也就是说，资本积累由剩余价值转化为储藏货币之后，还必须经过由储藏货币转化为生产资本这第二个环节。积累的货币只有最终转化为生产要素，才能实现资本积累和扩大再生产。

①积累所需要的物质要素即生产资料是从简单再生产内部创造出来的，即简单再生产要为扩大再生产创造物质条件。第Ⅰ部类的剩余产品在实物形式上必须分为两部分：一部分是生产生产资料的生产资料，用于第Ⅰ部类本身的积累；另一部分是生产消费资料的生产资料，用来和第Ⅱ部类相交换。可见，简单再生产和扩大再生产的前提条件的区别，首先不在于价值量的改变，而在于第Ⅰ部类产品结构的不同，即产品使用价值的改变。在简单再生产的场合，第Ⅰ部类的剩余产品全部用于补偿第Ⅱ部类消耗的生产资料；在扩大再生产的场合，第Ⅰ部类的剩余产品必须同时为两个部类提供生产资料。

②两大部类之间量的关系上，必须使Ⅰ$(v+m)>$Ⅱ$c$，这是扩大再生产的基本前提。只有Ⅰ$(v+m)>$Ⅱ$c$，第Ⅰ部类本身才有可能进行生产资本的积累；只有Ⅰ$(v+m)>$Ⅱ$c$，第Ⅰ部类才有可能为第Ⅱ部类不变资本的积累提供追加的生产资料。

③第Ⅱ部类的不变资本和用于积累的剩余价值之和，必须大于第Ⅰ部类的可变资本和用于资本家个人消费的剩余价值之和。扩大再生产所需要追加的消费资料是由第Ⅱ部类提供的。为了适应社会总资本的扩大再生产，为追加劳动力提供追加的消费资料，第Ⅱ部类生产的全部产品除了要满足原来工人和资本家所需要的消费资料外，也必须有一个余额，以保证满足扩大再生产对追加的消费资料的需要。如果用 $m/x$ 代表资本家个人消费的剩余价值，用 $m-m/x$ 代表用于积累的剩余价值，那么社会总资本扩大再生产的另一个基本前提条件，用公式表示为：Ⅱ$(c+m-m/x)>$Ⅰ$(v+m/x)$。

**6. 社会总资本扩大再生产的实现条件及其意义是什么？**

（1）社会总资本扩大再生产的基本实现条件：Ⅰ$(v+\Delta v+m/x)=$Ⅱ$(c+\Delta c)$。这说明，

在社会总资本扩大再生产的条件下，社会总产品的构成在两大部类之间应当保持一定的比例关系，即第Ⅰ部类原有的可变资本，加上追加的可变资本，再加上第Ⅰ部类资本家用于个人消费的剩余价值，三者的总和应当等于第Ⅱ部类原有的不变资本加上追加的不变资本。

（2）第二个实现条件：Ⅱ$(c+v+m)$ = （Ⅰ$v$ + Ⅱ$v$）+（Ⅰ$m/x$ + Ⅱ$m/x$）+（Ⅰ$\Delta v$ + Ⅱ$\Delta v$）。这说明，要进行扩大再生产，第Ⅱ部类的全部生产物价值，除了补偿两个部类原有工人所需的生活资料和两个部类的资本家所需要的生活资料外，还必须能够满足两个部类新追加的工人所需要的生活资料。

（3）第三个实现条件：Ⅰ$(c+v+m)$ =（Ⅰ$c$ + Ⅱ$c$）+（Ⅰ$\Delta c$ + Ⅱ$\Delta c$）。这说明，扩大再生产时，第Ⅰ部类的全部生产物价值，除了补偿两个部类已消耗的生产资料外，还必须能够满足两个部类进行积累时需要追加的生产资料，即第Ⅰ部类的全部产品必须满足两个部类进行规模扩大的再生产时对生产资料的全部需要。

（4）扩大再生产的三个实现条件证明，扩大再生产要顺利实现，生产与消费必须互相适应，各部门必须按比例发展。它和简单再生产一样，根本问题仍然是按比例发展的问题。这个一般规律提示：两大部类的积累是相辅相成的，任何一方都不能孤立地确定和发展。

**7. 什么是资本主义经济危机？其产生根源是什么？**

（1）资本主义经济危机是资本主义经济的特有现象，它的实质是生产相对过剩的危机，也就是资本主义社会生产能力超过了人民大众有支付能力的需求，而不是资本主义生产的增长超过了人民大众的绝对需要。

（2）当经济危机爆发时，资本主义国家的经济生活甚至社会生活会突然陷入瘫痪和混乱状态。危机期间，信用链条断裂，现金短缺；商品流通停滞，大量商品找不到销路而积压，甚至被销毁；工厂减产、停工甚至倒闭，生产迅速下降；失业人数激增，工人和其他劳动者收入显著降低。

（3）经济危机产生的根源在于资本主义生产方式的基本矛盾。资本主义生产方式不同于其他生产方式，一方面，社会生产力巨大发展，生产实现了高度社会化；另一方面，资本主义私人占有制度使生产资料和生产成果被少数资本家阶级占有。这种生产的社会性同资本主义私人占有制之间的矛盾，即资本主义生产方式的基本矛盾是经济危机产生的根源。

（4）资本主义生产方式的基本矛盾具体表现为：

①个别企业内部生产的有组织性和整个社会生产的无政府状态之间的矛盾，这对矛盾导致资本主义生产陷入无政府状态，各生产部门之间比例失调的现象日益严重。当这种失衡达到一定程度，社会总产品尤其是其中某些重要产品的实现条件遭到破坏，普遍性的买卖脱节必然发生，导致生产过剩。

②资本主义生产无限扩大的趋势和劳动人民有支付能力的需求相对缩小之间的矛盾。资本追逐利润的无限贪欲，加剧了竞争。在竞争的压力下，生产规模的扩大、技术

的革新和机器的运用等提高效率的手段自然会应用于生产，这一切都将推动生产力的发展，生产无限扩大的趋势成为必然。同时，资本主义生产规模的扩大总是伴随着技术进步和资本有机构成的提高，这不仅加重了对在业工人的剥削，降低了在业者的工资，还会导致大量相对过剩人口和无产阶级贫困化。于是，当生产无限扩大的趋势和劳动人民有支付能力的需求相对缩小的矛盾发展到一定程度时，一些重要的商品由于没有足够的市场购买力而找不到销路，社会总产品的实现条件遭到猛烈破坏，普遍性的生产过剩的危机就会爆发。

**8. 如何理解固定资本更新是资本主义经济危机周期性存在的物质基础？**

（1）固定资本的更新为资本主义再生产摆脱危机提供了物质条件。经济危机通过对资本主义经济的猛烈冲击，以强制手段促使供给与需求恢复平衡，资本主义基本矛盾因此得到缓解，社会经济过渡到萧条阶段。这时，为了尽快使自己的经济恢复和发展起来，资本家会想方设法提高劳动生产率，降低成本，其中进行固定资本的更新是最重要的措施。而萧条阶段较低的利息率、较低的价格水平和较低的工资水平等都为固定资本的更新提供了良好的客观条件。固定资本的大量更新会带动两大部类生产的发展，从而推动资本主义经济开始进入复苏阶段。

（2）固定资本的更新，又为资本主义再生产周期下一次经济危机的到来创造了物质条件。固定资本的大规模更新，意味着先进技术的广泛采用、旧设备为新设备所代替，从而使劳动生产率普遍提高，生产规模扩大，生产迅速地增长起来。同时，资本有机构成相应提高，相对过剩人口增加，劳动者所受剥削加重，最终导致劳动者有支付能力的需求下降。这样，资本主义生产迅速扩大的趋势和劳动者有支付能力的需求相对缩小之间的矛盾又尖锐起来。当社会再生产的比例遭到严重破坏时，经济危机又爆发了。

（3）固定资本的更新，只是爆发周期性经济危机的物质条件，而不是爆发周期性经济危机的原因。如果没有资本主义生产方式，没有资本主义基本矛盾时而缓和时而尖锐的运动，固定资本的更新是不会引起经济危机的。

**9. 二战后资本主义经济危机和再生产周期出现了什么样的新特征？**

（1）危机频繁，再生产周期缩短。在自由竞争的资本主义阶段，大体上十年左右发生一次经济危机。20 世纪进入帝国主义阶段，直到二战以前，大约每隔七八年爆发一次经济危机。二战以后，差不多五年就要发生一次经济危机。

（2）资本主义世界各国经济危机由非同期性向同期性发展。二战后，随着生产与资本的进一步国际化，资本主义国家间的经济联系日益密切，促成了危机在各主要资本主义国家爆发的同期性。

（3）危机的破坏作用一般不如二战前严重，危机、萧条、复苏、高涨四个阶段的特征不像过去那样明显。二战以前，经济危机阶段，生产会剧烈下降，高涨阶段又迅速回升，萧条和复苏阶段也能较为明显地划分。二战后，危机阶段持续时间较短，生产下降幅度一般较小。

（4）生产过剩危机与通货膨胀交织并发，危机期间物价上涨，出现了“滞胀”局面。二战前，特别在自由竞争的资本主义时期，在危机阶段，由于商品供过于求，现金短缺，信用收缩，因而造成物价大幅度下降。二战后，资产阶级政府大力推行种种“反危机措施”，如增加货币发行量，推行通货膨胀措施，采取扩张信用和降低利率的金融政策，实行赤字财政政策，等等，造成了严重的通货膨胀。此外，垄断组织人为地保持垄断价格、个人消费需求和投资需求在危机期间下降幅度的缩小等，使危机期间物价不但没有跌落，反而出现持续上涨的现象，只有少数年份出现物价下降的情况。

## 四、疑难问题和学术争鸣

**1. 怎样理解生产资料生产优先增长的客观趋势？**

（1）资本主义扩大再生产经历了工业化之后，其内涵的扩大再生产日益突出，技术进步和资本有机构成的提高已经成为经济发展进程中的一种内在趋势，从而引起第Ⅰ部类比第Ⅱ部类增长更快的现象，这就是生产资料生产优先增长的客观趋势。

（2）因为在生产技术进步的条件下，劳动生产率提高，同一劳动时间可以推动更多的生产资料投入生产，这就引起资本有机构成提高，不变资本比可变资本增长得更快；在积累起来的剩余价值中，转化为不变资本的部分越来越大，转化为可变资本的部分必然相对减少。这种变化反映在整个社会的生产上，就是第Ⅰ部类的生产比第Ⅱ部类生产增长得更快一些。增长最快的是制造生产资料的生产资料的生产，其次是制造消费资料的生产资料的生产，最慢的是消费资料的生产。

（3）生产资料生产优先增长是经济发展中的一种内在的客观趋势，但是，不能对这种趋势做片面的、绝对化的理解，也就是说它并不排斥在个别时期，消费资料生产的增长速度可以快于生产资料生产的增长速度，也不能把生产资料优先增长理解为无条件地增长。因为，一方面，第Ⅰ部类扩大再生产所追加的对消费资料的需要，要靠第Ⅱ部类生产的增长来满足；另一方面，第Ⅰ部类生产的增长，归根到底是为了满足第Ⅱ部类对生产资料的需要。因此，生产资料生产的发展，总是要受到消费资料生产的制约，必须和消费资料生产保持必要的比例关系。

**2. 如何理解资本主义经济危机的周期性？**

（1）资本主义再生产过程中，经济危机是不断发生的。从一次危机到下一次危机，经济会经历危机、萧条、复苏和高涨这几个中间阶段，从而形成经济周期。经济周期也就是有规律的周期性的经济波动。

（2）周期性的经济波动是市场经济中必然存在的现象。因为在简单商品生产中就存在私人劳动和社会劳动的矛盾，它使商品的供求关系与商品价格在相互作用中会发生背离，商品的供求会出现不一致。在市场经济条件下，这种矛盾成为普遍的矛盾，就会产生经济波动。正是在这个意义上，我们说，资本主义经济危机发生的可能性在简单商品生产中就已经存在了。

（3）从简单商品生产的基本矛盾中发展起来的资本主义基本矛盾在资本主义再生产过程中是经常存在的。由于市场机制的作用，周期性的经济波动也是资本主义社会的常态。但经济波动不等于经济危机，只有当资本主义基本矛盾发展到极其尖锐的程度，使再生产的比例发生严重失调的时候，才会爆发经济危机。

（4）危机使社会生产力遭到巨大破坏，商品供给急剧萎缩，危机强制性地调节供求关系。当经济进入萧条时，才会出现资本主义生产与低下的消费水平暂时相适应的局面，使再生产所需要的比例关系又重新建立起来，这样便使资本主义的生产又得以继续“正常”地进行。

（5）危机不过使资本主义再生产过程中各种矛盾得到暂时强制解决，而不是使这些矛盾消失，所以随着危机过后资本主义经济的恢复和发展，资本主义所固有的各种矛盾还会重新发展和激化，再生产过程中比例失调的现象还会重新严重起来，这样又孕育着另一次危机。当这种现象周而复始地发生时，就会表现为周期性的危机。

**3. 如何正确认识马克思的社会再生产理论与经济增长理论模型?**

一直以来，经济学界对经济增长理论模型的介绍几乎都只着眼于西方经济学家的研究成果，对经济增长理论的研究也都是沿着西方经济学经济增长理论的分析路径展开的，这似乎说明马克思政治经济学没有经济增长理论，或者至少没有比较成熟的经济增长理论模型。但是，吴易风教授的研究对这样的观点提出了挑战，他认为：“在经济增长理论史上，是马克思第一个系统地指定了科学的经济增长理论，是马克思主义经济学家费里德曼第一个建立了马克思主义经济增长数学模型。”① 他的研究基于马克思的再生产理论，提出了以下主要观点：

（1）马克思经济增长理论的科学体系。

①个别资本再生产和社会资本再生产的关系。马克思提出个别资本和社会总资本的概念。他指出相互联系的个别资本构成社会总资本，相互交错的个别资本运动的总和构成社会总资本的运动，这样就克服了西方经济学家把微观和宏观割裂开来的弊端，而是把宏观和微观看成既有共性又有区别、相互联系的现象。

②两种基本前提或两种构成原理。马克思研究社会资本再生产的两个前提，即实物构成原理和价值构成原理。

③社会总资本简单再生产的实现条件或平衡条件。

④社会总资本扩大再生产的实现条件或平衡条件。

① 吴易风. 马克思的经济增长理论模型［J］. 经济研究，2007（9）：11－17.

⑤社会总资本再生产的实现条件或平衡条件会转变成失常的条件。尽管马克思发现了社会总资本再生产的实现条件，但是他同时指出，自发的资本主义生产方式无法经常保证这些条件的实现。

总之，马克思的社会总资本再生产理论是科学的经济增长理论。社会总资本简单再生产就是经济的零增长状态，社会总资本扩大再生产就是经济的正增长状态，而社会总资本缩小再生产就是负增长的状态。而且马克思“扩大再生产理论把静态分析动态化，把短期分析长期化”[①]。西方经济学家也承认马克思的增长理论。

（2）费里德曼建立了第一个马克思主义经济增长数学模型。

①西方经济学家承认最早建立经济增长的数学模型的不是西方经济学家，而是马克思主义经济学家费里德曼[②]。

②费里德曼增长模型的理论基础和出发点是马克思分析社会总资本再生产的两个基本前提。

③费里德曼两个部类增长模型推导出两个原理：关于两个部类资本存量比率的原理——较高的增长率要求生产生产资料的第Ⅰ部类具有较高的资本存量比率；关于两个部类之间投资分配的原理——投资沿着不变的增长路线按照既定的资本存量比率在两个部类之间进行分配。上述原理表明：在资本产出比率已知的情况下，生产生产资料的第Ⅰ部类的资本存量比率越高，相应地，投入生产生产资料的第Ⅰ部类的资本增量的比率越高，增长率就越高。

④费里德曼的研究被西方的经济增长学家哈罗德和多马所借鉴。

（3）主要评价。

①从建模角度看，与哈罗德－多马模型、新古典增长模型等单部门模型相比，两部门模型具有一些独到优势，它更贴近经济现实，有利于据此建立计量模型，有利于分析经济增长的动力因子等。正因如此，从20世纪90年代起，新增长理论家基本上采用两部门模型构建各种不同的增长模型。

②西方某些经济学家长期以来对马克思怀着偏见，不是恶意攻击就是盲目批判。他们在借鉴马克思主义增长理论时，无法接受的正是马克思关于社会总产品的价值构成原理。这是因为西方增长模型的理论基础是基于对市场机制这只“看不见的手”的一种信念构建出来的一般均衡论，并不是基于经济现实；而马克思则以劳动价值论和剩余价值论为基础，建立了科学的增长理论和模型。

③马克思主义经济增长理论可以从不同的角度加以研究。

---

① 吴易风．马克思的经济增长理论模型［J］．经济研究，2007（9）：11－17．

② 费里德曼，苏联马克思主义经济学家，对马克思的经济增长理论做了开创性研究。他在经济增长理论方面的第一项研究成果是1927年发表的论文《关于美国1850—1925年和苏联1926/27—1940/41年国民经济结构和动态的思考》。他在经济增长理论方面的代表作是1928年发表的论文《论国民收入增长速度的理论》（吴易风．马克思的经济增长理论模型［J］．经济研究，2007（9）：11－17）。

**4. 怎样理解学术界对全球金融危机和经济危机的理论解释？**

2008 年 9 月，美国房地产次级贷款危机终于演化成为一场空前的金融危机，接着，危机席卷全球。不仅美国、欧洲，包括中国和拉美在内的所有经济体，都不得不面临经济衰退或者增速减缓的境遇。这场杀伤力巨大、被称为“百年一遇”的金融危机，究竟是如何产生的？其根源在哪里？不同的经济学学派得出的结论大相径庭。

（1）西方主流经济学把此次金融危机的发生，基本上归因于金融监管的放松、金融制度的失误等，他们着眼于从美国金融体系本身及其运行的各个方面去寻找引发危机的因素。更为荒谬的是，以美国的伯南克为代表的一小撮人甚至把危机归罪于中国的高储蓄和巨额的对美贸易顺差。

（2）马克思主义政治经济学家依据马克思的危机理论对这次美国金融危机进行了有力的解释，强调这次危机仍然没有超越马克思的逻辑。从本质上说，它还是一场相对过剩的经济危机，其根源在于资本主义内生的基本矛盾。

（3）这次美国金融危机乃至经济危机，与过去资本主义世界所发生的危机相比较，已经出现了一些新的特点。仅仅依据传统的危机理论，难以做出令人信服的解释。马克思主义政治经济学家从美国金融危机爆发的新特点和新现象入手，结合全球化和金融化，对这次危机的具体发生机理做了多方面深入的研究，不仅透彻地解释了当前的危机，还推动了马克思危机理论的丰富和发展。

①有学者认为，借助于信用系统，美国近二三十年来的透支消费愈演愈烈，这种“寅吃卯粮”的做法实际上是为了缓解相对过剩的矛盾。这与以销毁产品来减少产量、增加政府开支或者调整收入结构等传统的资本主义克服相对过剩的方法不同。美国房地产次级贷款正是在这样的条件下疯狂发展起来的。但是，这只不过是把危机延伸到未来发生而已。一旦发生不确定因素，对未来失去信心，危机就不可避免。美国政府 2007 年提高贷款利率成为影响信心的因素，引发了次贷危机，因此这次危机表现出来的不是有效需求不足，而是有效需求过于旺盛。这次危机的基本逻辑就是：资本主义内在矛盾→有效需求不足→相对过剩→透支消费→违约率上升→危机。

②有学者认为，不仅由于德国、日本等资本主义国家的崛起，也由于发展中国家民族经济的振兴，美国的制造业竞争力近 30 年来不断下滑，利润率下降趋势难以遏制。由于资本扩张的内在冲动，在资本主义主导的全球市场上，制造业生产能力过剩已经是不争的事实。为了避免长期的萧条，以美国为首的西方资本主义国家开始推行新自由主义。一方面减少国民福利，加重对本国劳动人民的剥削；另一方面借助金融自由化，进一步实现对发展中国家人民的剥削，并将危机引向发展中国家。这一过程中，资本扩张与购买力相对缩小之间的矛盾日益激化，美国政府求助于信贷扩张，助推金融衍生，促使透支消费。反过来，金融衍生品的泛滥与虚拟资本投机相互作用，不断炮制金融泡沫，制造虚假需求，以维持经济增长。至此，美国经济开始脱离传统的投资推动型的经济增长模式，转向为泡沫驱动型的增长模式。一旦虚拟资本价值泡沫破裂，真实的市场

需求信息就显现出来。经济危机必然以金融危机为首发，展开其危机延迟的演绎。

③有学者认为，全球化和金融化是资本主义发展的必然趋势，以美元为中心的世界货币体系主导着金融化乃至于全球化，这意味着全世界共同面临现代美国资本主义经济增长模式的巨大风险。因此，要避免或者缓解危机造成的全球影响，需要培养与之抗衡的新的世界货币体系。新的世界货币体系应该有新兴民族国家的声音，而不是资本主义一个声音，这自然非一朝一夕就能实现。这一方面需要各个民族国家抓紧时间振兴经济，这是争取多元发言权、奠定新的世界货币体系的基础；另一方面，以公有制为主体、发展生产力为根本任务的社会主义国家经济的迅速崛起，也能在根本上避免相对过剩这个危机根源，这是世界最终摆脱危机困扰的希望之路。

**5. 如何理解我国现阶段的产能过剩和结构性失衡？**

我国现阶段的产能过剩是社会主义市场经济出现结构性失衡的典型表现。它对社会再生产的顺利进行产生了不良影响，阻碍了我国经济的稳定增长和可持续发展。产能过剩的形成原因是多方面的。

首先，世界性经济衰退对我国现阶段的产能过剩产生了深刻影响。从2008年下半年开始，美国金融危机对我国经济造成了严重冲击，2008—2009年，我国经济增长明显变缓，GDP增速由2007年的14.2%下落到2009年的9.2%，国际需求萎缩和国内总需求不足加剧了工业部门的产能过剩。中国经济开始出现低增长，2014年GDP增速降至7.4%。[①] 为了应对2008年的金融危机，我国出台了一揽子经济刺激政策，使得生产能力迅速提高。这些政策对于增加就业和维护社会稳定起到了重要作用，但也加大了产能过剩的风险。

其次，产能过剩也是市场经济内生的结果。其一，对于处在快速发展阶段的发展中国家而言，企业所要投资的产业常常具有技术成熟、产品市场已经存在、处于世界产业链内部等特征，因而全社会很容易对有前景的产业产生共识，在投资上出现“潮涌现象”，导致产能过剩。其二，“窖藏效应”，企业在决策过程中，或者因为信息的不完全而发生预期偏差，或者因为退出障碍，往往倾向于做好相关生产要素的储备，以防止由于未来需求上升而造成生产能力不足的问题发生。从而，厂商理性跨期决策行为的结果可能形成生产能力的过剩或者生产要素的闲置。厂商对未来的需求预期和利润预期，强化了产能过剩形成的窖藏效应，为产能过剩埋下隐患。其三，“博弈效应”，行业中优势企业为了保持市场份额，维护市场地位，倾向于通过设置进入壁垒，阻止其他企业进入该领域竞争。其中“在位企业”通过已有的市场份额、市场影响力、以及雄厚的资金实力扩建产能，以彰显自身在行业中的主导地位或者重要影响力，但同时它们也因此失去了“船小好调头”的优势，在经济发生波动的情况下，很容易被过剩产能绑架，在产能过剩的道路上越走越远。目前中国产能过剩多集中在重化工业，与由这些行业投资大、生产周期长、生产规模化显著导致的高进入壁垒使得企业具有强烈的垄断特征有关。在

① 参见国家统计局《2014年国民经济和社会发展统计公报》。

需求下降时，即使发生亏损，一方面企业难以在短时间内对巨大的生产能力迅速做出调整；另一方面，为了保持市场份额以及行业地位，企业仍然生产。

再次，政府与市场的关系出现偏差，也是造成我国现阶段产能过剩的原因之一。从产能过剩的教训来看，最突出地表现在政府过于干涉投资和增长，加重了产能过剩的负担。这表现在三个方面，其一，地方政府以 GDP 为导向的考核机制，使得各个地方都在尽一切可能招商引资，努力追求地区生产总值增长，实现所谓跨越式发展，最终导致生产项目在全国各地遍地开花，尤其是同一生产项目在各个地区同时上马，出现了结构趋同，进而出现了产能过剩。其二，各级政府的财政补贴措施，在促进某些重点产业发展的同时，也埋下了产能过剩的隐患。尤其是一些得到政府财政补贴的国有企业往往很难退出市场，进一步加重产能过剩的包袱。其三，扭曲的税制结构不仅是中国经济增长动力不足的重要内因之一，还导致部分产能过剩行业继续过度投资，使得本已经自身难保的行业雪上加霜。以生产性增值税为主的税制结构的特点是无论企业产能水平高低、盈利与否，一旦开始开工投产，就要按生产规模向地方政府缴纳增值税。因此，长期以来，地方政府竞相热衷于增加企业投资。一些地方政府还在自己权限内向企业提供税收优惠政策，如减免所得税、增值税的地方分成部分，以及减免地方税费等。还向中央政府游说出台区域性政策来向企业提供减免税，动用中央政府的税收“奶酪”来吸引企业投资。另外，一些地方政府为保护地方利益、增加地方财政收入，在实际操作中存在着某种程度的“经济割据”，不完全市场分割现象也由此产生。“经济割据”不仅阻碍了商品的正常流通，干扰了经济的正常循环，使部分产能过剩行业的产品在国内难以进入合适的消费市场，更重要的是还为低水平重复建设埋下了伏笔，使低水平产能得以生存甚至过度扩张。而增加地方财政收入则成为地方政府投资膨胀、增产扩能的主要诱因。

产能过剩是现阶段我国社会再生产过程失衡的典型表现，严重威胁着我国经济的平稳发展。因此，李克强总理在 2016 年政府工作报告中强调，“着力化解过剩产能和降本增效。重点抓好钢铁、煤炭等困难行业去产能，坚持市场倒逼、企业主体、地方组织、中央支持，运用经济、法律、技术、环保、质量、安全等手段，严格控制新增产能，坚决淘汰落后产能，有序退出过剩产能。采取兼并重组、债务重组或破产清算等措施，积极稳妥处置‘僵尸企业’。”① 政府从政策层面主推重在提升供给结构以实现供需平衡的“供给侧改革”，旨在通过对生产结构的调整，使其与我国已经升级了的中、高端需求结构相匹配，从而促进社会再生产的顺利进行，为经济增长注入活力源泉。“加强供给侧结构性改革，增强持续增长动力。围绕解决重点领域的突出矛盾和问题，加快破除体制机制障碍，以供给侧结构性改革提高供给体系的质量和效率，进一步激发市场活力和社会创造力。”②

---

① 李克强. 政府工作报告 [EB/OL]. [2016 - 03 - 05]. news. xinhuanet. com/fortune/2016 - 03/05/c - 128775704. htm.

② 李克强. 政府工作报告 [EB/OL]. [2016 - 03 - 05]. news. xinhuanet. com/fortune/2016 - 03/05/c - 128775704. htm.

# 第六章　剩余价值的分配

## 一、本章内容简介

在现实经济生活中，超过劳动力价值的价值——剩余价值，是以产业利润、商业利润、银行利润、借贷利息和地租的形式存在于各资本家手中的。

第一节研究剩余价值在产业资本家集团内部的重新分配。通过分析产业资本家集团内部不同企业之间为获取超额剩余价值的竞争，以及不同部门之间为争夺更有利投资场所的竞争，阐明利润率平均化的过程，揭示平均利润究其本质而言是剩余价值的转化形式。随着平均利润的形成，商品的价值转化为生产价格。

第二节研究剩余价值在产业资本和商业资本之间的分割。阐明商业利润的来源、实质以及获取途径，并探讨了商业资本周转对再生产的影响。

第三节研究借贷资本和银行资本对剩余价值的分割。阐明借贷利息、银行利润的来源及其本质，并分析在信用制度发展的基础上，资本和财富的虚拟化及其对经济发展的影响。

第四节研究剩余价值在土地所有者和农业资本家之间的分割。通过对资本主义农业土地所有权特点的分析，阐明资本主义地租的本质，并分析资本主义不同形式的地租及其产生的条件和原因。

## 二、本章主要知识点

### （一）平均利润和生产价格

1. 剩余价值转化为利润

（1）成本价格和利润。

不变资本（$c$）和可变资本（$v$）是资本家为生产剩余价值垫支的生产成本，即成本价格（$K$）。当剩余价值被看成成本价格以上的增加量，作为全部预付资本的产物时，剩余价值便转化为利润。利润（$P$）和剩余价值在量上完全相等，但又有不同的含义。

（2）利润率。

利润率是剩余价值与全部预付资本的比率（$P' = m/C$）。

利润率与剩余价值率不但在数量上不同，而且二者反映的经济关系也不一样。

利润率的高低受到剩余价值率、资本有机构成、资本周转速度、不变资本节省等多种因素的影响。

2. 利润转化为平均利润

利润率的平均化是通过部门内部的竞争和部门之间的竞争实现的。部门内部的竞争导致社会价值的形成，为部门之间的竞争打下基础。部门之间的竞争形成平均利润率。

按照平均利润率获取的利润被称为平均利润。

$$\text{平均利润率} = \frac{\text{剩余价值总量}}{\text{社会总资本}}$$

$$\text{平均利润} = \text{平均利润率} \times \text{投入资本量}$$

平均利润率形成后，虽然平均利润与剩余价值在总量上仍然相等，但就某一部门来讲，它实际获得的平均利润与它所创造的剩余价值在量上已经发生了背离。同时，利润率的平均化并不意味着不同部门的利润率绝对平均，不排除个别资本家获得超额利润的可能。

3. 价值转化为生产价格

（1）生产价格、平均利润形成后，商品的价值就转化为生产价格。

$$\text{生产价格} = \text{成本价格} + \text{平均利润}$$

（2）生产价格形成后，商品按照生产价格出售。某些部门商品的生产价格可能与该部门商品的价值发生背离，商品的市场价格不再是围绕商品的价值上下波动，而是围绕生产价格上下波动，但这并不是对价值规律的否定，而是价值规律作用形式的改变。

### （二）商业资本与商业利润

1. 商业资本的职能和运动形式

商业资本是产业资本中商品资本的独立化形态。因此，商业资本的职能就是销售商品，实现价值和剩余价值。

商品资本独立化为商业资本之后，有了自己的运动形式，即：$G—W—G'$。

2. 商业利润的来源及实质

从表面上看，商业利润来自于商业资本购买商品与销售商品的价格差，但从本质上讲，商业利润只能是产业工人创造的剩余价值的一部分，在量上等于平均利润。

3. 商业流通费用及其补偿

商业流通费用，即商品流通过程中支出的各种费用，分为生产性流通费用和纯粹流通费用两类。生产性流通费用从已经提高的商品价值中获得补偿，纯粹流通费用作为商品的一种加价进入商品价格，从销售价格中获得补偿。

4. 商业资本的周转

（1）商业资本周转与社会再生产的关系。

（2）商业资本周转的作用。

### （三）借贷资本、银行资本与虚拟资本

1. 借贷资本及借贷利息

（1）借贷资本即为了获取利息而暂时贷放给职能资本家使用的货币资本。借贷利息即借贷资本家凭借货币资本的所有权从职能资本家那里获得的一部分剩余价值。

（2）在借入资本进行生产或经营的情况下，平均利润分割为利息与企业利润。借贷利息只能是平均利润的一部分。

2. 银行资本与银行利润

（1）银行资本来源于自有资本和借入资本（吸收存款）。

（2）银行利润来自贷款利息与存款利息之差，从本质上讲仍然是剩余价值的转化形式。银行利润在量上不能低于平均利润。

3. 股票与股票价格

（1）股票是股份公司发给股东的借以证明其股份数额并取得股息的凭证。

（2）股票价格是股息收入的资本化。

$$\text{股票价格}=\frac{\text{预期股息}}{\text{利息率}}$$

4. 虚拟资本

（1）虚拟资本指以有价证券的形式存在，并能定期给它的持有人带来收入的资本。虚拟资本是“现实资本的纸制复本”①。

（2）虚拟资本与实际资本的关系：二者存在既统一又对立的关系。

（3）虚拟资本的作用：一方面，虚拟资本的存在和发展有利于货币资本的有效配置，提高社会经济的运行效率。另一方面，虚拟资本会导致财富虚拟化，并引发“泡沫经济”等新经济问题。

### （四）资本主义地租

1. 资本主义地租的本质

（1）资本主义土地所有制有以下特点：一是土地所有权与土地使用权相分离；二是土地所有权与人身依附相分离。

（2）资本主义地租的本质：资本主义地租是超过平均利润以上的剩余价值，即农业超额利润。它体现了农业资本家和土地所有者共同剥削农业工人的经济关系。

---

① 马克思，恩格斯. 马克思恩格斯全集：第25卷［M］. 中共中央马克思恩格斯列宁斯大林著作编译局，译. 北京：人民出版社，1975：540.

2. 资本主义地租的形式

根据地租形成的原因与条件的不同，资本主义地租被分为级差地租和绝对地租。

（1）级差地租即与土地等级差别相联系的地租。

① 级差地租产生的条件：土地肥沃程度、地理位置与自然条件的差别。

② 级差地租形成的原因：土地的有限性导致的经营垄断。

③ 级差地租的两种形态：根据形成级差地租的条件的不同，可将其划分为级差地租Ⅰ和级差地租Ⅱ两种形态。

（2）绝对地租是由于土地私有权垄断而产生的地租。

① 绝对地租形成的原因：土地私有权垄断。

② 绝对地租产生的条件：农业有机构成低于工业，农产品的价值就高于其生产价格。价值与生产价格之差就是绝对地租。

3. 城市建筑地段地租和矿山地租

城市建筑地段地租是建筑资本家为取得建筑用地使用权而支付给土地所有者的地租，其形式、产生条件、原因与农业地租基本相同。但由于土地在建筑业中具有特殊的功能和作用，因此建筑地段地租又有自身的特点。

正如马克思指出，"真正的矿山地租的决定方法，和农业地租是完全一样的"①，也分为矿山级差地租与矿山绝对地租。

4. 垄断地租和垄断价格

农业中凭借某种独特的自然条件产生的，以垄断价格的形式获得的超额利润，并转归土地所有者占有，即为垄断地租。

5. 土地价格

土地不是劳动产品，没有价值，但有价格。土地价格是资本化的地租。

$$土地价格=\frac{地租}{利息率}$$

## 三、重点问题解答

**1. 利润和剩余价值的关系是什么？**

如果将剩余价值看成全部预付资本的产物，剩余价值就取得了利润的存在形式。

剩余价值和利润在量上完全相等，即超过工人劳动力价值的那部分价值，但考察视角不同，意义也就不同。如果将超过工人劳动力价值的价值看成可变资本的产物，那么

① 马克思，恩格斯．马克思恩格斯全集：第25卷［M］．中共中央马克思恩格斯列宁斯大林著作编译局，译．北京：人民出版社，1975：873．

其为剩余价值，这里可以清楚地看到剩余价值的来源；如将其看成全部预付资本的产物，则被称为利润，不变资本和可变资本的区别也消失了，剩余价值的来源模糊了。因此，剩余价值是本质，利润不过是剩余价值的转化形式。

**2. 怎样理解平均利润率的形成及平均利润学说的意义？**

从理论上讲，等量资本投资在不同的部门，由于其资本有机构成和资本周转速度的不同，不能获得等量利润。但在现实的经济生活中，资本无论投资在哪个部门，只要投资量相同，所获得的利润就大致等于平均利润。等量资本获得等量利润是通过竞争实现的，包括部门内部的竞争和部门之间的竞争。

竞争首先在部门内部进行。生产同种商品的同一生产部门有许多企业，不同的企业由于生产技术和经营管理条件不同，生产同种商品所耗费的个别劳动时间也就相同，从而形成同种商品不同的个别价值，但商品是按照社会价值出售的。因此，部门内部竞争的结果导致社会价值的形成。不同企业按照社会价值出售商品，使得生产同种商品的不同企业所获利润率不一致。同时，由于生产不同商品的企业按照自己的社会价值出售商品，导致投资在不同部门的等量资本也获得不一样的利润率，从而引起部门之间的竞争。

部门之间的竞争，即生产不同商品的企业，为追逐更高的利润率而进行的竞争。在部门内部竞争的基础上，有机构成高的部门获得的利润率低，有机构成低的部门获得的利润率高，于是导致资本由利润率低的部门向利润率高的部门流动。结果有机构成高、利润率低的部门的商品供不应求，价格上升，利润上升；而有机构成低、利润率高的部门商品供过于求，价格下跌，利润下跌。于是资本又流回到有机构成高的部门，直至资本无论投资在哪个部门所获利润率大致相同时，其流动才会暂时告一段落。这时的利润率则为平均利润率。按照平均利润率分得的利润称为平均利润。

马克思平均利润学说的意义在于：①揭示了等量资本获取等量利润的实质是剩余价值在产业资本家集团内部的重新分配。平均利润是剩余价值的转化形式。②它为生产价格理论奠定了基础，而生产价格理论揭示了资本主义条件下商品的市场价值的形成机制，从而说明了市场机制对剩余价值分配的作用。③马克思认为，平均利润的形成说明在资本主义条件下，工人不但受本企业资本家的剥削而与个别资本家相对立，而且受整个资产阶级的剥削，从而与整个资产阶级相对立。

**3. 生产价格的形成是否违背了价值规律？为什么？**

平均利润形成后，商品按照生产价格出售。商品的市场价格不再是围绕价值上下波动，而是围绕生产价格上下波动。然而，生产价格与商品价值并不完全一致。一般来讲，有机构成高的部门，其商品的生产价格高于价值；有机构成低的部门，商品的生产价格低于价值；只有有机构成等于社会平均有机构成的部门，商品的生产价格与价值才大体一致。那么，生产价格的形成，或商品按生产价格出售，是否是对价值规律的否定？答案是否定的。

价值转化为生产价格，只是改变了价值规律的作用形式，并没有否定价值规律。因为：① 从个别部门来看，资本家获得的平均利润与该部门工人创造的剩余价值有可能不一致，但从整个社会来看，剩余价值总量等于平均利润总量。② 从个别部门来看，商品的价值与商品的生产价格不一致，但从整个社会来看，生产价格总额等于价值总额。③ 生产价格随商品价值的变动而变动。

**4. 商业利润的来源及获得途径是什么？**

商业资本家从事商品销售活动，其目的是获得商业利润。从现象上看，商业利润好像来自商业资本家购买和出卖商品之间的价格差，即来自流通。然而，单纯的商品买卖活动是不创造任何价值和剩余价值的，只是实现商品的价值和剩余价值。因此，商业利润不在流通中产生，其真正来源同产业利润一样，只能是产业工人在生产中创造的剩余价值的一部分。

商业资本家之所以能够参与剩余价值的分配，是因为商业资本独立以后，分担了产业资本的一部分职能，大大提高了产业资本在流通中的效率，为此，产业资本家必然会将剩余价值的一部分以商业利润的形式让渡给商业资本家。这种让渡是通过商品购买价格和售卖价格的差额来实现的，即产业资本家按照低于生产价格的价格将商品卖给商业资本家，商业资本家再按照生产价格将商品卖给消费者，其差额就是商业利润。

**5. 利息为什么进一步掩盖了资本主义的剥削关系？**

利息是借贷资本家凭借对资本的所有权从职能资本家那里获得的一部分剩余价值。一般情况下，利息是平均利润的一部分。

然而，由于借贷资本特殊的运动形式即 $G—G'$，因此，从表面上看，其运动不经过生产过程，也没有商品流通过程。这种特殊的运动过程造成一种假象，即利息好像是资本本身带来的，与劳动无关。但事实上，在借入资本进行生产的情况下，平均利润分割为两部分：利息与企业利润。职能资本家凭借对资本的使用权获得企业利润，借贷资本家凭借对资本的所有权获取利息。故利息仍然是剩余价值的转化形式，只是由于其特殊的运动形式掩盖了它与劳动的关系。

**6. 资本主义地租的实质，级差地租、绝对地租产生的原因和条件是什么？**

任何社会的地租都是土地所有权在经济上的实现。在资本主义农业中存在大土地所有者、农业资本家、农业工人三个阶级，农业工人创造的剩余价值在大土地所有者和农业资本家之间进行分配。农业资本家获得平均利润，而土地所有者获得的地租则是超过平均利润以上的剩余价值，即农业超额利润。因此资本主义地租体现了农业资本家和土地所有者共同剥削农业工人的经济关系。

依据地租产生的原因及条件的不同，资本主义地租被划分为级差地租和绝对地租两种形式。

级差地租是指同土地自然等级差别相联系的地租。由于土地有肥沃、贫瘠之分，地理位置有好坏之别，等量资本投资在等级不同的土地上所获得的收益就不相同，租赁不同等级的土地需要缴纳的地租也不相同。因此，土地自然等级的差别就成为级差地租产生的条件。

级差地租产生的原因则是土地的有限性导致的经营垄断，这种经营垄断使农业中的超额利润固定化了。① 工业中超额利润是暂时的和不稳定的，只有少数先进企业才能够得到。而农业中由于优等地是有限的，一旦农业资本家租赁了优等地，就获得了对优等地经营垄断的权利，超额利润就固定在优等地上。② 农产品的社会生产价格是由劣等土地的生产条件决定的，而不是由农业中平均的生产条件决定的，即经营劣等地的个别生产价格就是农产品的社会生产价格，因此只要经营比劣等地好的土地就能稳定地获得超额利润。

绝对地租则是由土地私有权垄断而产生的地租。由于土地私有，即使租赁再劣等的土地也必须缴纳地租，否则土地所有者宁愿让土地荒废，因此土地私有权垄断是绝对地租产生的原因。

绝对地租产生的条件则是因为农业有机构成低于工业，农产品的价值就高于其生产价格。而土地私有权垄断阻碍了工业部门的资本向农业转移，农业便不参与平均利润的形成，即农产品是按价值出售商品，其价值高于生产价格的部分就形成绝对地租。

**7. 何为虚拟资本？虚拟资本的出现为什么可能引发“泡沫经济”等新经济问题？**

虚拟资本是指以有价证券的形式存在，并能定期给它的持有人带来收入的资本。它是实际资本的纸制复本。“泡沫经济”则是虚拟资本过度膨胀引起股票、债券以及房地产价格上涨而形成的经济虚假繁荣的现象。

虚拟资本的产生使同一资本产生了两种不同的运动，即作为虚拟资本基础的实际资本在现实的再生产过程中运动，以及作为实际资本“纸制复本”的虚拟资本在证券市场上运动。当虚拟资本的价格变动与实际资本的价值变动严重偏离时，就可能会出现“泡沫经济”等新经济问题。

因为在有虚拟资本交易的情况下，货币供应量被分割为两部分：一是成为商品和劳务的交换媒介，二是成为有价证券的交易媒介。在货币供应量一定的情况下，用于虚拟资本交易的货币越多，用于实际经济的货币就越少，从而购买实际商品和劳务的总需求就越少，商品和劳务的价格水平就越低，货币购买力就越强。由于货币购买力是货币汇率的基础，因此从长期来看，虚拟资本越膨胀，货币购买力越强，汇率就越是被高估。此外，证券市场上存在的广泛的投机行为，也将不断增加虚拟资本的泡沫。虚拟资本过度膨胀、价格上涨预期逆转，就会导致“泡沫经济”破灭，引发严重的信用危机，使金融领域坏账、呆账大幅度增加，信用紧缩，最终造成经济衰退。

## 四、疑难问题和学术争鸣

### 1. 怎样理解平均利润率趋于下降的规律？

平均利润率的高低主要取决于剩余价值率和资本有机构成的高低。马克思认为：资本积累有其客观必然性，资本积累的不断进行必将导致资本有机构成的提高，使可变资本在总资本中所占比重日益减少，不变资本尤其是固定资本所占比重日益增大。平均利润率必将趋于下降。

然而，马克思关于平均利润率趋于下降的预言并没有应验。在发达资本主义国家，平均利润率一般维持在与过去没有太大差别的水平上。那么，这是不是证明马克思在理论推导上有什么错误呢？事实并非如此。这主要是由于这种推导的前提——先行工业化国家的经济增长模式发生了未曾预料的变化。

马克思关于“平均利润率趋于下降”的理论推导，是基于经济增长主要依靠物质资本的积累和其他资源的投入来推动的。这种依靠要素投入推动的经济增长必将导致要素报酬递减，投资效率下降。然而，到19世纪后期，先行工业化国家的经济增长模式发生了转变，经济增长由以前主要依靠要素投入推动转变为主要依靠人力资本的积累和效率的提高推动。人力资本与物质资本不同，它是递增报酬的重要源泉。正是由于经济增长方式的变化，在现实经济生活中平均利润率并不表现为下降的趋势。

### 2. 如何理解纯粹流通费用的补偿和获利？

纯粹流通费用是商品流通的必要费用。这部分费用虽然不进入直接生产过程，但进入流通过程，因而进入再生产总过程。因此纯粹流通费用不但要求补偿，而且也要求获得平均利润。但由于商业工人在商品买卖活动中的劳动不创造价值，只实现商品的价值和剩余价值，因此，商业资本家垫支的费用从哪里得到补偿并取得利润？马克思通过对商业资本家垫支的几部分资本进行比较，解决了纯粹流通费用的补偿和获利问题。

一般而言，商业资本家垫支的资本可以分为两部分：用于购买商品的资本；垫支的流通费用。流通费用又可以分为两部分：一种是由商品的使用价值的运动所引起的费用，即生产性流通费用，如运输费、保管费、包装费等；另一种是由商品的价值形态变化所引起的费用，即纯粹流通费用，如用于买卖所需的商业场地费、纸张费、广告费、簿记费和商业职工的工资等。这几部分资本由于性质不同，其补偿和获利方式也有所不同。

首先，用于购买商品的资本，是一种垫付的货币资本，它会随着商品的卖出而不断收回；同时它作为预付总资本的一个组成部分，要参与利润的平均化，获得平均利润。

因此，这部分资本是通过利润平均化的过程，“对产业资本的利润做了一种扣除”[①] 后而获得商业利润的。

其次，由于生产性流通费用所耗费的劳动是生产性劳动，是产业资本生产过程的延伸，同样创造价值和剩余价值，因此这部分费用是随着商品价值的增加来得到补偿，并获得平均利润的。

最后，纯粹流通费用所耗费的劳动是非生产性的，不创造价值和剩余价值，不能增加商品的实际价值，因此也不能从商业资本家出售的商品的实际价值中得到补偿。但是，对于商业资本家来说，作为预付资本的一部分，这部分费用也必须得到补偿，而且必须参与利润的分配，获得平均利润。商业资本家是把这部分费用作为商品的一种加价加到商品的售卖价格中，从而获得补偿的。商业资本家之所以能够这样做，是因为这部分耗费的劳动是社会必需的实现商品价值的劳动，或者说是社会总商品价值中，本身必须耗费的支出。从形式上看，纯粹流通费用是通过商业资本家的商品加价来补偿并获利的；从实质上看，纯粹流通费用是对社会总商品价值中的剩余价值的扣除，即对社会总剩余价值的扣除，它是通过商业资本参与利润平均化的过程来获得补偿和利润的。

**3. 如何正确认识市场价值的形成与“第二层含义的社会必要劳动时间”？**

市场价值亦即社会价值，是在市场竞争中形成的。一是卖方之间的竞争，形成社会有效供给；二是买方之间的竞争形成社会有效需求。供求间平衡与否会影响市场价值的形成。

当供求平衡时，部门内部竞争可以使商品的个别价值均衡化从而形成一个相同的市场价值。然而，供求平衡是偶然的，不平衡是经常的。而无论是供过于求还是供不应求，都会对市场价值的形成产生影响。

第一，供求关系的变化，引起市场价值形成条件的变化。即在供求平衡时，市场价值是由中等生产条件生产的、大量的商品个别价值来调节的。如果市场上供过于求，市场价格会下降，市场价值则由优等生产条件下生产的商品的个别价值来调节。如市场供不应求，市场价值就会由劣等生产条件下生产的商品的个别价值来调节。

第二，供求关系的变化，会引起一个生产部门市场价值总量的变化。供给是指提供给市场的商品，既具有满足社会需要的使用价值，又具有一定量的市场价值，它代表该部门实际耗费的社会必要劳动。需求是指有一定支付能力的需求，代表着社会应该生产的商品总量，也代表着社会应该按比例投放在该部门的社会必要劳动时间。当生产部门实际消耗的社会必要劳动与应该投入的社会必要劳动一致时，商品的市场价值就能顺利地实现。如果某种商品的产量超过了当时社会的需要，社会必要劳动的一部分就会被浪费掉，这部分商品的市场价值就不能实现。如果某种商品的产量小于当时的社会需要，

---

① 马克思，恩格斯. 马克思恩格斯全集：第25卷［M］. 中共中央马克思恩格斯列宁斯大林著作编译局，译. 北京：人民出版社，1975：319.

这些商品必然要以高于它们的市场价值的价格出售。

商品的市场价值，由第一层含义的社会必要劳动时间和第二层含义的社会必要劳动时间共同决定。马克思在《资本论》第一卷中分析的决定商品价值量的社会必要劳动时间是在生产同种商品的不同生产者之间形成的。它涉及的是同种商品生产上的劳动耗费，可称为第一种含义的社会必要劳动时间。社会必要劳动时间还有另一层含义，即在生产不同商品的生产者之间形成的社会必要劳动时间。它涉及的是社会总劳动时间在各种商品上的分配，其说明的是不同商品的使用价值被社会接受的程度。马克思说："不仅在每个商品上只使用必要的劳动时间，而且在社会总劳动时间中，也只把必要的比例量使用在不同类的商品上。"①

如果说第一层含义的社会必要劳动时间强调的是价值的决定，那么第二层含义的社会必要劳动时间强调的是价值的实现。

**4. 如何探讨绝对地租的来源？**

马克思指出，土地私有权的垄断是绝对地租产生的原因，农产品价值与生产价格的差额是绝对地租的来源，农业资本有机构成低于工业资本平均有机构成则是绝对地租产生的条件。上述论断构成了马克思绝对地租理论的主要内容。

诚然，任何形式的地租都是土地所有权在经济上的实现。土地所有权垄断会因为土地资源的稀缺性和重要性，继续存在下去。作为土地所有权在经济上的实现形式的绝对地租，也会继续存在。但同时，随着科技的进步，农业资本有机构成低于工业资本平均有机构成这种历史现象，会发生根本性的改变，农产品价值将不再大于生产价格。那么，马克思所论述的那一层面意义上的绝对地租将不复存在。因此，针对绝对地租存在的必要性与存在的可能性之间产生的矛盾，经济学界形成了以下观点：

（1）绝对地租消失论。这种观点认为，绝对地租将随着农业资本有机构成赶上或超过工业资本平均有机构成的过程而逐渐消失。因为，尽管土地所有权垄断还存在，但由于农产品价格不能既为资本家提供平均利润，又为土地所有者提供绝对地租，因此在这种条件下，绝对地租有可能消失。然而，土地所有者不可能不收地租让农业资本家耕种土地，资本家也不可能忍受得不到平均利润而投资农业。解决这个矛盾的办法是土地所有者自己经营土地，以获得平均利润。

（2）农业平均利润和工资扣除论。这种观点认为，土地所有权垄断是决定绝对地租存在的唯一条件。农业资本有机构成超过工业平均构成的状况虽可改变绝对地租的来源，但并不能动摇绝对地租的客观存在。在新的条件下，绝对地租可以来自对农业平均利润和工人工资的扣除。这种观点来自马克思的有关论述："在英国的租地农民中，有一定数量的小资本家。他们由教育、教养、传统、竞争以及其他条件所决定，不得不作

① 马克思，恩格斯．马克思恩格斯全集：第25卷［M］．中共中央马克思恩格斯列宁斯大林著作编译局，译．北京：人民出版社，1975：716.

为租地农民把自己的资本投到农业上。他们被迫满足于平均利润以下的利润，并把其中的一部分以地租形式交给土地所有者。”① “真正农业工人的工资被压低到他的正常平均水平以下，以致工资的一部分由工人手中扣除下来，变为租金的一个组成部分，从而在地租的伪装下流到土地所有者而不是工人的手中。”②

（3）农业垄断价格论。这种观点认为，在农业有机构成赶上或超过工业平均有机构成后，原来意义上的绝对地租，即来自农产品价值与生产价格差额的绝对地租，就会消失，而来自农产品市场价格超过生产价格的绝对地租，会仍然存在。此时的绝对地租不再是农业工人创造的剩余价值，而是通过垄断价格转移的其他部门工人创造的剩余价值部分，是土地所有者向全社会征收的“贡赋”。

（4）社会绝对地租论。这种观点认为，土地资源是社会产品形成的基础和条件。从社会产品生产的角度看，绝对地租不仅来自农业剩余价值，也来自工业剩余价值，是工农业剩余价值或社会剩余价值的“必要”扣除。这种扣除，是土地所有权垄断、价值规律和平均利润规律共同作用的结果。

该观点还认为，由于农产品的特殊性和政府对农业的保护，即使出现农产品长期处于过剩的状态，大量劣等地也仍然滞留在农业生产领域中，调节着农产品的生产价格。各国政府以劣等地的生产价格为基础，制定农产品保护价格。因此，当市场价格可以实现农产品生产价格时，农业绝对地租来自生产价格的一部分；当市场价格长期不能实现农产品生产价格时，农业绝对地租就不能完全来自农产品生产价格，而是来自政府对市场价格与保护价格差额的补贴。补贴虽仍是社会剩余价值的扣除，但也是政府进行国民收入再分配的产物。

**5. 如何正确认识马克思的地租理论与我国土地资源的运营？**

土地是一种稀缺的、不可再生的资源，是人类生存不可或缺的根本性条件。因此，珍惜土地、合理有效地利用土地资源显得十分必要，特别是对于我们这样一个人均土地占有量较少的人口大国。马克思的地租理论在土地资源的利用上给了我们重要的启示。

（1）土地有偿使用是合理有效利用土地资源的前提。

马克思说：“地租是土地所有权在经济上借以实现即增殖价值的形式。”③ 只要土地所有权存在，它就要在经济上实现自己、增殖自己的价值。这种增殖自己的形式就是地租。并且，我国存在着土地所有权与经营权的分离，国有土地都是由各种经济实体和行政单位占有和使用的，集体所有的土地则由农业承包户使用，土地所有权与经营权分

---

① 马克思，恩格斯. 马克思恩格斯全集：第25卷［M］. 中共中央马克思恩格斯列宁斯大林著作编译局，译. 北京：人民出版社，1975：706.

② 马克思，恩格斯. 马克思恩格斯全集：第25卷［M］. 中共中央马克思恩格斯列宁斯大林著作编译局，译. 北京：人民出版社，1975：707.

③ 马克思，恩格斯. 马克思恩格斯全集：第25卷［M］. 中共中央马克思恩格斯列宁斯大林著作编译局，译. 北京：人民出版社，1975：698.

离，自然会产生出租和承租问题，这种出租和承租关系的体现就是地租。

以上说明，土地的使用绝不能是无代价的。我们不但要把土地当作资源，而且要当作一种资产来运营，使它在经营中保值、增殖，并保持和提高自己的肥力。

过去很长一段时期，我国忽视土地所有权和地租的存在，抹杀土地资源的特点，无代价地使用土地，造成土地资源浪费，使土地资源锐减。据统计，1957—1994 年我国耕地从 16.7 亿亩（1 亩 =666.67 平方米）减少到 14.2 亿亩，37 年净减土地 2.5 亿亩，平均每年减少 676 万亩。我们赖以生存的基础不断被削弱。改革开放以后，我国进行了土地制度的改革，依据所有权与经营权相分离的原则，在坚持土地公有制的前提下，实行土地使用权的有偿转让，为合理利用土地提供了制度基础。

（2）土地使用权转让价格的确定是合理有效利用土地资源的关键。

在社会主义市场经济条件下，土地使用权已纳入商品流通范围，实行有偿使用，这就需要正确确定土地使用权转让价格。正确确定土地使用权转让价格，应以马克思地租理论为基础。只有形成合理的价格，才能促进土地的合理开发和利用。

①土地使用费的确定，首先要考虑级差地租。在城市、城郊及经济开发区的级差地租的确定中，位置具有决定性意义。应根据土地位置的不同情况，把城市土地划分为若干地段、若干等级，根据地段、等级确定不同的租额和土地使用费。

级差地租 II 在城市土地使用费的确定中也有重要作用。如同一块地原属普通地段，由于追加投资进行改造，可以变成优质地段，在铺设了新的交通路线和增设了新的基础设施时就是如此。在这里，土地效益的提高是追加投资的结果。由此而提高的级差地租 II，也应该考虑到土地使用费中去。

在农村，级差地租规律也起着重要作用。在确定土地承包或者转包费时，首先要考虑土地肥力的差别和地理位置的远近，由此决定的级差地租 I 应列入承包费。在土地承包期间，由承包者或转包者对土地的追加投资而形成的级差地租 II，在一般情况下，应归承包者或转包者所有，以调动其土地投资的积极性。

②关于绝对地租。我国农村最差的土地是否也应提供地租，是一个值得讨论的问题。但是在土地资源极端紧缺的情况下，如果最差的土地不提供任何地租，也会造成土地使用上的浪费，那么，对这类土地收取较低的土地使用费，也是必要和合理的。

③在一定情况下还会存在垄断地租。如带有特别资源的地段、带有特别土质的地块、处于城市特别地段的黄金地块等，能提供远远高于普通地租的垄断地租，在确定土地使用费时应特别加以考虑。

（3）对农业的保护是合理有效利用土地资源的保障。

世界经济的发展有一个共同的规律，在一定时期内靠农业的积累支持工业的发展，该阶段称为农业“哺育”工业阶段；随着工业的发展和壮大，到一定阶段工业就会“反哺”农业，用它雄厚的资金和技术力量，支持农业发展；否则，工农业矛盾将会日益突出，结构性矛盾将会越来越大，因此现代许多国家都对农业实行保护政策。在我国，农业是国民经济的基础，但农业的基础地位非常薄弱，因此更需要保护。如对基本农田的保护；加快农业后备资源的开发，发展大农业，拓宽农业生产路子；合理调整土地利用方式；依靠科技进步和增加农业投入提高土地质量；对农业实行购销保护和财政金融支持等。这种对农业的保护是合理有效利用土地资源的保障。

**6. 怎样理解“虚拟资本”与“虚拟经济”？**

马克思说的虚拟资本主要包括以下特点：① 它是一种定期领取收入的所有权证书；② 这种所有权证书能够买卖，是一种特殊商品；③ 这种特殊商品的市场价值是它所带来的收入的资本化；④ 这种市场价值有多种与现实资本不同的独立运动。

我国学者对虚拟资本有以下不同的理解：

（1）将虚拟资本定义为：“同实际资本相分离的，本身无价值却可被作为‘商品’进行交易的各种凭证。”① 根据这种定义，虚拟资本主要包括四类：一是股票和债券，二是政府债券，三是证券化资产，四是金融衍生物。

（2）有学者认为，“虚拟资本是资本的一种表现形式，它指同实际资本相分离的、本身无价值却能够带来‘剩余价值’（它其实是对剩余价值的一种分割）、具有独立的价值增殖运动规律的各种凭证。它一般以货币、票证（本票、支票、汇票、大额可转让存单等）、股票和债券、金融衍生产品等形式存在。虚拟资本发展到现在，按照其虚拟化的程度，大致可分为四类：借贷资本（包括外汇）、股票和债券、证券化资产及金融衍生品。借贷资本主要出现在银行和企业之间（外汇只有在出现借贷关系时才可被称为资本，它一般出现在国际借贷关系中）；股票与公司债券是最明显的虚拟资本，它们与实际资本呈一一对应关系。”②

（3）虚拟资本是指能带来收入的，以有价证券形式表现的资本。虚拟资本主要有两种形式，一种是信用形式上的虚拟资本，主要有期票、汇票、银行券、纸币、国家债券、各种证券抵押贷款等。同一笔货币被反复使用便产生虚拟资本。另一种是收入资本化形式产生的虚拟资本，主要由股票、债券构成，以资本所有权证书的形式流通。同一张所有权证书或债权证书反复交易就形成纯粹的虚拟资本。在现代市场经济中，股指期货、外汇期货等则是由股票、外汇交易衍生出的，可以说是虚拟资本的进一步衍生。③

关于“虚拟经济”，我国经济理论界有不同的理解，有学者将这些理解归纳如下：

（1）成思危认为“虚拟经济是指与虚拟资本以金融系统为主要依托的循环运动有关的经济活动，简单地说是直接以钱生钱的活动”。关于“循环运动”，成思危说，当前，虚拟经济的循环就是在金融市场上，先通过交换，把钱换为借据、股票、债券，然后在

---

① 刘峻民. 从虚拟资本到虚拟经济［M］. 济南：山东人民出版社，1998.

② 许均华，高翔. 虚拟资本与实际经济关系研究［J］. 经济研究，2000（3）：52－56.

③ 逄锦聚，洪银兴，林岗，等. 政治经济学［M］. 2 版. 北京：高等教育出版社，2003：94.

适当的时候，再通过交换把借据、股票、债券再变成钱，直接以钱生钱。这个说法的要点有三：一是用“虚拟资本”作定义项；二是“直接”以钱生钱的活动；三是在金融市场上实现。[①] 这种说法影响最大。

（2）虚拟经济是涵盖金融业的概念。王国刚认为，在经济运动中，“虚拟经济”是用于描述以票券方式持有权益并交易权益所形成的经济活动的概念。在现代经济中，它主要指金融业。虚拟经济包括证券业、资本市场、货币市场、银行业、外汇市场等，是一个涵盖金融业的概念。有学者还用“经济符号”“符号经济”表示“虚拟经济”。

（3）虚拟经济是资本独立化运动的经济。这种理解与第一种理解的根本区别在于，这种看法着眼于资本，回避“虚拟资本”。陈淮认为，虚拟经济是资本独立化运动的经济。资本以脱离实物经济的价值形态独立运动，是虚拟经济的虚拟属性的根本体现。虚拟经济存在和发展的基础是产权交易。市场经济高度发展的标志在于产权本身也成为市场交易的对象。[②] 宋逢明认为，金融是虚拟经济的主要组成部分，而资本市场才是虚拟经济核心的部分。

（4）新经济即“虚拟经济”。这种看法的理由是：新经济的切入点便是虚拟空间和虚拟社会。姜奇平认为，重组信息空间意义上的虚拟经济，才是新经济意义上的虚拟经济。把信息空间这个框架体系，套在国民经济上，就形成广义的虚拟经济（或叫信息化经济）。

---

① 成思危. 虚拟经济与金融危机［J］. 经济界，1999（3）：4－10.

② 陈淮. 关于虚拟经济的若干断想［J］. 金融研究，2000（2）：51－56.

# 第七章　垄断资本主义的发展演变与经济全球化

## 一、本章内容简介

本章重点论述了垄断资本主义的发展演变及其历史趋势，并通过剖析经济全球化的发展及其社会经济影响，为正确认识资本主义生产方式发展演变的规律以及经济全球化趋势下资本主义的历史地位，提供了思路。

第一节主要论述了五个问题：①分析了生产和资本的集中与垄断的形成原因，揭示了垄断的实质；②对垄断组织的形式及其在当代的新发展加以考察；③剖析了垄断利润和垄断价格的含义及其制约条件；④重点分析了垄断与竞争的关系以及垄断竞争的特点；⑤分析了垄断资本主义的基本经济特征及其变化。

第二节分析了国家垄断资本主义的产生及其原因，介绍了国家垄断资本主义的表现形式，分析了国家垄断资本主义的实质及其作用。

第三节在阐明经济全球化的广泛发展及其原因、经济全球化的性质特点和社会经济后果的基础上，进一步就经济全球化趋势下资本主义的历史地位与发展前景，做了分析论证。

## 二、本章主要知识点

### （一）资本的社会化与垄断资本主义的形成

1. 生产和资本的集中与垄断的形成

（1）生产集中是指生产资料、劳动力和商品的生产日益集中在少数大企业中，使生产规模扩大。

（2）生产和资本的集中导致垄断的形成。当生产和资本高度集中时，就必然会形成垄断。生产集中是垄断形成的物质基础。

垄断就是独占，是少数大企业或若干企业通过一定的形式联合起来独占生产和市场。垄断形成以后，就成为自由竞争阶段之后的资本主义最深厚的经济根源和社会基础。

2. 垄断组织的形式及其发展

（1）垄断组织的基本形式包括：

①卡特尔是生产同类商品的大企业为划分销售市场而建立的垄断联盟。

②辛迪加是生产同类商品的企业为统一销售商品和采购原料而建立的垄断联盟。

③托拉斯是由许多生产上有密切联系的企业合并组成的大型垄断企业。

④康采恩是以实力最为雄厚的大企业为核心，把许多不同部门的企业联合起来而形成的企业集团。

（2）二战后，垄断组织形式有了新的发展。

3. 垄断利润和垄断价格

垄断利润是垄断企业凭借对生产要素、技术专利等排他性的独占权和市场势力所获得的超过平均利润以上的超额利润。

垄断价格是指垄断组织凭借在经济上的垄断地位所制定的能够带来垄断利润的价格。它包括垄断高价和垄断低价两种形式。垄断价格是垄断资本获取垄断利润的主要手段。

4. 垄断与竞争

（1）垄断与竞争的关系。垄断在本质上是排斥竞争的，但垄断又不能消除竞争，而只能与竞争共存。

（2）垄断竞争的特点。

（3）垄断竞争的基本形式。垄断竞争的基本形式有两种：一是垄断资本与非垄断资本的竞争；二是垄断资本之间的竞争。

5. 垄断资本主义的基本经济特征

（1）私人垄断资本和垄断组织在社会经济生活中占据了支配地位。

（2）工业垄断资本与银行垄断资本日益紧密地融合为金融资本和金融寡头。

金融寡头：银行垄断资本和工业垄断资本日益融合在一起形成一种新型资本，就是金融资本；掌握这种庞大的金融资本的最大资本家或资本家集团（又称财团）就是金融寡头。

参与制：垄断资本家通过掌握一定数额股票对企业实行控制的一种制度。金融寡头利用参与制，达到控制和支配比自己的资本大几倍、几十倍甚至上百倍的他人资本，大大加强了自己在经济上的统治地位。

（3）资本输出具有特殊的意义。资本输出是资本的所有者、经营者或其国家政府，基于一定经济利益或政治、军事目的的对外投资。资本输出按其形式可分为借贷资本输出和生产资本输出两种类型。

（4）国际垄断同盟从经济上瓜分世界。国际垄断同盟就是资本主义各国的大垄断组织根据协定成立的国际性的联盟。它通过瓜分世界市场，制定垄断价格，控制生产规模，垄断原材料来源，分割投资场所，组织联合生产，等等，从经济上分割世界。

（5）主要发达资本主义国家从经济和政治上控制世界。

### （二）国家垄断资本主义及其对经济的干预和调节

1. 国家垄断资本主义的产生及其原因

国家垄断资本主义是国家政权和垄断资本融合在一起的垄断资本主义。

国家垄断资本主义的形成和发展不是偶然的。它是科技进步和生产社会化程度进一步提高的产物，是资本主义基本矛盾进一步尖锐化的必然结果。

2. 国家垄断资本主义的表现形式

（1）国家直接占有垄断资本。

（2）国家与私人共有的垄断资本。

（3）国有垄断资本与私人垄断资本在社会再生产过程中的结合运动。

（4）国家对社会再生产进行干预和调节。

3. 国家垄断资本主义的实质及其作用

国家垄断资本主义的实质仍然是资本主义和垄断资本主义。

国家垄断资本主义与以往资本主义的差别。

国家垄断资本主义的作用和局限性。

### （三）经济全球化与资本主义的历史地位

1. 经济全球化的广泛发展及其社会经济影响

（1）经济全球化的概念。

经济全球化指生产要素的配置和经济活动的开展，不但跨越了国界相对自由地以全球范围为空间进行，而且使世界各国在生产、分配、交换和消费诸环节的相互联系和交织日趋紧密，向全球经济整体的方向发展。它具有客观必然性。

（2）经济全球化的主要特点。

经济全球化发展到现阶段，主要表现出以市场经济为基础、以生产力和新科技革命的迅猛发展为动力、以跨国公司为载体、以经济发达的资本主义国家为主导等若干特点。

（3）经济全球化的性质。

经济全球化从本质上考察，其性质具有二重性：一方面，它是生产社会化及经济国际化在时间和空间上的多维度拓展，因而它反映了科学技术进步和人类社会生产力发展的客观要求；另一方面，经济全球化又是在当代资本主义的主导下进行的。因此，在相当一个时期内经济全球化必然带有资本主义生产关系全球性扩张的色彩。这种状况是随着中国等的崛起，并深度融入经济全球化、逐渐拥有更多的经济全球化话语权后，才开始发生转变的。

（4）经济全球化的社会经济后果。

经济全球化是把“双刃剑”，其对世界经济的影响也是有利亦有弊。

2. 经济全球化趋势下资本主义的矛盾及历史地位

（1）经济全球化趋势下垄断资本主义的矛盾。

国家垄断资本主义产生后，资本主义基本矛盾依然存在并支配着资本主义的发展过程。

（2）资本主义生产关系的变化或自我调整。

在资本主义发展的历史进程中，伴随着社会生产力的发展，其生产关系先后经历了三次大的调整变化。

这种调整和变化，是为适应社会生产力发展，资本主义生产关系所做的自我调整或部分质变。但它并不能从根本上消除资本与雇佣劳动间的对立关系，亦不能从根本上解决该社会生产方式的基本矛盾。

（3）经济全球化趋势下资本主义的历史趋势。

垄断资本主义的发展，为社会主义最终取代资本主义奠定了物质基础。由垄断资本主义向社会主义的过渡是一个相当长的历史阶段。

## 三、重点问题解答

**1. 垄断是如何形成的？**

垄断就是独占，就是少数大企业或若干企业通过一定的形式联合起来独占生产和市场。当生产和资本高度集中时，就必然会形成垄断。生产集中是垄断形成的物质基础。生产和资本集中之所以会引起垄断，主要是以下几个方面的原因：

（1）生产集中，使企业规模扩大，生产能力迅速膨胀。在一定时期的特定市场上，需求总是有限的。如果企业仍然遵循自由竞争的规律各自开足马力进行生产，势必导致生产过剩，利润减少，也造成资源的浪费。为了保持与扩大利润，大企业间有必要结成垄断组织，瓜分市场份额，以调节生产。

（2）把持了某个部门或某几个部门大部分生产和销售的少数垄断企业之间容易达成协议，对产量和价格进行控制，以获取高于自由竞争条件下的平均利润水平的高额利润；同时，正是企业的规模巨大，限制了资本在部门间和部门内的自由转移，压制了竞争，从而产生垄断的趋势。

（3）生产集中使大企业拥有巨大的规模、雄厚的资本，其产品及企业形象在公众中有一定地位。这对中小企业进入大企业的生产经营领域构成较高的进入壁垒，使自由竞争受到限制，逐步形成少数大企业寡头垄断的格局。

（4）少数大企业之间势均力敌。为了避免过度竞争造成两败俱伤的灾难性后果，企业常常不得不谋求某种妥协，以各种形式联合起来结成垄断同盟，垄断或控制一个部门或几个部门的生产和市场，以保证大家都能获得高额利润。

**2. 什么是垄断利润及其来源？**

垄断利润是垄断企业凭借其对生产要素、技术专利等排他性的独占权和市场势力所获得的超过平均利润以上的超额利润。追逐垄断高额利润是垄断企业生产的唯一目的和动机。

垄断利润来源于：①垄断企业内工人创造的剩余价值；②通过垄断价格，将非垄断企业工人和小生产者创造的一部分剩余价值转移过来；③通过垄断价格和对外扩张，攫取的殖民地、附属国和其他国家劳动者创造的一部分剩余价值；④通过国家财政进行的国民收入再分配，攫取的国内外劳动人民创造的一部分价值。

在垄断阶段，垄断资本可以凭借其在生产和流通中的垄断地位，长期获得大量的垄断高额利润。因为在垄断条件下，资本等生产要素在不同产业部门之间的自由转移受到垄断造成的一系列进入壁垒与退出壁垒的限制。这样，在自由竞争阶段充分发挥作用的利润率平均化就难以发挥作用。

**3. 垄断价格的特征和制约因素是什么？**

垄断资本获取垄断利润的主要手段是规定垄断价格。垄断价格是指垄断组织凭借其在经济上的垄断地位所制定的能够带来垄断利润的价格。它包括垄断高价和垄断低价两种形式：前者是指垄断组织在商品销售时规定的超过商品价值和生产价格的垄断价格；后者是指垄断组织利用其垄断地位在购买和倾销商品时人为压低的价格。

但是，垄断组织不能无限制地提高商品的售价，也不能任意压低商品的价格。因为垄断价格的制定要受到一系列因素的制约：一是要考虑商品的需求。如果商品价格定得太高，消费者会减少需求（在收入水平一定的情况下），或寻求低价的替代商品，从而迫使高价商品的价格下降。二是要考虑商品的供给。商品供给过多、超过需求，同样会引起商品价格的下跌，这正是垄断企业在制定垄断高价时必须限制产量的原因。同时，为了不使高价成为诱导新资本进入该产业展开竞争的因素，垄断价格也要定在能够成功阻止其他资本进入的适当高度。因为垄断不能完全排除竞争，在同一部门中常常存在几个垄断组织，它们之间的竞争在一定程度上对垄断价格起着抑制作用。三是要考虑产品的成本。过高的价格必然会导致产品销售量与产量相应减少，引起设备利用率下降和产品成本上升，最终使利润减少。垄断企业在制定垄断高价时必须在价格和产量之间进行权衡，使之符合长期利润最大化的目标。任何企业都不能不考虑市场容量而任意提高垄断价格。

**4. 垄断与竞争的关系是什么？**

垄断是对自由竞争的否定。在没有约束的条件下，垄断总是会破坏自由竞争的市场规则，因此垄断在本质上是排斥竞争的，但垄断又不能消除竞争，而只能与竞争共存。

垄断之所以不能消除竞争，是因为：①竞争是商品经济的产物，垄断的出现并没有，也不可能消灭商品经济，竞争规律必然存在并起作用；②任何垄断都无法达到“纯粹的垄断”地步，垄断组织与非垄断组织并存、垄断企业与“局外企业”并存是垄断资本主义社会的一般现象；③各垄断企业、各部门的发展由于技术和经济的原因总是不平衡的。因此，在大量中小企业竞争中成长起来的垄断，不可能消除竞争，而只能是垄断与竞争并存，并赋予竞争新的特点。

**5. 垄断竞争有何特殊性？**

垄断条件下的竞争改变了竞争的具体目的、手段和后果，有其新的特点和形式。

（1）垄断竞争的特殊性：第一，垄断企业竞争的目的是追求垄断高额利润等特殊利益，而不是一般的平均利润甚至不是一般的超额利润。第二，竞争的手段和方法更加多样化，不仅有一般的价格竞争和传统的经济手段，如加强经营管理、使用先进设备、提高生产技术水平等，还包括促销竞争、质量和服务竞争等在内的多种非价格竞争，甚至利用经济以外的手段，如采取收买、讹诈、玩弄金融上的计谋，通过控制和利用政府采取政治军事手段（包括公开使用暴力）等实现其特殊利益。第三，在竞争的主体上，分散的中小企业之间的自由竞争已经让位于垄断组织之间的竞争。第四，竞争不但在国内进行，而且扩展到国外。第五，由于垄断组织力量强大，竞争的强度更大、更为激烈并具有更大的破坏性。总之，竞争产生垄断，而垄断又在相当程度上加剧了竞争。

（2）垄断时期的竞争，从形式上看，既存在垄断组织内部的竞争、各垄断资本集团之间的竞争，又存在垄断组织和中小企业之间的竞争。从性质上看，既有垄断竞争，又存在非垄断的自由竞争。垄断竞争成为主要的竞争形式并与自由竞争并存，反映了垄断条件下资本竞争关系的新特点。这一变化不能不对资本主义经济的运行机制及其后果产生重大影响。从市场经济的观点看，垄断和垄断竞争会破坏公平竞争原则，部分地使市场调节失败，从而影响资源的最优配置，不利于工人、消费者和中小企业，造成社会资源的浪费和居民福利的损失。

**6. 如何正确认识金融资本及其在当代统治形式下的新发展？**

（1）工业资本的集中和垄断促进了银行资本的集中和垄断。这是因为大工业企业成为银行资本充足存款的来源，为银行业集中提供了物质条件。银行业的集中和垄断使银行的作用发生了根本性的变化。现代社会化大生产中，工业企业常常需要银行提供数量较大、期限较长的贷款，从而形成了工业企业对银行的依赖；同时，银行业的集中，使得大银行有足够的资本为企业提供数量大、期限长的贷款。由于企业的很多金融活动都是通过银行进行的，银行不仅有充分的条件来确切地了解企业的业务情况，还可以通过各种信用手段来影响企业经营的规模和方向，甚至最终决定企业的命运，从而在生产和资本的集中过程中起重要的作用。这时的银行已经不是简单的支付中介者，而是万能的垄断者。这样通过金融联系，银行垄断资本和工业垄断资本日益融合在一起形成一种新型资本，就是金融资本。掌握这种庞大的金融资本的最大资本家或资本家集团（又称财团）就是金融寡头。金融资本和金融寡头的形成标志着资本主义已从自由竞争阶段过渡到垄断阶段。

（2）金融寡头在经济领域的统治，主要是通过参与制、发行有价证券、创办新企业、改组中小企业等方式进行的；在政治领域，则采取人事联合把垄断势力渗透到国家上层建筑的各个领域。

（3）金融资本或金融寡头在当代统治形式下的新发展，主要表现为：①统治的范围进一步发展；②传统的家族色彩淡化，股份法人垄断化加强；③传统的金字塔式垂直控制格局，让位于以银行资本为核心的现代金融资本网状式联合控制；④脱离实体经济运转的虚拟金融经济得到快速发展，并对社会经济的平稳发展产生不利影响。

**7. 资本输出的原因及其性质是什么？**

（1）垄断资本主义时期的资本输出有其必要性，且成为该时期基本经济特征之一，除反映了社会生产力高速发展、生产国际化的客观要求外，更具决定意义的是由经济发达资本主义国家的垄断统治所造成的。首先，过剩资本的出现，是资本输出的物质基础或必要前提。由于资本积累一般规律的作用，在垄断条件下，发达资本主义国家国内市场相对狭小，形成资本过剩。在国内缺乏更为有利的投资场所的情况下，为了追逐高额垄断利润，这些“过剩”资本就必然要输往国外。其次，垄断竞争的激化是资本输出的重要推动力。垄断并没有消除竞争，反而加剧了竞争。垄断造成的大规模生产，使商品销售和原材料来源问题更加尖锐，为此而展开的国际竞争不断激化。资本输出一方面可以带动商品输出甚至可以越过对方国家的贸易壁垒，在国外就地生产、就地销售；另一方面把资本输出到其他国家进行资源开发，亦可获取比较优势，保证相对廉价的劳动力或原材料的稳定来源。最后，垄断资产阶级国家的积极参与为资本输出提供了可靠保障。

（2）发达资本主义国家的资本输出，在本质上是垄断资本获取垄断高额利润，争夺世界经济霸权的重要手段。对东道国而言，外资的流入也带来了某些先进的生产技术和管理经验；资本输出到经济落后国家，客观上加速了这些国家市场经济和商品货币关系的扩展，还起到了弥补本国经济发展的资金、外汇不足缺口的作用，因而在一定程度上是有利于其经济发展的。

（3）值得注意的是，随着经济的发展和对外开放的扩大，自20世纪60年代以来，一些发展中国家也开始对外投资。除了部分石油输出国组织的国家，发展中国家对外投资是它们加强国际经济联系，充分利用国内、国际两个市场和两种资源，更有效地发展对外经济贸易，获取尽可能大的开放效应的有效途径。

**8. 国家垄断资本主义的性质及其作用是什么？**

国家垄断资本主义尽管有着多种形式，并在二战之后得到空前发展，但并没有从根本上改变以资本主义私有制为基础的生产关系，其实质仍然是资本主义和垄断资本主义。与以往资本主义的差别在于：在国家垄断资本主义历史阶段，垄断资产阶级通过控制国家机器，充分利用国家政权加强对国内外劳动人民的剥削，以获取稳定的高额垄断利润。作为一般私人垄断资本基础之上的、资本社会化最高形式的国家，已不但具有传统的作为上层建筑性质的国家政权的功能，而且已经与垄断资本融为一体，以总资本家的身份直接参与社会再生产的总过程。但是，国家并不是单方面、无条件地服从某个或某些垄断组织。在为垄断资本服务的同时，它也要顾及非垄断资本中小企业的利益以及普通民众的利益，以此缓解社会基本矛盾，并保证垄断资产阶级的长远利益。

国家垄断资本主义的产生和发展，是资本主义生产方式范围内垄断资本主义生产关系的自我完善或局部调整，是垄断资本主义由一般私人垄断向国家垄断的部分质变。一方面，它在一定程度上适应了现代科技革命和生产高度社会化条件下社会生产力的发展；另一方面，它又是垄断资产阶级利用国家机器干预社会经济生活，缓解社会基本矛盾并保证其获取垄断高额利润的新的形式。

国家通过国有垄断资本与私人垄断资本相结合，通过宏观政策手段进行直接和间接的经济调节参与社会再生产过程，改变了传统的自发市场调节的运行机制，在一定程度上适应了生产社会化的要求，因而在一定时期有利于经济的发展和某些社会矛盾的缓和。首先，国家对经济进行调节和干预，通过国有垄断资本的活动和各项经济政策，特别是财政政策与货币政策的运用和经济计划的实施，能较大地影响经济周期的变化，减弱经济危机的程度和冲击。其次，市场调节和国家调节相结合，有利于科学技术进步、局部比例和宏观比例的协调、地区结构与产业结构的改善、生态环境恶化的缓解，有利于弥补单纯市场调节的某些弱点。最后，国家调节使垄断与非垄断经济成分的矛盾以及劳资矛盾得到一定的缓解，因而有利于经济和社会的稳定。

国家垄断资本主义又不可能从根本上解决资本主义生产方式的内在矛盾。第一，它不可能抑制私人垄断资本生产的盲目性和对雇佣劳动者的剥削性，因而解决社会生产的无政府状态。第二，它也无法从根本上改变资本主义社会生产资料的占有关系以及贫富悬殊，因而解决生产相对过剩的矛盾。第三，它的宏观调控政策、扩大政府开支以刺激经济发展的政策手段，导致了巨额的财政赤字，通货膨胀、通货紧缩和经济衰退交替出现，财政金融危机加剧。第四，在国际经济领域，国家对国际经济的干预，是伴随着旧的国际政治经济秩序对发展中国家的控制和剥削，以及对这些国家社会经济的可持续发展的破坏而进行的。

**9. 由私人垄断资本主义发展到国家垄断资本主义的必然性是什么？**

国家垄断资本主义的形成和发展是科技进步和生产社会化程度进一步提高的产物，是资本主义基本矛盾进一步尖锐化的必然结果。具体来讲，主要原因是：

（1）二战以后经济恢复的需要。英、法、日、德等国家，在战后都面临着恢复和发展经济的迫切任务。而这仅靠私人垄断资本是无能为力的，不能不借助国家的力量。西欧国家还以政府出面的形式，结成了经济共同体，借助一体化的力量来发展经济。这种区域性的国际垄断联盟标志着国家垄断资本主义发展到一个更高的水平。美国也亟须扩大社会总需求以适应由于科技和社会生产的发展而急剧膨胀起来的社会总供给；同时，其推行单边主义全球战略，以及作为世界霸主而奉行遏制其他国家力量的扩军备战的冷战政策，也都促使其加速了国家垄断资本主义的发展。

（2）社会生产力的发展和生产社会化程度的提高，要求生产资料占有形式发生变化，这是国家垄断资本主义产生的物质基础。垄断的形成使资本关系的社会化程度得以提高。但一般垄断资本主义生产关系，即个别的或集团的垄断资本的生产资料占有，仍然是少数人的占有。随着二战后科学技术的巨大发展和社会分工的扩大与加深，以及生产的高度社会化，资本关系和生产力之间的矛盾也日趋尖锐。特别是现代化的生产规模巨大，需要巨额资本；重大科技项目的研究和开发往往是耗资巨大的系统工程，需要许多专业科技人员和科研单位进行更大范围的广泛协作；经济结构有待调整和演变；科技和教育事业要求大力发展；环境和生态平衡需要治理；社会分工的发展要求打破国界、协调各国之间的经济关系；等等。这些问题往往不是私人垄断资本所能够和愿意解决的，这就不能不突破私人垄断资本的局限，由作为“总资本家”的国家直接投资或与私人垄断资本合资来解决。

（3）为缓解社会基本矛盾，应克服经济危机，实现经济稳定发展的需要。在资本主义社会，由资本主义经济矛盾所决定的、生产的巨大膨胀和有支付能力的需求相对缩小之间的矛盾，使社会不断爆发周期性的经济危机。对于危机的发展和加深，要求借助国家的力量，借助政府的各种“反危机”措施，来消除危机所造成的影响。

（4）应对国际市场日趋激烈竞争的需要。二战前，发达资本主义国家在国际市场上的矛盾主要是通过各国之间争夺殖民地附属国的战争形式表现出来的，国家垄断资本主义的军事性质尤为突出。二战后，随着旧殖民体系的瓦解，西方各国直接统治的地盘大大缩小，它们在争夺原料产地、投资场所和商品的销售市场等方面的斗争也更为激烈。因此，各国垄断集团为在国际竞争中取得有利地位，必须依靠国家力量，发展国家垄断资本主义。

**10. 经济全球化发展的特点及其社会经济后果是什么？**

经济全球化发展到现阶段，主要表现出以市场经济为基础、以生产力和新科技革命的迅猛发展为动力、以跨国公司为载体、以经济发达的资本主义国家为主导等若干特点。

经济全球化是把“双刃剑”，其对世界经济的影响有利亦有弊。

从积极的方面看，经济全球化的好处主要是：①经济全球化可以在世界范围内实现资源的最优配置，使一国经济发展在既定条件下最大限度地摆脱资源和市场的束缚，生产效率得到明显提高。②经济全球化为发展中国家实现经济发展和赶超发达国家提供了前所未有的大好机遇。经济全球化带来了国际分工的发展、产业的转移和资本及技术等生产要素的流动以及规模经济效应，对于发展中国家弥补资本、技术等生产要素缺口，利用后发优势以迅速实现产业演进、技术进步、制度创新和经济发展都是非常有利的。

从消极的方面看，经济全球化的影响主要是：①不同国家从经济全球化中获得的收益不平等，因而国际关系中潜藏着各种危险。经济全球化涉及政治、经济以及社会发展的各个领域，而构成这种关系的基础——旧的国际经济关系就是不平等的，体现为建立世界经济和国际贸易体系的方式不平等，贸易条件、金融、投资和技术转移不平等，因此经济全球化所带来的利益和损失的分配也是不平等的。在全球治理机构尚未形成、超国家主权的基础还不够牢固的情况下，经济全球化发展会引发世界性的多方面的冲突和相当大的震荡。②经济风险国际传导机制的强化，是经济全球化发展给世界经济带来的消极影响的另一个突出方面。经济全球化趋势下金融自由化和全球化的发展，使得发生在一些国家和地区的金融动荡和危机，迅速向全球蔓延，进而引发并形成全球性的金融危机。③经济全球化还使各国政府的宏观调控遇到新的困难。经济全球化和与之相应的国际经济一体化，在增强了一系列国际经济组织以及超国家行为主体的经济和政治协调功能的同时，势必在某种程度上使各国政府宏观经济决策的独立性和国民经济宏观调控能力削弱，并给许多国家特别是发展中国家对外开放进程中经济的稳定和可持续发展带来巨大的不确定性。

由此可见，利用经济全球化提供的有利条件，积极促进经济全球化朝着有利于实现共同繁荣的方向发展，趋利避害，使各国特别是发展中国家都从中受益，是世界各国特别是发展中国家所不得不面临的一个重要问题。

**11. 如何正确理解资本主义历史地位的二重性？**

（1）资本主义经济制度是一种以生产资料私有制为基础、以资本家无偿占有雇佣工人剩余劳动为特征的剥削制度。作为人类历史发展的一个阶段，相对于资本主义的其他社会经济制度，资本主义制度有着历史进步性的一面。其一，资本主义为商品经济的最广泛发展提供了条件。其二，商品经济所固有的市场竞争和价值规律的内在要求，以及资本对剩余价值和超额利润的疯狂追逐，为科学技术的进步和社会生产力的迅猛发展，提供了强劲的动力。其三，资本主义摆脱了奴隶社会和封建社会对劳动者的超经济强制，以及劳动者对统治阶级的人身依附，实现了自然经济瓦解后人类社会历史上首次人的法律上的平等和人身自由，为劳动者生产积极性的提高、劳动者素质及劳动技能的提高以及科技进步创造了必要条件。

（2）相对于人类社会的全面发展，资本主义制度又有着其消极落后的一面，这主要反映在资本主义生产方式固有的基本矛盾的存在及发展上：

生产力与生产关系的矛盾在资本主义生产方式中表现为生产的社会化与生产资料资本主义私人占有这一基本矛盾。这一基本矛盾在自由竞争的资本主义时期，在资本积累的过程中，通过平均利润的下降、资本和人口的相对过剩以及生产过剩的经济危机表现出来的。

垄断资本主义时期，生产和资本国际化加强，资本主义大国争夺世界市场、投资场所和原料产地的斗争激化。资本主义国家之间的矛盾，资本主义国家与殖民地、半殖民地之间的矛盾，各大资本集团之间的矛盾，成为这一时期资本主义矛盾的新的特点。

尽管当代资本主义经济又有了令人瞩目的新发展，但资本主义经济规律如资本积累规律、价值规律、发展不平衡规律等仍在发挥作用。同时，在资本主义内在规律的作用下，高新技术发展和全球化趋势的加强引发了科学技术和生产力的迅猛发展与经济体制的矛盾、生产发展与分配不公的矛盾、经济与社会发展不协调的矛盾、物质生产高水平与文化危机的矛盾等。这些矛盾及其引发的社会经济的失调和危机日益突出，且有向全球蔓延的趋势。

由自由竞争的资本主义到垄断资本主义，再发展到国家垄断资本主义，是资本主义生产关系所进行的局部调整。尽管这在一定程度上适应了社会生产力的进一步发展，但它并没有从根本上改变资本主义社会的性质，也不可能从源头上解决资本主义这一社会生产方式所固有的矛盾。向新的能促使人类社会发展更好的社会生产方式的转换，是历史的必然。

## 四、疑难问题和学术争鸣

**1. 垄断价格的出现是否表明价值规律不起作用了？**

垄断价格是指垄断组织凭借其在经济上的垄断地位所制定的能够带来垄断利润的价格。它一般高于或低于商品的价值或生产价格。虽然垄断高价和垄断低价都偏离价值，但垄断价格的形成并不违背价值规律。它只是进一步改变了价值规律作用的表现形式，使商品的市场价格比较长期地、稳定地背离生产价格和价值。从全社会来看，整个社会的商品价值，仍然是由生产它们的社会必要劳动创造的。垄断价格既不能增加也不能减少整个社会所生产的价值总量，它只是对商品价值和剩余价值做了有利于垄断资本的再分配。从整个社会看，商品的价格总额仍然等于商品的价值总额。

**2. 平均利润和垄断利润的主要区别是什么？垄断利润的出现是否改变了利润率平均化规律？**

平均利润和垄断利润的区别主要体现在以下三个方面：

（1）形成过程的区别。前者是自由竞争时期资本在部门间自由转移流动的结果；后者是垄断资本凭借其垄断地位所获取的。

（2）数量上的区别。前者按资本和平均利润率获得；后者则大大高于前者。

（3）来源上的区别。前者是社会剩余价值总额按资本重新分配，来源于全社会产业雇佣工人所创造的剩余价值。后者主要来源于四个方面：垄断企业内部工人创造的剩余价值；非垄断企业工人创造的剩余价值与小生产者价值的转移；其他经济欠发达国家创造的一部分价值；政府财政收入再分配的转移。

垄断利润的出现并不是对利润率平均化规律的否定，而是使平均利润二重化。利润率平均化规律表现为在垄断部门和非垄断部门两个层次范围内发生作用，并形成两种不同水平的平均利润率。

**3. 如何认识垄断所产生的积极效应和消极效应？**

西方经济学界主流经济理论认为垄断带来帕累托低效率。[①] 垄断企业以垄断价格为前提获取垄断利润，在制定垄断高价时必然限制产量，因而使消费者的利益受到损害。依靠垄断的地位即可长期获得利润或超额利润，使得垄断企业不仅往往缺乏技术创新的动力，还可能会成为技术进步的阻碍。

与此相反，也有观点认为垄断有着促进技术进步的一面。[②] 熊彼特认为，在巨型公司和不完全竞争中存在着创新与技术进步的动力源泉。还有研究表明，具有垄断性质的技术专利制度是促进技术进步、科技创新的制度保证。

在此基础上，反垄断应当把社会整体效率作为基本目标，把消除市场禁入、保持有效竞争放在重要位置，以有利于形成市场有效竞争前提下企业规模经济优势，并打击滥用市场优势地位的行为。

**4. 跨国公司迅速发展的原因及其特点有哪些？**

跨国公司是指在两个或两个以上国家或地区，通过直接投资或股权收购建立分支机构，从事跨国生产经营活动的企业。

（1）二战后跨国公司广泛而迅速的发展有其深刻的经济与政治原因：一是发达资本主义国家生产和资本的高度积聚和集中形成相对过剩资本，为了追逐高额垄断利润，到境外寻求投资机会。二是垄断竞争激化的结果。三是现代科技革命的发展提供了有利的技术条件。四是国家垄断资本主义成为国际经济的干预和协调的重要支柱。

自20世纪60年代以来，一些发展中国家的跨国公司也开始出现，并得到一定发展。这是发展中国家加强国际经济联系，充分利用国内、国际两个市场和两种资源，更有效地发展对外经济贸易，获取尽可能大的开放效应的有效途径。

（2）跨国公司的发展一般具有如下特点：一是以其全球性战略安排作为经营目标；二是经营方式上趋于多样化和本土化；三是所有制形式更趋多元化，即企业组织形式上经历了由单一的全资子公司到控股公司，再进一步到非股权安排的合作经营的多元化转换。

（3）随着经济全球化的发展，20世纪90年代以来跨国公司的发展又呈现出新的特点：一是跨国兼并规模巨大且成为跨国投资的主要形式；二是跨国强强联合的兼并纷纷

---

① 范里安·H. 微观经济学：现代观点［M］. 费方域，等译. 上海：上海人民出版社，1994.

② 蒋泽中. 企业兼并与反垄断问题［M］. 北京：经济科学出版社，2001.

出现；三是包括同行业兼并和横向相关行业兼并，以及跨行业兼并在内的各种兼并，所涉及的行业非常广泛。

**5. 如何正确认识当代资本主义“国有经济”的性质?**

主要以国有企业形式出现的当代资本主义“国有经济”一般是通过两条途径建立起来的：一是国家财政拨款直接投资开办建立企业；二是通过“国有化”，即国家高价收购或以其他补偿损失的办法，把某些私人企业收归国有。国有垄断企业不仅包括国家直接经营的国有企业，还包括许多租让给私人垄断组织经营的国有企业。这种国有经济主要有两种类型：一种是航空航天、军事等新兴产业，另一种是基础设施和基础工业部门，如电力、交通运输、港口、邮电以及煤炭、钢铁等传统工业部门。在国有企业里，国家是生产资料、垄断资本的直接所有者，企业的各种生产经营活动由国家调节，而在社会资本再生产过程中，它同私人垄断企业的各种经营活动相结合。

当代资本主义“国有经济”的产生和发展，并不是表明资本主义社会的生产资料实现了社会占有，即全民的公共所有制。对西方国有经济进行评价，关键问题就是怎样把握和看待国家的本质。现代资本主义国家，不管它的形式如何，本质上都是代表资本家利益的，都是理想化的总资本家。西方的国有经济本质上不过是国家这个总资本家代表私人资本家占有生产资料，是为私有制经济发展服务的手段。而且实际上在当代西方国家的所有制结构中，私有制仍然是基础并占据统治地位，国有经济和其他经济成分只是一种补充形式。当然，西方的国有经济也有其积极的意义。根据恩格斯的观点，资本主义的国有化，是为社会本身占有一切生产力做准备的阶段。列宁也指出，国家垄断资本主义为社会主义提供了完备的物质基础，是走向社会主义的入口。

**6. 如何看待当代资本主义企业股权分散化趋势?**

二战后，西方国家在所有制或者财产产权关系上，出现了资本形式的多样化和社会化趋势，也就是通过发展国有企业、合作制、股份制、基金会投资等形式，使部分私人的财产权在更大的社会层面得到扩散。通过实行股份制，企业之间互相参股或者互相购买法人股的现象极其普遍，企业职工个人持股、社会个人购买股票的人数也在增加。

应该肯定，西方私企股权的这种分散化，是生产资料正在逐步走向社会占有制的一种体现形式。马克思、恩格斯在《资本论》《社会主义从空想到科学的发展》等著作中，就曾经把资本主义社会中的股份制和股份公司，称为扬弃单个私有资本、向生产者集体所有或者社会所有过渡的一种因素。马克思还指出，股份资本从运行的形式上来说，是“社会资本”，股份企业是“社会企业”，这是作为私人财产的资本在资本主义生产方式本身范围内的扬弃。① 尽管如此，我们也应看到，目前西方企业的股权分散化并没有改变企业的资本家的私有性质，也没有真正实现生产资料的社会公有制。因为判断股份制

① 马克思，恩格斯. 马克思恩格斯全集：第25卷［M］. 中共中央马克思恩格斯列宁斯大林著作编译局，译. 北京：人民出版社，1975：493.

企业姓“公”姓“私”的标准，主要看控股权是属于社会还是属于个人，而西方企业目前控股的仍只是少数垄断资本家。社会上一些分散的家庭手中握着极少数股票，但又并不控股，不能说明生产资料真正实现了社会占有。股权分散化在本质上只是极少数大亨寡头搜罗社会资金的一种巧妙形式，其用意和目的在于，以较少的股票持有份额支配和控制更多的资本和劳动，降低自有资本的投资风险。股份制不过是少数人实现资本集中的最有效、最快速、最便捷的形式和手段。[①]

**7. 学术界关于当代资本主义的变化特征有哪些不同的观点？**

概括地说，国内学术界关于当代资本主义的变化特征有三种代表性观点。

一是以李琮[②]、仇启华等为代表的国家垄断资本主义的观点；二是以黄素庵等为代表的国际垄断资本主义的观点[③]；三是以高放为代表的社会资本主义的观点[④]。

法国一些学者认为，当代资本主义发展到了金融垄断资本主义阶段。[⑤] 另外，西方马克思主义学者提出“晚期资本主义”理论。他们认为，在当代资本主义社会，科学技术的进步变成了独立的剩余价值来源，用对科技工具理性的批判取代了对资本剥削的批判，否定了马克思的剩余价值学说；他们用政治危机、文化危机（合法性危机、合理性危机）淡化经济危机，把现代资本主义的一切弊端都归结为文化系统出了故障；他们试图用改良主义的方法，如建立交往理论、后现代主义、重建社会主义体系等来解决晚期资本主义的各种社会矛盾。[⑥]

我们认为，生产的社会化与生产资料资本主义私人占有这一基本矛盾，是商品经济基本矛盾发展到一定阶段的必然产物。它贯穿自由竞争资本主义、垄断资本主义和国家垄断资本主义不同历史阶段的始终。自20世纪80年代以来，特别是“冷战”结束后经济全球化的迅猛发展，在现代科学技术进步的强力推动下，资本主义经济又有了令人瞩目的新发展，但资本主义经济规律仍在发挥作用。同时，包括发达国家之间的矛盾、发达国家与发展中国家之间的矛盾、发展中国家之间的矛盾、国际区域组织内部的矛盾等，资本主义的矛盾也有了新变化。发达资本主义国家内部的经济矛盾，也有许多新的表现。在经济全球化和国际经济一体化日趋发展、深化的今天，这些矛盾及其引发的社会各方面的失调和危机也日益突出，说明当代资本主义经常陷入由其内在矛盾引起的困惑之中。

---

① 刘翠香，蔡建波，冯仰胜．关于当代资本主义几个热点问题的思考［J］．山东教育学院学报，2003（2）：36－37.

② 李琮．当代资本主义的新发展［M］．北京：经济科学出版社，1998.

③ 黄素庵，甄炳禧．重评当代资本主义经济［M］．北京：世界知识出版社，1996.

④ 高放．社会资本主义是资本主义的最高阶段［M］．江汉论坛，2001（8）：27－32.

⑤ 李其庆．西方左翼学者对当代资本主义的研究［M］．马克思主义研究，2002（1）：64.

⑥ 孙兰英．资本全球扩张与当代资本主义新变化的特点及趋势［J］．天津大学学报（社会科学版），2008（3）：220－225.

**8. 如何看待反全球化运动的兴起及其社会影响?**

反全球化运动是在经济全球化带来一系列负面影响的背景下产生的，其发展十分迅速，涵盖领域广泛，表现形式多样，参与者涉及不同国家的不同阶层的人士。按照传统的分析，反全球化出现的根本原因是不合理的国际经济秩序。

但在2008年美国金融危机爆发后，全球经济陷入持续的结构性低迷，新一轮反全球化思潮开始涌动。其中起推动作用的主要力量，恰是过去一度积极倡导和推动全球化的以美、英为代表的部分发达国家。其原因在于全球化所带来的这些国家所面临的跨国间经济风险传染机制不断加强、国家民族主义回潮、移民与难民危机以及恐怖主义等一系列现实问题。

此轮反全球化运动主要表现为以下新的趋势和特点：

第一，阵营扩大。以往的反全球化运动，其发起者和追随者主要集聚在那些受益于全球化较少的发展中国家。随着全球化进程的推进，欧美部分发达国家由于在全球化进程中国家治理不力、经济和社会困境难以突破、民众抵触情绪滋生等，也成为新一轮反全球化运动的重要力量。

第二，活动逐渐组织化、机制化。此前的反全球化运动往往缺乏统一的组织和协调机制，对全球化进程产生的负面影响相对有限。而此轮反全球化浪潮已演化成一场以部分欧美发达国家为主要阵营，以这些国家内部孤立主义、极端民粹主义形式现身的运动，并逐渐形成一种影响这些国家内政及国际关系走向的政治势力。其具有指导性的理论基础在逐渐形成，国际影响力也在加大。

第三，动机目标多元化。发展中国家是遭受全球化冲击较多的国家。它们主要反对全球化带来的不合理的国际经济、政治秩序以及它们与发达国家之间不断加剧的贫富差距。而近年来，随着全球产业链的不断延伸，发达国家出现了产业空心化和失业增加等诸多问题。对全球化带来的上述问题的强烈不满和抵触，也在部分发达国家抬头并成为一种有影响力的思潮。这主要表现为部分欧美发达国家的民族排他主义、贸易保护主义和针对来自发展中国家竞争的政策动向。

从总体上看，反全球化运动的兴起，是经济全球化进程中各种力量、矛盾博弈的必然反映。它并不能从根本上改变经济全球化的历史趋势，但客观上在一定程度上是有利于减少或纠正经济全球化所带来的偏差或负面效应。

**9. 如何认识垄断资本主义的发展为社会主义最终取代资本主义奠定了物质基础?**

首先，垄断使资本主义生产走向全面社会化。垄断使各产业部门形成了规模巨大的企业，并由此控制了各所在行业国内及国际市场产品生产、销售和科研的主要部分。在国家垄断资本主义阶段，国家政权同垄断组织的结合，经济力量和政治统治的结合，跨国公司和形形色色的国际垄断同盟的发展，以及由国家政权出面的国际经济协调等，更使生产社会化和国际化达到空前程度。这在客观上为向社会主义的过渡创造了物质基础。

其次，垄断使生产管理社会化大大加强。伴随着垄断特别是国家垄断的发展，社会性组织管理机构不断发展和完善。在银行、交通、邮政通信等全国规模的组织管理机构广泛扩展的基础上，在国民经济各部门及社会再生产的各个环节上，各种现代社会管理机构和组织形式纷纷出现，这就为社会主义准备着社会性的组织管理机构。

最后，垄断使资本社会化程度进一步提高。在股份制度和信用制度发展的条件下，资本所有权和使用权的分离成为一种普遍现象。尤其是国家垄断资本主义统治地位的确立使资本的使用不仅突破了资本家个人的私有范围，也突破了垄断组织的私有范围。它们联合起来为社会所使用，资本的社会化程度空前提高，使其成为资本变为公共占有的过渡点。

**10. 为什么说由垄断资本主义向社会主义的过渡是一个相当长的历史阶段？**

生产关系作为人们之间的社会关系，有着自己产生和运动的规律。当一定社会形态的生产关系最终形成之后，生产关系和生产力的矛盾必然会导致这一生产关系走向自己的反面，被一种新的更高级的生产关系所替代。但是，生产关系的这种变化并不能否认它本身经过局部调整，可在一定程度上缓和与生产力发展的矛盾。资本主义生产关系的发展变化也是如此。在以机器大工业为基础的社会化大生产形成而最终确立资本主义生产方式的统治以后，股份公司的出现、垄断的形成以及国家垄断资本主义的广泛发展，正是资本主义私有制基础上生产关系的局部调整。离开了这种变化，就很难解释：资本主义生产方式在形成后，为什么在一个较长时期内还具有生命力，生产力在一定阶段还有较快的发展。

此外，垄断资本主义向社会主义过渡的长期性，还在于：

其一，垄断资本主义是一个庞大的世界体系。由于种种原因，现在已经取得社会主义革命胜利的，都是资本主义未获得较充分发展的国家，因而还不足以给资本主义世界体系以致命打击。而在众多经济发达的资本主义国家，尽管已经具备了向社会主义社会转化的物质条件，但还未出现阶级矛盾的激化导致无产阶级和人民大众只有从推翻资产阶级的统治中才能找到自己的出路这样一种形势。从目前情况看，由于当代资本主义适应于其生产关系的调整，而在理论和政策实践上推行诸如国民经济计划化、福利国家和全民资本主义等改良主义手法，使其国内社会的阶级矛盾总体上得以暂时缓和，在相当长的一段时期内，实现社会转化的社会政治条件尚不成熟。因而社会主义在全世界范围内最终取代资本主义，还将有一个长期的过程。

其二，已经实现了社会主义革命、初步建立了社会主义制度的国家，集中精力抓好经济建设，创造出比资本主义更高的生产力，这不仅是解决社会主义社会主要矛盾的实际需要，也是体现社会主义制度优越性，进而从根本上战胜资本主义的根本保证。作为现有的社会主义国家，原有经济文化的落后、前资本主义经济残余和小生产自发势力强大等原因，使其在解放生产力和发展生产力方面，显然面临着长期而十分艰巨的任务。

其三，社会主义革命和建设没有一个统一的现成模式，其经济制度和政治制度的巩固及完善，有一个探索的渐进过程。作为垄断资本主义的对立物——国际社会主义的力量，在自身的发展过程中发生曲折或失误也是难免的。无产阶级及其先锋队，如果不能从实际出发，创造性地把马克思主义的基本原理和本国的国情及实践相结合，就会在革命和经济建设的过程中犯这样或那样的错误，甚至出现一时的倒退——在国际共产主义运动的历史上，这种情况曾多次发生。这当然也会给垄断资本主义更多的喘息机会。

尽管如此，从根本上看，人类历史上最后一种人剥削人的制度最终过渡到社会主义和共产主义，是历史前进的必然。

**11. 怎样认识经济全球化条件下社会主义和资本主义两种社会制度的并存发展？**

（1）两种社会经济制度具有对立性。社会主义和资本主义作为本质不同的两种社会制度，在政治、经济和意识形态等方面存在着巨大的差别和明显的对立，尽管这种对立在不同的历史时期和国家背景下时而缓和时而激烈。

（2）两种社会经济制度具有统一性。社会主义和资本主义两种不同社会制度的存在及其发展，都必须以能够适应社会生产力发展为基本前提。作为人类社会生产力发展不可逾越的阶段，商品生产和市场经济发展进程中许多共性的规律和经验教训，是值得相互学习和借鉴的。社会化大生产条件下国际分工和国际经济联系的广泛发展，人类社会发展进程中所面临的诸如全球生态环保和疾病防治等问题，亦离不开不同社会制度国家的交往与合作。

（3）两种社会经济制度具有转换性。按照历史唯物主义观点，由资本主义向社会主义的转换，是社会生产力发展到一定程度人类社会发展的必然。但是，这一过程又是曲折和反复的，甚至难免出现社会主义国家倒退为资本主义国家的现象。不断解决社会主义建设的重大理论与现实问题，探索出符合国际背景和本国实际的社会主义道路，创造出比资本主义更高的社会生产力，是社会主义国家值得高度关注的历史使命。

# 第八章　社会主义经济制度的建立及初级阶段

## 一、本章内容简介

本章主要分析和概述社会主义经济制度的建立过程和基本特征、社会主义初级阶段理论的基本内涵及社会主义初级阶段的基本经济制度。

第一节介绍了中国社会主义经济制度的建立，重点阐述了在科学社会主义理论的指引下中国社会主义经济制度的建立以及对社会主义基本经济制度的特征和认识过程。

第二节阐释了社会主义初级阶段及其规定性，分别从“社会主义初级阶段的提出”“社会主义初级阶段质的规定性及其依据”“社会主义初级阶段的主要矛盾和根本任务”等角度进行分析。

第三节在前面分析的基础上全面分析了社会主义初级阶段的基本经济制度，重点分析了社会主义初级阶段的所有制结构和公有制的主体地位。

通过本章学习，重点了解我国现在和将来较长一段时期处于社会主义初级阶段的原因，社会主义初级阶段质的规定性及其依据，以及我国在社会主义初级阶段的所有制关系和分配关系的基本特征。

## 二、本章主要知识点

（1）马克思和恩格斯对社会主义制度的设想：公有制必然代替私有制，无产阶级通过革命夺取资产阶级全部资本，把一切生产工具都集中在国家手中，全社会实行生产资料的社会所有制。此外，在农村实行集体所有制。未来社会将会消灭商品和货币，实行计划经济。

（2）中国特色社会主义：以共产主义的生产方式和社会形态为目标和结果，走一条非一般的资本主义的特殊发展道路，完成按一般规律本应由资产阶级及资本主义制度来完成的历史任务，实现国家经济和社会的现代化。

（3）中国社会主义经济制度的建立：没收官僚资本，建立社会主义全民所有制；和平赎买民族资本，壮大社会主义全民所有制；改造个体私有制，建立社会主义劳动群众集体所有制。

(4) 社会主义经济制度是以公有制为基础的新型经济制度，生产资料公有制是社会主义经济制度区别于资本主义经济制度的最本质的特征。迄今为止，社会主义经济制度都是在无产阶级掌握国家政权后，利用国家政权的力量，通过改造私有制度而建立起来的。

(5) 社会主义初级阶段不是泛指任何国家进入社会主义社会都要经历的起始阶段，而是特指我们这样一个脱胎于半殖民地半封建社会的国家，在生产力落后、商品经济不发达条件下建设社会主义必然要经历的特定阶段。社会主义初级阶段基本经济制度是以公有制为主体、多种所有制经济共同发展的经济制度。

(6) 公有制：一个社会群体（或一个社会的全体成员或部分成员）共同占有生产资料的所有制形式。其本质是生产资料的所有者可以自己或委托他人在全社会或社会的部分范围内运用生产资料进行生产，并凭借其对生产资料的所有权获得经济利益。

(7) 社会主义公有制是生产资料归社会主义国家的劳动者共同占有和支配的一种新型的所有制。它的实现形式包括全民所有制、集体所有制、混合所有制经济中的国有成分和集体成分。

(8) 非公有制是我国现阶段除了公有制经济形式以外的所有制经济结构形式，是社会主义市场经济的重要组成部分。

(9) 个体经济是由劳动者个人或家庭占有生产资料，从事个体劳动和经营的所有制形式。它是以劳动者自己劳动为基础，劳动成果直接归劳动者所有和支配的所有制形式。

(10) 私营经济是以生产资料私有和雇佣劳动为基础，以取得利润为目的的所有制形式。

(11) 外资经济是我国发展对外经济关系，吸引外资建立起来的所有制形式。它包括中外合资经营企业、中外合作经营企业中的境外资本部分以及外商独资企业。

(12) 股份制是一种以入股方式把分散的、属于不同人所有的生产要素集中起来，统一使用，企业经营，自负盈亏，按股分红的一种现代企业的资本组织形式和经济组织形式。其基本特征是生产要素的所有权与使用权分离，在保持股份所有权不变的前提下，把分散的使用权转化为集中的使用权。

## 三、重点问题解答

**1. 我国确定社会主义初级阶段基本经济制度的依据是什么？**

把以公有制为主体、多种所有制经济共同发展作为社会主义初级阶段的基本经济制度确立下来，是由我国社会主义初级阶段的国情决定的。

（1）我国是社会主义国家，必须坚持以公有制作为社会主义经济制度的基础。

（2）我国处于社会主义初级阶段，生产力发展总体水平低、不平衡、多层次。为与这种状况相适应，需要在以公有制为主体的条件下发展多种所有制经济。

（3）以公有制经济为主体，多种所有制经济共同存在、共同发展已成为我国现实经济中客观存在的事实。

**2. 如何认识社会主义初级阶段及其规定性？**

（1）初级阶段的科学规定性。

①从社会性质来说，我国已经进入社会主义社会，这是共产主义的初级阶段。

②从发展程度和发展水平来看，我国的社会主义还处在不发达阶段。

（2）初级阶段的客观依据。

①生产力发展水平：总的来说，我国人口多，底子薄，人均国民生产总值同世界发达国家相比仍然处于比较落后的状况。我国的经济增长方式比较粗放，劳动生产率、经济效益、经营管理水平不高；生产社会化程度低，市场经济还不发达，自然经济、半自然经济还占有相当大的比重；产业结构不够合理，第三产业比重远低于发达国家，城乡结构、地区结构也不合理；国民经济整体实力较差，国际竞争力不强；经济建设与人口增长、资源利用、环境保护之间还存在较大矛盾。

②生产关系的性质：生产资料公有制和按劳分配主体地位已经确立，实现共同富裕、避免两极分化有了根本保证，并确立了我国经济的社会主义性质。但公有制实现形式、公有制的生产资料与劳动者的结合方式、按劳分配具体实现形式以及效率与公平的关系等还不够完善。

③上层建筑的性质：社会主义上层建筑已经确立，社会主义基本政治制度已占社会统治地位，劳动人民当家做主，确立了我国社会的社会主义性质。但政治体制还有待改革，民主和法治两个方面都还有待进一步完善。在具体的领导制度、组织形式和工作方式上，还存在一些缺陷，官僚主义、封建残余思想、腐败现象还时有发生，有时还相当严重。

**3. 社会主义初级阶段的主要矛盾和根本任务是什么，为什么？**

（1）社会主义初级阶段的主要矛盾是人民群众不断增长的物质文化需要同落后的社会生产之间的矛盾。其中，矛盾的主要方面是落后的社会生产。

（2）社会主义初级阶段的根本任务：集中力量发展生产力。

①只有大力发展生产力，才能不断巩固和完善社会主义制度，最终建立共产主义制度。

②只有大力发展生产力，才能满足人民群众不断增长的物质文化需要，实现社会主义生产的根本目的。

③只有大力发展生产力，才能建设高度的社会主义精神文明。

④只有大力发展生产力，才能维护国家主权和独立。

总之，是否有利于发展社会主义社会的生产力，是否有利于增强社会主义国家的综合国力，是否有利于提高人民的生活水平，是我国现阶段考虑一切问题的出发点和落脚点。

**4. 如何全面认识社会主义公有制经济？**

（1）社会主义公有制是生产资料归社会主义国家的劳动者共同占有和支配的一种新型的所有制，其本质是劳动者在全社会或社会的部分范围内运用生产资料进行生产，并凭借其对生产资料的所有权获得经济利益。它是社会主义生产发展的基础和最根本的特征，是全体劳动人民物质文化生活水平不断提高的基本条件。

（2）社会主义公有制必须坚持公有制的主体地位：公有资产在社会总资产中占优势；国有经济控制国民经济命脉，对经济发展起主导作用。这是就全国而言，有的地方，有的产业可以有所差别。公有资产占优势，要有量的优势，更要注意质的提高。国有经济起主导作用主要体现在控制力上。

（3）在现阶段，我国社会主义公有制有多种实现形式。它不仅包括国有经济和集体经济，还包括混合所有制经济中的国有成分和集体成分。公有制的实现形式可以而且应该多样化，一切反映社会化生产规模的经营方式和组织形式都可以大胆利用。在符合“三个有利于”标准的前提下，要努力寻找能够极大地促进生产力发展的公有制实现形式。

总之，全面认识社会主义公有制经济，就微观层面看，有利于培养和发展多元化投资主体，有利于实施跨部门、跨行业、跨所有制和跨国经营的大企业集团战略，对推进国有企业改革，发挥国有经济的主导作用，有着重要的作用；就全社会层面而言，有利于社会化大生产的进行，有利于保证劳动者在生产资料占有上的平等地位，有利于保证社会生产目的和劳动成果分配的社会主义性质。

**5. 在社会主义市场经济条件下，如何理解“国有经济在国民经济中的主导作用主要体现在控制力上”？**

（1）改变传统观念，国有经济在国民经济中的主导作用，不等于说国有经济在国民经济中所占比例越高越好，或在各类所有制企业中，国有企业的数量越多越好。

（2）国有经济在国民经济中的主导作用，主要体现在对国民经济发展的正确导向和对经济运行整体态势的控制和影响上，而非在公有资产布局的面面俱到上。国有经济应支撑、引导和带动整个社会经济的发展，在实现国家宏观调控目标中发挥重要作用。

（3）增强国有经济在国民经济中的控制力主要体现在以下几个环节上：

①国有经济在关系到国民经济命脉的重要行业和关键领域占支配地位：

a. 涉及国家安全的行业；

b. 自然垄断行业；

c. 提供重要公共产品和服务的行业以及支柱产业；

d. 高新技术产业中的重要骨干企业。

②国有经济应保持必要的数量，更要有分布的优化和质的提高。国有经济在整个国民经济中占主体地位和保持控制力，意味着国有经济必须在数量上处于一定的水平，在国民经济总量中占有一定的比例；同时，必要的数量基础只有与“分布的优化和质的提高”统一起来，才能从根本上增强国有经济的控制力：一是体现为在重要行业和关键领域的支配地位，二是要有强大的科技能力和市场竞争能力。

③国有经济的作用既要通过国有独资企业来实现，又要大力发展股份制，探索通过国有控股和参股企业来实现。股份制的产权结构具有多元化的特点，股份制企业具备现代企业产权清晰、政企分开、权责明确和管理科学的制度特征。因此要大力发展股份制，探索通过国有控股和参股企业来实现国有经济对国民经济的主导作用和控制作用。

④国有经济在国民经济中的主导作用，在国家经济发展的不同阶段，在不同产业和不同地区，可以有所差别。同时，根据不同时期的不同情况，国有经济还应当不断地调整经济布局，以发挥最佳控制效果。

**6. 怎样理解“使股份制成为公有制的主要实现形式”？**

2003 年中共十六届三中全会《中共中央关于完善社会主义市场经济体制若干问题的决定》提出，要适应经济市场化不断发展的趋势，进一步增强公有制经济的活力，大力发展国有资本、集体资本和非公有资本等参股的混合所有制经济，实现投资主体多元化，使股份制成为公有制的主要实现形式。这是对公有制实现形式认识的重大发展。

要使股份制成为公有制的主要实现形式，其实践推进的主要途径就是大力发展混合所有制经济。社会主义市场经济的制度要求决定了必须推行股份制，鼓励各类资本交叉持股、相互融合，大力发展国有资本、集体资本和非公有资本等参股的混合所有制经济。

（1）发展混合所有制经济能够放大国有资本功能，增强国有经济的控制力和影响力。通过发展混合所有制经济，国有资本可以在股份制形式下吸引和组织更多的社会资本，扩大国有资本的支配范围，放大国有资本的功能，正确引导国民经济沿着良性轨道运行。

（2）发展混合所有制经济有利于国有资产流动重组，实现国有资产保值增殖。股份制企业产权明晰的组织形式也有利于国有资本通过资本市场在不同行业和企业间的流动。发展混合所有制经济，完善国有资本有进有退、合理流动的机制，还可以进一步推动国有资本更多地投向关系国家安全和国民经济命脉的重要行业和关键领域，增强国有经济的控制力。

（3）发展混合所有制经济对于国有企业转换经营机制，成为独立的法人实体和真正的市场主体有着巨大的推动作用。在建立健全国有资产管理和监督体制的同时，进一步推行国有大中型企业的规范股份制改造，结合调整国有经济布局和结构，发展国有资本控股或参股的股份制企业。

**7. 股份有限公司和股份合作制企业各自的特点是什么?**

（1）股份有限公司简称股份公司，是把确定的资本划分为若干等额股份，由一定人数的有限责任股东组成的公司。它的主要特征是：

①股东对公司只负有限责任，即以投入的股金为限对公司的债务负责。公司全部资本划分为若干等额的股份，以股票的形式在社会上公开发行出售。

②它是典型的财产或资本的组合公司，股东只有在持有股票时才是公司财产的所有者之一。

③股票可以在市场上随意转让、买卖，公司对此不加以限制，股票的价格随行就市。

④股东有法定最低人数的限制。

⑤公司财务必须公开。

⑥多数股份公司的股东不直接参与公司的经营管理，公司的所有者与经营者通常是分开的。

⑦股份公司的股东人数众多，资本筹集较容易，竞争能力较强。

（2）股份合作制企业是两个或两个以上个人或组织，以各自的资金、实物、技术等生产要素为股份，自愿组织起来从事生产经营活动的企业组织形式。

股份合作制企业遵循自愿互利、民主管理、风险共担、利益共享的原则建立起来，即入股财产仍归入股者所有，新增资产归入股各方共有；经营所得利润可以按劳分配，也可以按股分配；经营风险由入股者共同承担。这是一种由劳动者的劳动联合和资本联合形成的具有中国特色的企业财产组织形式。

股份合作制企业既具有股份制的某些特点，又具有合作制的某些特点。它避免了在合作中容易产生的合并财产和平调劳动力的弊病，同时把分散的生产资料集中起来，较快地形成新的生产经营规模。

**8. 社会主义初级阶段为什么要鼓励和支持非公有制经济的发展，如何鼓励和引导非公有制经济的健康发展?**

（1）社会主义初级阶段鼓励和支持非公有制经济发展的原因。

我国社会主义初级阶段之所以要在壮大和发展公有制经济的基础上鼓励和支持非公有制经济的发展，从根本上说，是由生产关系一定要适应生产力发展状况的规律决定的。

①社会主义初级阶段生产力总体发展水平较低，部门、区域之间发展不平衡。

②生产力发展水平呈现出多层次。

第一，既有高度社会化的生产和经营，又有中等社会化的生产和经营，还有社会化程度很低的生产和经营。

第二，既有技术水平和自动化水平较高的大机器生产，又有半机械化、半手工操作的生产，还有落后的手工方式的生产。

总之，社会主义初级阶段的非公有制经济对满足人们多样化需要、增加就业、促进国民经济的发展都有着重要作用。

（2）鼓励和引导非公有制经济健康发展的思路。

中共十六届三中全会提出了“不禁止则自由”的新思路，从而为非公有制经济的发展扫清了制度性障碍，表现在以下三个方面：

①大力发展和积极引导非公有制经济，允许非公有资本进入法律法规未禁入的基础设施、公用事业及行业和领域。

②非公有制企业在投融资、税收、土地使用和外贸等方面与其他企业享受同等待遇。

③对非公有制企业既要改进监管，又要改进服务。

## 四、疑难问题和学术争鸣

**1. 如何看待学术界对股份制企业所有制性质的争论①？**

中共十六届三中全会后，经济学界对所有制问题展开了新一轮的激烈讨论和冷静反思，焦点集中在如何判断股份制企业的所有制性质。目前学术界对于既有公有资本又有非公有资本参股的股份制企业（A）和没有国有资本和集体资本参股的股份制企业（B），并没有达成共识，对其所有制性质及其能否成为公有制的实现形式，争论非常激烈。为了便于讨论，把上述A称为“混合所有制企业”，把B称为“公众股份制企业”。当前，对这两种股份制企业的所有制性质的争论，大致可以分为三种观点：泛公有制论、或公或私论、非公非私论。

（1）泛公有制论。

该理论认为在我国社会主义市场经济条件下，要突破对传统公有制的认识，社会主义公有制存在多种形式，有公有股参股的混合所有制企业和没有公有股参股的公众股份制企业都属于新的公有制企业，都是我国公有制企业的实现形式。这种观点也叫条件论，具体表现为：①新公有制论。厉以宁认为，在社会主义市场经济条件下，社会主义公有制企业有四种新形式。这四种新形式分别是：新的国家所有制，即经过改制后完全由国家独资或几个国家投资机构持股的股份制公司；由国家控股或国家参股的股份制企业，通常被称为混合所有制企业；没有国家投资的公众持股企业，包括公众直接持股和

① 李萍，刘金石．十六届三中全会后我国所有制问题最新研究综述［J］．河南大学学报（社会科学版），2005（5）：78－82．

间接持股两类，可称为公众所有制企业；公益性基金所办的企业。②劳动者所有制论。于金富认为，要突破公有制只有国有制、集体所有制两种形式的固有观念，应当确立实行国有制、集体所有制、股份制、股份合作制等多种公有制形式的新观点；要摒弃个人所有等于私有的固有观念，确立劳动者个人所有的社会联合同样是公有制的新观点。③基本经济制度论。汤在新认为，我国现阶段的基本经济制度是指“公有制为主体、多种所有制经济共同发展”的经济制度，公有制和非公有制都属于社会主义社会的基本经济制度。④公有资产增殖论。即只要能使公有资产实现保值增殖的股份制，都应视为公有制的实现形式。⑤共同占有论。股份制企业的股东只有股权而无产权，它的财产权归企业所有，是一种企业所有制。在社会主义制度下，不论是否有公有股参加，股份制都应定性为公有经济，即社会经济。⑥民有经济论。王珏认为，混合所有制企业是具有民有性质的民有经济，是一种新的公有制形式。⑦生产目的论。李连仲认为，在社会主义条件下，股份制的发展符合社会主义生产目的的要求，同时生产出各种产品以满足社会的多种需要，也是公有制的实现形式。⑧民营经济论。胡岳岷认为，党的十六届三中全会《中共中央关于完善社会主义市场经济体制若干问题的决定》提出使股份制成为公有制的主要实现形式，不但为国有企业改革指明了方向，而且也为民营经济证明了“公有制”的身份，只要是股份制形式就是公有经济的重要组成部分。

（2）或公或私论。

该理论认为股份制不等于公有制，要根据控股资本的所有制属性判断该混合所有制企业的性质，公有资本控股的企业属于公有制，私人资本或外国资本控股的企业、没有公有资本参股的公众股份制企业则不属于公有制，因此这种观点也叫控股论。持这种观点的学者较多，如晓亮、蒋学模、卫兴华、钱津、项启源、张丰兰、黄范章等。除了某些概念的具体表述差别之外，他们的观点基本相同，都明确反对“新公有制论”，而且论述的依据、论述的方式也基本相似。第一，他们批评“新公有制企业”的概念错误地把所有制性质与企业的组织形式混为一谈，认为公有制与股份制是两个不同层次的概念。第二，他们基本都引用党的十五大报告关于股份制的判断，之后得出结论并认为要根据控股权的性质来界定股份制企业的性质：①对于混合所有制企业，公有资本控股的股份制企业属于公有制性质，是公有制的实现形式。私人资本或外国资本处于控股地位的股份制企业属于私有制性质，是私有制的实现形式，不是公有制的实现形式。②对于公众股份制企业，没有公有资本的参与，不属于公有制企业，也不是公有制企业的实现形式。

（3）非公非私论。

该理论认为股份制企业既不属于公有制，也不属于私有制，至于属于哪一种所有制，又有许多不同的理解。①对于混合所有制企业，有两种不同的理解：认为混合所有制经济本身不具有明确的社会经济属性，既非公有制经济，也非私有制经济，但它是由不同所有制的经济主体通过资本联合或经营联合而成的一种新型的所有制形式；认为混合所有制不是新的所有制形态，只是一种过渡形式。②对于公众股份制企业，郭飞认为，它既不属于公有制，也不属于私有制，而是属于劳动者的个人所有制。他认为，公众持股企业是指股权直接或最终归自然人所有而且股权高度分散化的企业。假定股东绝大多数都是劳动者，劳动者拥有绝大多数股份，并且没有公有资本或资本家相对控股，那么这类股份制企业的性质既不属于社会主义公有制，也不属于资本主义私有制，而是属于劳动者的个人所有制。

值得注意的是，持“泛公有制论”观点的人，在论证自己的观点的时候，也有人说“股份制企业既不属于传统的公有制，也不属于私有制”。他们用“新公有制”“社会所有制”“公众所有制”“公众股份制”“劳动者股份制”“共有制”“共同占有制”“民有制”“新集体所有制”，或者直接用“公有制”“集体所有制”等概念来描述股份制企业的“公有制性质”。本书把这种观点归属于“泛公有制论”，而不是“非公非私论”。同样地，持“控股论”观点的人，在阐述自己的观点的时候，也有人讲“股份制企业既不属于传统的公有制，也不属于私有制”。他们认为股份制是财产的社会组织形式，其本身并没有姓资姓社的区别，但是股份制企业的所有制性质取决于控股资本的性质。本书把这种观点归属于“控股论”，而不是“非公非私论”。

**2. 如何看待学术界对“混合所有制经济 ”的不同理解？**

党的十六届三中全会提出要大力发展混合所有制经济。从目前国内关于所有制问题研究的最新状态及其发展趋向看，对于“混合所有制经济”的不同理解主要体现在下述两个层面。

（1）关于混合所有制经济的“混合”。

有些学者把“混合所有制经济 ”称为“混合经济”（卫兴华，2004；何伟，2004），但是准确地说，混合经济与混合所有制经济是有所区别的。应当明确的是，党的十六届三中全会所提出的“国有资本、集体资本和非公有资本等参股的混合所有制经济”显然不是指“计划与市场相结合”意义上的混合经济，而是一个针对探索公有制的实现形式提出来的概念，指的是不同所有制经济“混合”而成的一种经济形态。

从国内当前已有的文献来看，大部分学者都把“混合经济”等同于“混合所有制经济”，但是具体在对“混合”的理解上，又有两种不同的观点。

①第一种观点认为，混合所有制经济指的是公有经济和私有经济的“混合”。公有经济包括国有经济和集体经济，私有经济包括私营经济、个体经济和外资经济。

卫兴华认为，所谓混合经济，就是公有制经济与私有制经济相混合存在的一种经济。如果是外资企业或私营企业组建的股份制，没有公有制经济参与，那么它就是私有制经济的实现形式，并不是混合经济，更不具有公有制性质。王宜新认为，由公有产权和私有产权混合生长的混合所有制经济，是指由不同所有制的经济主体、企业法人和自然人，通过资本联合或经营联合而成的一种新型的所有制形式。

②第二种观点认为，混合所有制经济除了公有经济与私有经济的“混合”，还包括

公有经济内部国有经济成分与集体经济成分的“混合”，以及私有经济内部各种所有制经济形式的“混合”。

何伟认为，混合经济不仅是国有经济和非公有经济的混合，还包括各种不同公有经济的混合。这样界定混合经济，说明只要不是单一的所有制都是混合所有制经济，过去所讲的全民所有制和集体所有制，也是两种公有制混合所有制经济。侯孝国和汤究达认为学术界较为流行的观点可以归纳为：混合所有制就是指两种或两种以上的基本所有制形式的联合或结合形式，基本所有制形式指国民经济总体所有制结构中的具体所有制形式，如全民所有制、集体所有制、个体经济、私营经济、外国资本主义经济。

（2）关于混合所有制经济的层次。

①第一种观点从微观层次和宏观层次两个层面来理解混合所有制经济。

晓亮把“混合所有制经济”与“混合经济”两个概念区别开来，并且认为，混合所有制经济指的是市场经济的微观基础即企业的产权结构，由纯粹单一的所有制转化为由不同所有制性质归属的资本在同一企业内“混合”在一起。而混合经济指的是一个社会的所有制结构，即在整个宏观经济中同时存在多种所有制形式和经济成分。只有当社会上的所有制全部由单一的所有制组成时，才不是混合经济。与这种观点相近的是，何伟把不同资本所有者的资本在企业内的融合称为“资本混合所有制经济”，而把由多种不同所有制形式组成的社会生产资料所有制结构称为“混合所有制经济”。类似地，葛扬把不同所有制性质归属的资本在同一企业中“混合”的产权结构称为“内生型混合所有制经济”，把多种所有制和经济成分并存的经济结构称为“外生型混合所有制经济”。所不同的是何伟和葛扬并没有区分“混合所有制经济”和“混合经济”两个概念。

②第二种观点反对把混合所有制经济划分为宏观层次和微观层次。

张旭认为层次所有制理论难以立足，因为如果说存在着所有制的不同层次，就无疑等于说可以在公有制的幌子下搞私有化。他还认为，混合所有制经济是对所有制状况的一种描述，而混合经济是对所有制状况具体实践形态的一种概括，从属于混合所有制，两者是一个问题的两个方面，相当于内容与形式的关系。现阶段混合所有制就是“以公有制为主体，多种所有制经济共同发展”，现实中各种经济成分并存及其相互作用的表现形式就是所谓混合经济。①

**3. 怎样理解经济学的“哥德巴赫猜想”——学术界对马克思“重建个人所有制”思想的纷争？**

在《资本论》第1卷第24章“所谓原始积累”中，马克思对重建个人所有制做了较完整的论述：从资本主义生产方式产生的资本主义占有方式，即资本主义的私有制，是对个人的、以自己劳动为基础的私有制的第一个否定。但资本主义生产由于自然过程

---

① 李萍，刘金石．十六届三中全会后我国所有制问题最新研究综述［J］．河南大学学报（社会科学版），2005（5）：78－82.

的必然性，造成了对自身的否定。这是否定的否定。这种否定不是重新建立私有制，而是在资本主义时代的成就的基础上，也就是说，在协作和对土地及靠劳动本身生产的生产资料的共同占有的基础上，重新建立个人所有制。[①] 马克思关于“重建个人所有制”的思想被称为经济学中的“哥德巴赫猜想”，我国学术界对这一问题众说纷纭，时至今日仍未取得一致共识。[②] 综合来看，大致可以归纳为以下三种主要观点。[③]

（1）马克思要“重新建立”的“个人所有制”，是指“生活资料的个人所有制”。

这种意见的主要依据是恩格斯在《反杜林论》中的解释。恩格斯说，靠剥夺剥夺者而建立起来的状态，被称为以土地和靠劳动本身生产的生产资料的社会所有制为基础的个人所有制的恢复。对任何一个懂德语的人来说，这也就是说，社会所有制涉及土地和其他生产资料，个人所有制涉及产品，那就是涉及消费品。持这种意见的人强调，恩格斯在《反杜林论》中对“个人所有制”的解释是得到马克思的赞同的，而且马克思自己在《哥达纲领批判》中也认为，在未来社会“除了个人的消费资料，没有任何东西可以转为个人的财产”。[④]

与此观点相反的学者（张兴茂等）认为，马克思把未来社会的所有制取代资本主义所有制看成一个否定之否定过程的终点，而这一过程的起点则是为资本主义所有制所否定的小生产者的生产资料所有制。既然起点是生产资料所有制，那么终点也应是生产资料所有制，而不可能是消费资料所有制。而且，从历史上看，消费品最终是由个人占有的，资本主义条件下当然也是如此，所以，自然也就谈不上“重建”的问题。

（2）马克思要“重新建立”的“个人所有制”，是指生产资料“人人皆有的私有制”，即社会的生产资料归每个社会成员私有，不存在有些社会成员有生产资料而有些社会成员没有的现象。

这种意见认为，私有制有两种类型：一是“部分人的私有制”，即社会生产资料只被社会上的一部分人所有；二是“人人皆有的私有制”，即“个人所有制”。马克思批判的是第一种类型的私有制，他并不反对人人皆有的个人所有制。持此观点的人又把“人人皆有的私有制”等同于“社会个人所有制”，即“既是社会所有制，又是个人所有制”，并断言其中个人所有制即生产资料“个人所有”，是马克思和恩格斯“构想未来社会所有制的基本内核”。这种观点把马克思、恩格斯在《共产党宣言》中的论述作为他们的依据：“共产主义并不剥夺任何人占有社会产品的权力，它只剥夺利用这种占有去

① 马克思，恩格斯．资本论：第1卷［M］．中共中央马克思恩格斯列宁斯大林著作编译局，译．北京：人民出版社，1975：832.

② 李韦，张雯雯．析马克思的“重建个人所有制”思想［J］．重庆邮电大学学报（社会科学版），2008，20（2）：9－12.

③ 张燕喜，彭绍宗．经济学的“哥德巴赫猜想”［J］．中国社会科学，1999（5）：35－41.

④ 马克思，恩格斯．马克思恩格斯选集：第3卷［M］．中共中央马克思恩格斯列宁斯大林著作编译局，译．北京：人民出版社，1975：11.

奴役他人劳动的权力。"①

与之相反，一些学者认为，这种观点同马克思的思想完全背道而驰。原因是它对这里的"个人"做了表面化的理解。马克思的"个人所有制"中的"个人"是联合起来的个人，是实现了社会结合的"个人"。因此，这个"个人所有制"根本不会是分割式的个人占有生产资料。

（3）马克思要"重新建立"的"个人所有制"，指的是生产资料的公有制。理由是：马克思提出的"个人所有制"，是与在协作基础上对土地及靠劳动本身生产的生产资料的"共同占有"联系在一起的。因此，它与社会主义公有制应当是同一概念，二者无论是在内涵上还是在外延上都是一致的。但是，这种公有制不能认为就是我们曾实践过的社会主义公有制，因为这种公有制并不能使社会每个劳动者切实地感受到他是生产资料的所有者。

持反对意见的学者认为，这种观点虽然非常保险，但并不准确。因为：①从马克思关于这种公有制所处阶段的论述看，公有制→私有制→公有制是所有制演变的公式，它贯穿人类社会发展的总过程，这种否定之否定阶段上的公有制是共产主义社会的所有制，而现在所论述的所有制还只是刚刚变革资本主义社会的社会主义社会及其过渡时期的所有制；②从马克思对于这种公有制内涵的论述看，它指的是全社会占有、社会全体成员支配，而现在所论述的所有制还只是自由人联合体共同占有的所有制；③从马克思对这种所有制的环境的论述看，它要求国家消亡、商品货币消除、劳动成为人们生活的第一需要、人类已进入自由王国，而现在所论述的所有制所处的环境远远没有达到这样的地步。

此外，学术界还有以下意见：马克思要"重新建立"的"个人所有制"，是指"劳动力个人所有制"；马克思用"重新建立个人所有制"所表达的重点和要义，不是客观财产的归属权，而是人的彻底解放；马克思的"重新建立个人所有制"，是在充分发展的资本主义基础上建立起来的高度发达的公有制，是"既是个人的又是公共的所有制"，是生产资料个人所有制与生产资料公有制的辩证统一；等等。于是，马克思"重新建立个人所有制"的论述，成了一个无解的命题，构成了经济学的"哥德巴赫猜想"。

**4. 如何认识马克思、恩格斯关于未来社会经济制度的基本设想？**

（1）关于未来的理想社会，马克思和恩格斯曾做过多种描述和表达。

关于未来的理想社会，马克思、恩格斯曾经做过多种描述和表达：有从生产方式的层次说的五种社会形态中的最后一种"共产主义社会"；有从人与物、人与人的关系角度说的"第三种形态"，即"建立在个人全面发展和他们共同的社会能力成为他们的社会财富这一基础上的自由个性"；有从所有制角度说的"生产资料共同占有基础上的个人所有制"；有从管理和调控角度说的"计划经济"；有从社会组织结构角度说的"生产者自由平

---

① 马克思，恩格斯．马克思恩格斯选集：第2卷［M］．中共中央马克思恩格斯列宁斯大林著作编译局，译．北京：人民出版社，1975：267.

等的联合体”等。而且单从社会组织结构方面来说，也有多种不同的描述和表达，马克思用过“自由人联合体”“生产者联合体”，恩格斯用过“生产者自由平等的联合体”。

多种多样、丰富多彩的表述说明一个什么问题呢？它说明马克思、恩格斯心目中崇尚着一种理想的社会，这种理想社会凝聚着人类世世代代对实现“天下为公，世界大同”的美好憧憬。但是，这种理想社会到底是个什么模样、怎样才能实现，则只能依靠人类在实践中去创造。而在这个创造过程中，人们可以有各种各样的设计、设想、描述和表达，也就是说，这是一个可以也应该探讨和研究的问题。

（2）马克思和恩格斯对未来社会主义经济制度的基本设想。

马克思主义创始人通过对生产社会化和资本社会化发展趋势的分析，得出了公有制必然取代资本主义私有制的结论，并就未来社会提出了一些初步的设想。最初他们认为，社会主义革命将在资本主义最发达的国家首先取得胜利，因而可以通过无产阶级取得政权的力量，利用自己的政治统治，一步一步地夺取资产阶级的全部资本，把一切生产工具集中在国家手里，实行单一的全民所有制。后来他们注意到，许多资本主义国家的城乡之间，由于经济政治发展不平衡，农业中还存在大量的小农经济。为此，他们又提出了农业合作社的集体所有制思想。马克思在写作《哥达纲领批判》的前半年，曾经针对欧洲国家的现实指出，无产阶级掌握政权后，一开始就应当促进土地私有制向集体所有制过渡，让农民自己通过经济的道路来实现这种过渡。① 恩格斯在逝世前所写的《法德农民问题》一书中再次强调，我们对于小农的任务，首先是把他们的私人生产和私人占有变为合作社的生产和占有，但不是采用暴力，而是通过示范和为此提供社会帮助。② 上述设想是最早的关于社会主义取代资本主义之后两种公有制并存的思想来源，并被后来的苏维埃政权付诸实践。

虽然马克思主义创始人后来认识到，在落后的资本主义国家实行社会主义应该允许两种公有制并存，但是他们一直认为，在未来的公有制社会里，将不存在商品货币关系。这大概是因为他们还没有来得及深入考虑，在两种不同的公有制之间将怎样进行经济交往和产品交换，也是由于他们当时对资本主义市场经济无政府状态这一严重缺陷的深刻认识。因此，马克思主义创始人十分肯定地认为，未来社会将实行计划经济。马克思在《资本论》中曾描绘过计划经济的情景：一旦自由人联合体用公共的生产资料进行劳动，就会自觉地把他们许多个人的劳动力当作一个社会劳动力来使用，这时，劳动时间的社会的有计划的分配，调节着各种劳动职能同各种需要的适当的比例，从而整个社会的生产将处于人的有意识、有计划的控制之下。③

---

① 马克思，恩格斯．马克思恩格斯选集：第2卷［M］．中共中央马克思恩格斯列宁斯大林著作编译局，译．北京：人民出版社，1975：635．

② 马克思，恩格斯．马克思恩格斯选集：第4卷［M］．中共中央马克思恩格斯列宁斯大林著作编译局，译．北京：人民出版社，1975：310．

③ 马克思．资本论：第1卷［M］．中共中央马克思恩格斯列宁斯大林著作编译局，译．北京：人民出版社，1975：95－97．

# 第九章　社会主义市场经济体制

## 一、本章内容简介

本章着重讨论社会主义市场经济体制，主要分为三节。

第一节介绍了资源配置方式和经济体制的基础知识。

第二节阐述了中国社会主义市场经济体制的选择过程并分析了社会主义市场经济体制的基本框架。社会主义存在商品经济有其客观必然性，因此在经济运行体制上要求选择市场经济。我国的社会主义市场经济体制是同我国社会主义基本制度结合在一起的市场经济体制，具有不同于资本主义市场经济体制的个性特征。本部分从现代市场经济体制的一般框架入手，在对现代市场经济体制模式进行国家间比较的基础上，提出了构建中国社会主义市场经济的基本框架。

第三节讨论了社会主义市场经济运行中的经济机制和市场体系，提出了建立社会主义市场经济的两大重点——建立诚信机制和打破行政垄断及地方保护。

## 二、本章主要知识点

（1）资源配置：采用一定的调节机制，在不同用途和不同使用者之间分配各种稀缺性资源。基本的资源配置方式大体上分为自然配置、市场配置和计划配置三种。

（2）计划经济：通过计划配置资源的经济体制。

（3）市场经济：以市场为配置资源的主要方式的经济体制。

（4）经济机制：又叫经济运行机制，是指在经济运行过程中，经济组织或经济系统内部和外部各构成要素、各环节之间互相制约、互相作用的方式及其运行机理。经济机制主要包括三个方面的内容：决策机制、信息机制和激励约束机制。

（5）经济体制：一定社会生产关系的具体形式，即生产关系的具体组织形式和经济管理制度。

（6）经济制度：一定社会居于统治地位的生产关系的总和，主要是生产资料所有制形式。

（7）社会主义市场经济体制：在社会主义公有制基础上，在国家宏观调控下使市场机制在社会资源配置中发挥决定性作用的经济体制。

（8）社会主义市场经济体制的基本框架：包括现代企业制度、全国市场体系、国家宏观调控体系、收入分配制度和多层次的社会保障制度五个主要环节。

（9）市场机制：价格、竞争、供求等市场要素之间相互联系和作用的制约关系及其调节功能。

（10）市场体系：市场经济中由商品市场和生产要素市场构成的有机体系。

## 三、重点问题解答

**1. 经济制度和经济体制的含义是什么？**

经济制度是人类社会历史阶段的生产关系的总和。

经济体制是组织和管理经济的一整套具体制度和形式，是基本经济制度的表现形式，是一定的生产资料所有制结构基础上形成的整个国民经济的组织管理制度和经济运行机制。一定的经济体制不仅是经济制度的具体形式，还是生产力的组织形式。

经济制度强调经济利益关系，揭示人与人之间的深层次的所有制关系。经济体制强调经济组织关系，反映的是社会经济中较为浅层次的行为关系。

经济制度是相对稳定的，它的变革取决于生产力与生产关系基本矛盾的状况。而同一种经济制度可以选择不同的经济体制，经济体制是可以多种多样的。

**2. 社会主义市场经济体制的基本特征是什么？**

经济体制改革确定什么样的目标，是关系到我国社会主义现代化建设全局的一个重大问题。这个问题的核心是正确地选择资源配置方式，即处理好计划和市场的关系。

社会主义市场经济体制是在社会主义公有制的基础上，在国家宏观调控下使市场机制在社会资源配置中发挥决定性作用的经济体制。具体来说是使经济活动遵循价值规律要求，适应供求关系的变化；通过价格杠杆和竞争机制的功能，把资源配置到效益较好的环节中去，并给企业压力和动力，实现优胜劣汰；运用市场对各种经济信号比较灵敏的优点，促进生产和需求的及时协调；针对市场自身的弱点和消极方面，国家对市场进行有效的宏观调控。

社会主义市场经济具有的一般市场经济的共性主要表现在四个方面：一是经济关系市场化，二是企业行为自主化，三是宏观调控间接化，四是经济管理法制化。

社会主义市场经济具有的特性，是指其作为社会主义基本制度具有的规定性，也就是市场经济体制同社会主义基本制度相结合而形成的制度性特征。这是社会主义市场经济体制特有的，也是社会主义市场经济体制区别于资本主义市场经济体制的根本特征，主要表现在以下三个方面：

第一，在所有制结构上，以公有制包括全民所有制和集体所有制经济为主体，个体经济、私营经济、外资经济等多种所有制经济长期共同发展，不同经济成分还可以自愿实行多种形式的联合。国有企业、集体企业和其他企业都进入市场，通过平等竞争发挥国有企业的主导作用。这里有两点必须明确：一是必须坚持公有制的主体地位；二是多种所有制经济长期共同发展。公有制占主体，并不意味着公有制企业与其他企业处于不平等的竞争地位，而是公有制企业和其他企业都进入市场，在平等竞争中共同发展。

第二，在分配制度上，坚持按劳分配原则，完善按要素分配的体制机制，促进收入分配更合理、更有序。运用包括市场在内的各种调节手段，既鼓励先进，促进效率，合理拉开收入差距，又防止两极分化，逐步实现共同富裕。社会主义市场经济中占主体地位的公有制经济决定了劳动者的个人收入分配必须以按劳分配为主体。同时，多种所有制经济和多种经营方式的存在，又在客观上产生了多种分配方式。在市场经济活动中，劳动者的个人收入都会受到市场的调节。这样的分配制度所贯彻的基本原则是：把提高效率放在优先地位，但要兼顾社会公平；既要合理拉开收入差距，又要防止产生两极分化；既要让一部分人、一部分地区先富起来，又要逐步实现共同富裕。

第三，在宏观调控上，社会主义国家能够把人民的当前利益与长远利益、局部利益与整体利益结合起来，更好地发挥计划与市场两种手段的长处。社会主义制度优越性的重要表现之一，就是能够做到全国一盘棋，集中力量办大事，能够更好地处理中央与地方、全局与局部的关系。国家计划是宏观调控的重要手段之一，必须更新计划观念，转变计划管理职能，改进计划方法。国家计划要以市场为基础，总体上应当是指导性的计划。计划工作的重点是合理确定国民经济和社会发展的战略目标，搞好经济发展预测、总量调控、重大结构与生产力布局规划，集中必要的财力、物力进行重点建设，综合运用经济杠杆，促进经济更好更快地发展。

**3. 怎样理解中国建立社会主义市场经济体制的必要性？**

（1）中国社会历史上的特殊矛盾和特殊道路，是中国建立社会主义市场经济体制的深层次原因。

中华人民共和国成立初期，在当时特定的国内外政治经济大背景下，中国建立了高度集中的计划经济体制，对于建构起一个独立的、相对完整的国民经济体系和工业体系，起到了一定的历史的积极作用。但是，计划经济体制在社会主义实践中却逐步显现出其内在的、固有的矛盾：

组织结构上的条块分割与社会化大生产的矛盾；

政府权力的过分集中与生产者自主权缺乏的矛盾；

平均主义的分配倾向与劳动效率损失的矛盾；

社会资源的行政化配置与经济失衡的矛盾；

“一大二公”的所有制结构与生产力状况之间的矛盾。

随着我国社会主义经济建设条件的变化，高度集中的计划经济体制越来越不适应进一步发展生产力以及现代化建设的需要。因此，对传统计划经济体制的改革势在必行。

（2）中国依然存在着商品经济赖以生存的条件，是建立社会主义市场经济体制的间接原因和社会主义经济发展的内在要求。

市场经济是高度发达的社会化的商品经济，市场经济的产生除了必须具备商品经济的两个基本前提，即社会分工和不同所有者的并存之外，还必须具备另外两个重要条件，即社会化大生产和建立在此基础上的资源与要素配置的市场化。这些条件都内在地存在于社会主义初级阶段的经济之中。

（3）进一步解放和发展社会生产力，是建立社会主义市场经济体制的直接原因。

中国进行社会主义建设的首要任务是发展生产力，建立强大的社会主义物质文明。实践证明，传统计划经济体制的种种弊端束缚了生产力的发展，而市场经济则是有效推动生产力发展的资源配置方式。因此，对传统计划经济体制进行全面改革，选择市场经济体制，有利于解放和发展生产力。

（4）世界经济的全球化、市场化发展，是建立社会主义市场经济体制的外部原因。

市场化、信息化、全球化是当代世界经济的三大趋势，任何一个国家都不可能脱离世界经济体系来发展自己的经济。国际经济体系的实质是国际范围内的市场经济，并在此基础上形成了一整套国际惯例、国际规则，凡是参与国际贸易活动的国家都要按国际规则办事。我国要积极参与国际贸易活动，参与国际分工和国际竞争，利用国内和国际两个市场、两大资源，就要实行市场经济体制，与世界经济接轨。

**4. 中国社会主义市场经济体制的基本框架是什么？**

根据《中共中央关于建立社会主义市场经济体制若干问题的决定》，构成社会主义市场经济体制框架的主要环节是：

（1）坚持公有制为主体，多种所有制经济共同发展，进一步转化国有企业经营机制，建立产权清晰、责权明确、政企分开、管理科学的现代企业制度。

（2）建立全国统一、开放、竞争、有序、完善的市场体系，实现城乡市场的紧密结合和国内市场与国际市场的相互衔接，促进资源的优化配置。

（3）转化政府管理经济的职能，建立以间接手段为主的完善的宏观调控体系，保证国民经济的持续、快速、健康运行。

（4）在分配制度上，坚持按劳分配原则，完善按要素分配的体制机制，促进收入分配更合理、更有序。鼓励一部分地区一部分人通过合法经营和诚实劳动先富起来，走共同富裕的道路。

（5）建立多层次的社会保障制度，为城乡居民提供同我国国情相适应的社会保障体系，促进经济发展和社会稳定。

**5. 市场体系的含义和特征是什么？**

市场机制功能的发挥，要以完善的市场体系为基础。市场体系，是指市场经济中由商品市场、金融市场、劳动力市场、房地产市场和技术信息市场等所构成的有机体系。

市场体系的特征集中反映在统一性、开放性、竞争性、有序性四个方面。

(1) 统一性。

市场体系的统一性是指市场体系无论是从构成上还是空间上均是完整统一的。从构成上看，它不仅包括一般商品市场，而且包括生产要素市场；不仅包括现货市场，而且包括期货市场；不仅包括批发市场，而且包括零售市场；不仅包括城市市场，还包括农村市场；等等。从空间上看，各种类型的市场在国内地域间是一个整体，不应存在行政分割与封闭状态。部门或地区对市场的分割，会缩小市场的规模，限制资源自由流动，从而大大降低市场的效率。

(2) 开放性。

市场体系的开放性是指各类市场不仅要对国内开放，而且要对国外开放，把国内市场与国外市场联系起来，尽可能地参与国际分工和国际竞争，并按国际市场提供的价格信号来配置资源，决定资本流动的方向，以达到更合理地配置国内资源和利用国际资源的目的。反之，封闭的市场体系不仅会限制市场的发育，还会影响对外开放和对国际资源的利用。

(3) 竞争性。

市场体系的竞争性是指它鼓励和保护各种经济主体的平等竞争。公平竞争有利于创造一个良好的市场环境，以促进生产要素的合理流动和优化配置，提高经济效率。而一切行政封闭、行业垄断、不正当竞争都有损市场效率。

(4) 有序性。

市场体系的有序性是指市场经济作为发达的商品经济，其市场必须形成健全的网络、合理的结构，各类市场都必须在国家法令和政策规范要求下有序、规范地运行。市场无序、规则紊乱是市场经济正常运行的严重障碍，它会损害整个社会经济运行的效率，容易导致社会经济发展的无政府状态。

**6. 如何健全我国的社会主义现代市场体系？**

经过改革开放40年的实践，我国社会主义市场体系已经初步建立，为在更大程度上发挥市场在资源配置中的决定性作用，必须加快形成统一、开放、有序的现代市场体系。其重点主要有以下四个方面：

(1) 发展各类生产要素市场。

一是发展多层次的资本市场，包括加快创业板和场外交易市场建设，大力发展公司债券市场等，完善市场结构和运行机制，提高直接融资比重。

二是要建立和健全统一、规范的劳动力市场。与此同时，还要发展各类人才市场，完善技术创新、管理创新等激励机制和市场环境。

三是规范土地市场。

此外，还要进一步发展技术、产权等生产要素市场。

(2) 完善反映市场供求关系、资源稀缺程度、环境损害成本的生产要素和资源价格形成机制。

目前，我国经济运行中市场在资源配置中的决定性作用还缺乏制度化的硬约束，在一些地方和一些领域，价格机制在资源配置中的决定性作用常常得不到有效发挥。为此，今后应根据经济发展需要和社会承受能力，按照价格机制的要求，完善反映市场供求关系、资源稀缺程度、环境损害成本的生产要素和资源价格形成机制。

（3）规范发展行业协会和市场中介组织。

市场中介机构是介于政府和市场之间的组织，是建立社会主义市场经济不可或缺的重要环节。市场中介组织包括会计师事务所、审计师事务所、律师事务所、公证和仲裁机构、专利事务所、信息咨询公司、商品检验所、消费者协会、职业介绍所以及行业协会和商会等。

为避免政府对企业的直接干预和行政垄断，可引导企业组建行业协会，进一步提高企业的经营自主权。改革开放以来，我国行业协会有了较大发展，在社会主义市场经济体制中，已经初步建立了“宏观调控、行业协会商会自律服务，企业自主经营”的体制框架。但是，当前行业协会、商会还不能适应改革发展新形势和新任务的要求，发展相对滞后，存在不少问题和困难。这些问题若不尽快加以解决，势必影响行业协会、商会的健康成长，影响经济体制的深化改革和建设事业的持续发展。因此，应当按照市场原则和有关政策法规进一步加强自身的规范发展。

（4）健全社会信用体系。

社会道德意义上的信用，是指人们在为人处事及进行社会交往中应当遵循的道德规范和行为准则。它要求人们遵守诺言，以取得他人的信任。经济学意义上的信用，是指以加值偿还为条件的价值运动的特殊形式，主要存在于交易双方非同一时空的交易过程中。信用是现代市场经济的基石，完善的信用体系也是社会主义市场经济内在运行不可或缺的重要组成部分。

目前，我国社会信用体系的发育程度仍然较低，远不能适应发展社会主义市场经济的需要。社会信用缺失，严重破坏了市场秩序，增加了市场交易成本，降低了交易效率，成为市场体系健康发展的重大障碍。

与社会主义市场经济的要求相适应的社会信用体系，应以道德为支撑，以产权为基础，以法律为保障。

## 四、疑难问题和学术争鸣

### 1. 如何看待学术界对计划经济体制的反思？

计划经济体制虽存在具体形式和模式选择的不同，主要有苏联模式和兰格模式①

---

① 约瑟夫·E. 斯蒂格利茨. 经济学（下册）[M]. 黄险峰，张帆，译. 2 版. 北京：中国人民大学出版社，2002.

（模拟市场，被认为是苏联模式的改进）等多种形式，但其暴露的问题和产生的根源大致相同。

现实计划经济体制的经济绩效表现出五大弊病：

（1）短缺经济：匈牙利经济学家亚诺什·科尔内（Janos Kornai）在其名著《短缺经济学》中指出了短缺现象[①]，提出了“投资饥饿症”“软预算约束”和政府“父爱主义”等短缺经济理论，揭示了有效需求过旺导致短缺的宏观过程，短缺造成的经济恐慌和贫困令亲历者记忆犹新。

（2）强幅振荡：经济波动大，宏观控制失灵。

（3）封闭自守：收敛或闭锁的社会风气，经济萧条，思想僵化。[②]

（4）由于计划主观性或计划失灵造成的资源配置的低效率。

（5）高度集权，地方和基层生产单位缺乏有效的激励。

**2. 怎样正确认识国内外经济学界对“社会主义经济制度与市场经济相结合”的理论探索？**

几十年来，国内外经济学界对计划经济体制改革的实践提出了社会主义经济制度与市场经济相结合存在的问题，并在理论上进行了不懈的探讨。

波兰经济学家奥斯卡·兰格从经济计算的角度第一次提出了通过“模拟市场”来解决公有制经济中的资源有效配置问题。他设想，可以通过“人工过程”在公有制经济中建立起能达到瓦尔拉均衡的前提条件，从而有效地解决社会主义经济的资源配置问题。围绕建立瓦尔拉均衡的前提条件，兰格提出通过“试错法”来确立价格，以求把社会偏好变成市场规则。兰格模式在理论上拓宽了人们的视野，给后人以深刻的启迪，但他的“市场”只是建立在一系列假定条件之上的“模拟市场”，或称“模拟价值系统运行”，而不是实在的市场经济运行。

波兰经济学家布鲁斯从分析决策的角度，将市场机制部分地引入了公有制经济中。按照布鲁斯模式，作为微观经济运行主体的企业，其决策权已经“物归原主”，从而运行过程可以部分地受市场机制的调节。这样一来，市场机制已经冲进了公有经济的大门。但是，在布鲁斯模式中，统一的经济整体被分割为许多独立的板块，这些板块中分别通行着不同的规则（部分行驶“市场轨”，部分行驶“行政轨”）[③]，至于市场经济在整体上能否与社会主义经济制度相结合，布鲁斯并没有论及。

原捷克斯洛伐克经济学家奥塔·锡克从企业独立利益的角度把市场机制引入他的社会主义。他认为，在社会主义条件下，不同的劳动存在着较大的差别，因而存在企业的物质利益。企业利益与社会利益的矛盾，只有通过市场机制来调节，否则，这种矛盾不

---

① 亚诺什·科尔内. 短缺经济学［M］. 张晓光，李振宁，黄卫平，等译. 北京：经济科学出版社，1986.

② F. A·冯·哈耶克. 个人主义与经济秩序［M］. 贾湛，文跃然，译. 北京：北京经济学院出版社，1989.

③ 弗·布鲁斯. 社会主义经济运行的问题［M］. 周亮勋，荣敬本，林青松，译. 北京：中国社会科学出版社，1984.

会得到最优的解决。在他的模式里，除了宏观分配外，其他经济活动全部按市场机制来运行。

20 世纪 80 年代的匈牙利经济学家科尔内从经济协调结构的角度，提出了著名的ⅡB 模式，即有宏观控制的市场协调。按照这一模式，在社会主义条件下，对经济活动的协调是有宏观控制的市场协调，同时保留部分直接的、间接的行政协调作为补充。ⅡB 模式的可贵之处是保持了逻辑的一贯，即它坚持只有市场协调才是“最优解”。从兰格模式、布鲁斯模式、锡克模式直到科尔内模式，一个比一个更多地向“价值系统”逼近。

在寻求社会主义经济制度与市场经济结合的过程中，中国经济学界做出了自己的贡献。早在 20 世纪五六十年代，中国经济学界的开拓者就在探讨社会主义与商品经济及其市场机制的关系问题。中国共产党第十一届三中全会之后，随着改革开放的深化，中国实际上已经逐步在从计划经济向社会主义市场经济转变。这个转变遇到了“计划经济才是社会主义”“市场经济则是资本主义”的观念障碍。在这种背景下，一场新的、意义更为深远的理论突破开始在中国大地上酝酿、形成。在这一过程中，中国提出过“有计划的商品经济”“计划经济与市场调节相结合”“计划与市场的内在统一”等见解。随着改革的深入，人们终于认识到：市场在资源配置中起决定作用的市场经济，是社会化大生产所必需的。在理论界探讨的过程中，邓小平同志于 1979 年指出：“说市场经济只存在于资本主义社会，只有资本主义的市场经济，这肯定是不正确的。社会主义为什么不可以搞市场经济，这个不能说是资本主义。”“社会主义也可以搞市场经济。”“这是社会主义利用这种方法来发展社会生产力。把这当作方法，不会影响整个社会主义，不会重新回到资本主义。”尽管当时还是讲以计划经济为主，但把市场经济同社会主义联系起来，无疑具有极其重要的思想启发意义。1992 年初邓小平同志在南行讲话中，更加明确地指出：“计划经济不等于社会主义，资本主义也有计划；市场经济不等于资本主义，社会主义也有市场经济。”① 他对社会主义社会可不可以搞市场经济这个长期争论不休、阻碍中国前进的问题，做出了肯定的回答。

国内学术界普遍认为，社会主义作为一种社会制度有其质的规定性。社会主义的本质，是解放生产力，发展生产力，消灭剥削，消除两极分化，最终达到共同富裕。传统的经济理论，把计划经济当作社会主义的本质特征，是不科学的。实际上，计划调节多一点还是市场调节多一点，不是社会主义或资本主义的本质特征。市场经济作为在资源配置中起决定作用的经济，属于资源配置方式的范畴，而社会主义经济制度即以公有制为基础、多种所有制并存的经济制度，则属于基本制度范畴，这两者不存在根本的矛盾。研究社会主义制度与市场经济的结合，需要走出一个理论上的误区，即认为市场经济的基础只能是私有制。这种理论是不符合实际的。尽管市场经济是从小商品生产者的私有制发展而来的，但它却不能长期建立在这种私有制的基础之上，因为这种私有制不

① 邓小平. 邓小平文选（第三卷）[M]. 北京：人民出版社，1993.

能为市场经济的发展提供更广阔的基础，相反，它会限制市场经济的进一步发展。市场经济在其发展过程中曾出现过垄断资本主义私有制，这种私有制也并非市场经济所要求的理想的产权关系。垄断是竞争的对立物，是限制竞争的，而竞争却是市场经济得以发展的一个必要条件。现代经济运行的实践显示，支撑现代市场经济大厦的，是一种新型产权制度，即以产权主体多元化和利益多元化为特征，以股份公司为典型形式的新型产权制度。

在社会主义初级阶段，存在着以公有制为主体的多种形式的所有制和多元产权主体，相应地也存在着多元的物质利益主体及各主体之间物质利益的差别。在这种产权结构和利益格局中，广大劳动者、各类出资者以及各种利益主体的物质利益都是得到承认和保护的，因而参加经济活动的各利益主体能保持积极性和创造性，这是现代市场经济活力的根本源头。可见，在社会主义制度下，多元财产关系的产权结构和物质利益差别与现代市场经济所要求的一般基础是基本吻合的，二者可以结合，并使市场经济为社会主义建设事业服务。

研究市场经济与社会主义制度的结合，不仅应当了解市场经济的一般基础，而且应当把握社会主义条件下市场经济的特殊性，即它是同以公有制为主体、多种所有制并存的社会主义基本经济制度结合在一起的。我国经济体制改革的目标是建立社会主义市场经济体制，而不是搞资本主义市场经济。

当然，说市场经济可以与社会主义制度相结合，并不意味着二者之间没有矛盾。由于在市场经济中经济决策是由许许多多微观经济主体分散做出的，因此很难保证其经济决策与整个社会发展的方向、目标相衔接。在市场经济中有这样的可能，即作为经济决策主体的企业和个人单纯从追求自己的局部利益出发考虑问题，如此便潜伏着局部利益和社会利益的矛盾。正因为这样，实行市场经济也需要由政府从人民的根本利益和长远利益出发来进行协调。

**3. 怎样正确认识计划与市场两种调节手段的有机结合？**

市场机制是指价格、竞争、供求等市场要素之间相互联系和作用的制约关系及其调节功能。它作为市场经济的运行机制，具有自发性、事后性和微观性等特点。市场机制作为调节手段的长处是：使经济活动遵循价值规律的要求，适应供求关系的变化，通过价格杠杆和竞争机制的功能，把资源配置到效益较好的环节中去；给企业以动力和压力，实现优胜劣汰，促进技术和管理进步；对各种经济信号的反应比较灵敏，能够促进生产和需求及时得到协调。但是，它也有明显的弱点和消极作用，如对经济总量的平衡、大的结构调整、生态平衡和环境保护的调节显得无能为力，并可能引起贫富两极分化和经济自发波动等。

计划机制是计划指标、经济杠杆和经济政策等计划要素之间相互联系和作用的制约关系及其调节功能。它具有自觉性、事先性、宏观性等特点。它的长处是：能够在全社会范围内集中必要的财力、物力、人力进行重点建设；进行经济预测，制定国民经济发展战略，在宏观上规划资源配置，进行总量控制、重大结构调整和生产力合理布局；可以合理调节收入分配，兼顾效率与公平；可兼顾经济、社会环境协调发展。但它对微观经济活动、复杂多变的社会需求难以发挥作用，容易产生计划脱离实际，经济主体利益受到损害、动力不足、效率低等问题。

社会主义市场经济体制是国家宏观调控下让市场对资源配置起决定性作用，实现计划与市场两种调节手段的优势互补，充分发挥两者的优点和长处，更好地发展社会生产力的经济体制。计划与市场两种手段相结合的范围、程度和形式，在不同时期和不同地区可以有所不同。

**4. 我国学术界关于经济体制改革的主要理论认识是什么？**

（1）关于改革的性质和方向。

社会主义经济体制改革，是在坚持社会主义制度的前提下，改革生产关系和上层建筑不适应生产力发展的方面。这种改革是在党和政府的领导下有计划、有步骤、有秩序地进行的，是社会主义制度的自我完善和发展。社会主义改革的根本任务就是发展社会生产力，促进生产发展，改善人民生活和增强国家财力。

（2）关于改革的目标。

我国经济体制改革的目标是建立社会主义市场经济体制。

（3）关于改革的道路和方式。

①改革的道路是渐进式改革。在这个过程中，要妥善处理以下关系：

第一，整体推进和局部突破的关系。改革是一个系统工程，所以必须统一规划，配套进行。我国只能在整体规划的前提下，分领域、分部门、分地区、分行业，有重点、有步骤地不平衡推进。

第二，体制内改革和体制外推进的关系。我国选择受计划体制束缚较小的非公有制经济进行突破，在允许、鼓励、支持、引导的政策下，使之加快发展。在这种态势下，再加快公有制经济特别是国有经济体制的改革，充分发挥公有制经济的优势，形成以公有制经济为主体、多种经济成分并存的具有中国特色的所有制格局。

改革方式是整体推进和局部突破、体制内改革和体制外推进相结合的。

（4）关于改革的方法论。

①坚持正确的改革目标，妥善处理改革、发展、稳定的关系，是渐进式改革的核心；

②改革就是解放生产力，必须坚持“三个有利于”的标准；

③改革启动必须敢于打破旧的平衡，必须允许一部分人和一部分地区先富起来；

④改革要从发展的需要出发，要促进发展，不要搞“一刀切”“一哄而起”；

⑤改革是群众的事情，必须尊重群众的首创精神，着眼于调动群众的积极性；

⑥改革是破立结合，不立不破，改革必须着眼于机制创新和制度创新；

⑦改革是做前人未做的事业，要勇于实践，大胆探索，对了的就坚持，错了的就

改正；

⑧观念转换是改革的先导，解放思想，实事求是是一个不停顿的过程；

⑨要始终坚持实践是检验真理的唯一标准的观点，不做抽象的无谓的争论。①

**5. 如何认识要素市场？**

要素市场是生产要素市场的简称，是指从事商品生产所必需的各种生产条件的交易市场，主要由生产资料市场和劳动力市场两大类构成。随着社会主义市场经济体制的确立，我国的商品市场日益完善，市场功能日趋扩大。资金、技术、劳动力、信息、房地产等渐渐地在市场上交易，并由此发展成了金融市场、技术市场、劳动力市场、信息市场、房地产市场等生产要素市场。这些要素市场构成的统一体，在整个国民经济中起着十分重要的作用。

生产要素市场主要由以下市场构成：

（1）金融市场。金融市场是货币、外汇、贵金属及有价证券的交易场所和一定空间内货币资金融通关系的总和。社会主义的金融市场是以融通社会资金，促进国民经济发展为目的，通常也称为“资金市场”，但严格说来，资金市场只是金融市场的一个组成部分。

（2）劳动力市场。劳动力市场是我国劳动制度改革中出现的新生事物，人们对它的概念内涵、外延、形式等的看法仍不尽统一，但劳动力市场客观存在并取得迅速发展。它由三个基本要素构成：劳动力的供给、劳动力的需求和劳动力的价格。劳动力市场的主要形式有人才交流中心、各种类型的劳务服务公司、家庭服务公司和职业介绍所等。

（3）房地产市场。凡从事土地开发、房屋建设，或对开发建设后的房地产进行经营管理，以及提供咨询服务、信贷保障、劳务支持等社会经济活动的单位和部门，均属于房地产业。它有三个组成要素：交易的主体、交易的客体和交易的行为。

（4）信息市场。信息产业部门（或个人）与信息需求者双方进行有偿转让交易的活动场所和信息商品交换关系的总和称之为信息市场。在信息市场上，有企业诊断型信息交换关系、咨询型信息交换关系（如商业信息、金融信息等）、科技成果型交换关系（如专利机构经营的科技信息商品）、媒介型信息交换关系（如广告机构等）等。

（5）技术市场。技术市场就是买卖技术商品的场所，是以技术商品交换为核心的各种经济关系的总和。技术的商品化是市场经济的内在要求。技术商品的交易形式主要有：技术买卖、许可证贸易、技术服务、技术的开发与贸易相结合、技术承包等。

---

① 逄锦聚，洪银兴，林岗．政治经济学［M］．2版．北京：高等教育出版社，2004.

# 第十章　社会主义市场经济的微观基础

## 一、本章内容简介

本章结合我国经济转型的实践，阐述和分析市场经济的微观基础。全章共分四节。第一节是全章的总论，主要阐述市场经济微观基础的一般含义及形成条件，其他三节则分别阐述了市场经济微观基础的三大构成要素：企业、个人和农户。

第一节阐述市场经济微观基础的构成、基本特征和形成条件是其基本内容，其中，对市场经济微观基础的基本特征和形成条件的理解尤为重要。

第二节阐述微观基础中的企业，分两大部分：一是一般性分析企业、企业行为、现代企业制度及其法人治理结构等；二是分析中华人民共和国成立以来企业的演变及转型期我国国有企业的改革。

第三节叙述市场经济中个人经济行为及其选择，其中分别分析了个人消费行为、个人储蓄与投资行为、个人就业行为等。

第四节阐述市场经济中的农户，重点分析了农户成为我国农村最基本的微观基础的原因、农户的基本经济特征和我国农户经营的发展方向。

## 二、本章主要知识点

### （一）市场经济微观基础的含义与基本特征

基本知识线索：从狭义的市场经济微观基础开始，到深入理解广义的市场经济微观基础，其中应着重理解微观基础所具有的平等性、自主性、逐利性和自发性四大特征及其相互关系。

### （二）市场经济微观基础的形成条件

逻辑思路是：产权→产权界定→市场微观基础的形成。理解产权及其特征，从而明确产权界定的实质和范围，最后落脚到微观基础即市场产权主体的形成。

### （三）企业与现代企业制度

首先从概念上区分传统企业与现代企业，进而理解现代企业制度及其基本特征，法人治理结构是现代企业最重要的制度构造。从演进的角度，现代企业生长于传统企业；而从制度升级的角度，现代企业已经远远超脱于传统企业。

### （四）我国转型期的国有企业改革

计划条件下的国有企业转变为市场条件下的国有企业，依赖于我国的市场化改革。但受传统体制的影响，会衍生出内部人控制问题、国有资产流失问题和央企行政垄断问题等，从而使国有企业在监管体制、治理机制和限制垄断等方面的深化改革迫在眉睫。

### （五）个人经济行为

个人是最基本的微观主体。围绕个人经济行为及其选择所展开的分析，既是基于个人经济行为的自主，也是基于个人经济行为选择的自由。在此基础上，个人的经济行为是个人在有限范围内寻求自身利益最大化的选择方式。

### （六）社会主义市场经济中的农户

农户有不同于其他微观主体的自身特征，理解农户应结合我国农村土地的家庭承包责任制，即社会主义市场经济中的农户是承包集体生产资料、相对独立进行农业生产经营的主体。传统农户的局限性，决定了我国农户必须走合作化和农业规模经济的道路。

## 三、重点问题解答

**1. 如何理解市场经济微观基础？**

（1）市场经济微观基础的含义。一般而言，市场经济的微观基础即市场最基本的构成细胞，它是参与市场生产、经营、交换和竞争的基本单位，也是一切市场活动能够展开的行为主体。我们可以从狭义和广义两个方面理解市场经济的微观基础。狭义的微观基础仅是指市场的微观经济主体；广义的微观基础则是指市场经济中微观经济主体的总和以及这些主体所具有的基本特征。

（2）市场经济微观基础的构成。构成市场经济微观基础主要有三大主体，即企业、个人和农户。除此之外，还应注意两种情况：一是作为投资主体的政府或政府组织；二是在开放条件下，来自于国外的企业、个人和政府组织。总之，所有参与市场经营、交易和竞争的市场行为主体，都是市场经济微观基础的构成要素。

（3）市场经济微观基础的基本特征。市场经济微观基础的基本特征是内含于构成微观基础的各市场主体的内在要求的，也是判断某一微观市场主体是否构成市场经济微观基础的主要依据。微观基础的基本特征包括平等性、自主性、逐利性和自发性四个既相互独立又相互依存的方面。从这四个特征可以看出，市场经济微观主体必须具备自主独立与平等占有的财产权利，服从利益目标的导向并能够承担相应的资产责任。其行为选择一般会产生两种结果：一是增进社会福利与自身收益；二是因其自发而又分散的逐利行为导致的整体的经济波动。

**2. 为什么说明确的产权界定是市场经济微观基础的形成条件？**

（1）产权与产权界定。产权是法律形态的财产所有权，是一种通过制度强制而实现的对某种经济物品的多用途进行选择的权利。产权不同于制度形态的所有制，本质上是一种交易形态的财产权。它既可以通过交易平等地获取，又可以通过交易自由地转让，在法律明确界定的范围内，产权主体具有其权利的独立性和排他性，但同时要对权利的行使承担相应的后果。产权界定是指通过法律明确规定产权的主体和其相应拥有的财产权利范围的过程和结果状态。产权界定一般包括两个方面的内容：一是产权主体的界定，二是产权范围的界定。产权的界定实质上是通过社会契约的形式对微观经济主体财产权利的确认和保护。这可以产生三个强化微观市场主体地位的作用：明确行为预期；惩戒侵权行为；减少交易成本。

（2）明确的产权界定对市场经济微观主体形成的重要作用。①市场经济中的交换实质上是不同产权的交换，而交换的前提是必须使财产权利隶属于不同的微观经济主体，产权界定中的产权主体界定就直接地为市场交换创造了前提条件，从而间接地决定了微观基础的形成。②产权界定中的权利范围界定直接明确规定了构成微观基础的经济主体的权利和义务范围，使经济主体知道自己可以做什么并能获得什么样的利益，从而给予了经济主体对自己某种利益相对准确的预期，进而才有可能使经济主体为了自己利益（自利性）选择最优的、能使自身利益最大化的经济行为。简言之，明确的产权界定是市场经济微观主体行为选择的动力基础。③明确的产权界定也是微观基础平等性特征和自主性特征的制度性前提。在市场经济中，明确的产权界定即明确市场主体的财产权保护和免受侵犯。作为微观基础的经济主体享有法律赋予的某项产权时，他就可以理所当然地在法律的保护下，就该项产权平等地与其他微观经济主体进行交换，并可以对自己享有的产权自主地进行符合自己意思的处分。

**3. 如何理解现代企业制度及其特征？**

现代企业不同于传统企业，有两个根本的质变：一是资本的所有权与企业的经营管理权发生分离；二是资本社会化导致企业规模扩大，在企业内部形成了职能化的管理层级组织。现代企业一般是指现代股份公司，其核心是其法人产权制度，即以社会化的结构性产权替代了原传统企业的单一自然人产权。但是，现代企业对传统企业并没有进化意义上的替代作用，在企业数量的分布上，现代企业也只是少数，这是因为一方面现代企业多是规模化、批量化的大企业；另一方面现代企业又都是资本社会化的股份制企业。由于资本和技术的门槛限制，也由于市场需求的多层次和多样化，市场上大量存在的是传统企业或中小企业。

现代企业制度是一种特殊的或相对独立的企业组织制度。它代表了企业在演进过程中的制度构造、制度选择和制度绩效变化的方向。因此，现代企业制度也具有明显的特征。第一是它的法人产权制度，这是一种聚合性的以组织名义行使的财产权，与之相配套的是公司制度、证券及证券交易制度、公司治理机制等。第二是它的有限责任制度，即投资者以其投资额为限对企业债务承担有限责任。这一方面有利于投资者预知和控制风险，使企业能够更大范围地获取投资；另一方面也有利于企业相对独立地行使其法人财产权。第三是其管理的职业化和职能化，管理者及其管理职能和投资者或资产所有者的分离，从而推动了企业管理的专业化，管理者的人格独立。管理的组织化、职能化和专业化，是现代企业不同于传统企业的重要特征之一。第四是现代企业理念与战略的制度化，这主要体现在企业文化和企业发展战略的制度构建上。

**4. 怎样正确认识现代企业的法人治理结构？**

（1）建立企业法人治理结构主要的理论依据是委托－代理理论。委托－代理关系的形成是基于资本的两权分离，而委托－代理理论企图解决的是，在委托人和代理人之间存在利益目标差异与信息不对称的情况下，如何实现委托人有效地监督和激励代理人的问题。

（2）什么是企业的法人治理结构？它是指在企业所有权和控制权分离的情况下，为解决代理问题而设计的制度安排，其实质是解决所有权对控制权的制衡与配置问题，其目的是提高企业的运作效率。法人治理结构有效性的关键是怎样解决代理成本的控制与最大限度发挥代理人积极性的一致性（或均衡）问题。

（3）法人治理结构的内容主要包括三个层次，即企业内部治理机制、企业外部治理市场及有关企业治理的法律制度。企业内部治理机制是指在企业内部构造一个合理的权力结构，从而在股东会、董事会与经理人之间形成一种有效的激励、约束与制衡机制；企业外部治理市场包括产品市场、资本市场和经理人市场三大市场，通过产品与价格竞争、企业控制权竞争、经理人替代的竞争等对企业经理人产生激励约束作用；有关企业治理的法律制度是指国家为了保护投资者的利益，保证企业遵守国家法律和社会道德规范而制定的一系列法律法规和相关执行体系的总称，它构成了有关企业治理的法律约束。

**5. 要使中国国有企业成为真正的市场经济微观基础，需要解决哪些主要问题？**

传统国有企业存在的主要问题：①形成了取消（排斥）市场的行政导向机制，对企业的管理和控制是以行政命令（指令性计划）的方式直接进行的。②国有企业既有自己的上级行政主管部门，又有自己固有的行政级别。企业管理者也主要是某一级行政干部，而不是企业家，阻碍了企业家的生长机制。③形成了以低工资、全福利推动的企业型保障体制，以“企业办社会”，形成“大而全”“小而全”的自我封闭机制和平均主义的分配制度。④导致了国有资产的低效或无效运行，而对国有资产流动严格限制的体制性障碍，又使大量国有资产变成低效或无效的存量资产。

我国国有企业经过近40年的改革，对政企不分、行政导向、企业办社会等问题有了根本性的改进，但在国有企业深化改革的进程中，仍然存在以下需要解决的问题：①冗员问题。国有企业的冗员问题源于企业办社会、企业办保障的体制性积淀。但国有企业的改革必然涉及“减员增效”“减员转制”的问题。若不能彻底解决国有企业的冗员问题，既难以实质性地解决企业的负担，又难以实现企业资源的优化配置。②国有改制企业中内部人控制问题。一般而言的内部人控制问题有两层意思：一是公司内部人员脱离了出资者有效的所有权约束；二是公司的控制权不能有效地转移，即难以通过证券市场形成对代理权的竞争和接管。内部人控制问题既是国有产权模糊或缺位的直接结果，又是公司法人治理失效的直接表现，从而扭曲了国有企业公司化改造的既定目标。③布局与结构问题。经过多年改革，我国国有企业在布局上仍然存在战线长、主业多、分布广的问题。一方面，大量的国有企业存在于竞争性领域，不利于在该领域形成公平、公正的市场竞争环境；另一方面，垄断领域的国有企业具有越来越强的寡头性和集团性，不利于该领域竞争活力的发挥，也不利于该领域资源的优化配置。④大型国有企业或国有企业集团的产权与治理问题。在这类国有企业中，仍然存在国有独资和行政性垄断带来的如透明度低、效率低和权力失控等问题。⑤国有资产的保值增殖与监管问题。在央企做强、做优、做大的过程中，伴随着资产并购、兼并重组、海外收购等扩张行为的展开，由于缺乏对国有资产有效的预算管理与监督，国有资产的低效甚至无效运作与流失问题严重。

国有企业只有通过深化改革，解决以上问题，才能真正成为市场经济微观基础。

**6. 怎么正确认识我国国有企业进一步深化改革的目标与任务？**

（1）我国国有企业进一步深化改革的目标，就是要实现投资主体的多元化，健全和完善公司制度，使以规范的股份制为典型形式的现代企业制度成为国有经济的主要实现形式。

（2）为实现上述目标，应落实和完成以下任务：①继续深化国有资产管理和监督体制改革，以塑造清晰的国有产权主体，切实保障国有资产的保值增殖。国家要制定法律法规，建立由中央政府和地方政府的专职机构分别代表国家履行出资人职责，享有所有者权益，权利和责任相统一，管资产和管人、管事相结合的国有资产管理体制。要坚持政府公共管理职能和国有资产出资人职能分开的原则，由国有资产管理机构独立地对授权监管的国有资产依法履行出资人职责，维护所有者权益，完善国有资产有进有退、合理流动的机制，以实现国有资产的保值增殖，防止国有资产的流失。要建立国有资本经营预算制度，使政府作为国有资产的出资人能够以资本所有者身份取得收入，并用于公共性的财政支出，为此必须明确国有资本经营收益上缴国家公共财政的比例，这是国有资本经营真正从产权属性上体现国有民享的要求。②进一步健全和完善国有股份制企业的法人治理结构，有效地解决内部人控制问题。一要改变国有股的股权结构，切实推进国有股的减持和流通，以逐步形成在资本市场上可以“用脚投票”的控制权替代机制；二要健全和完善独立董事制度，以对内部人形成较为有效的制度性制约，从而保证董事会决策的公正性和科学性；三要协调和处理好“老三会”与“新三会”的关系，特别是要处理好其中党委与董事会在企业重大决策问题上的权责关系，做到权责明确、分工合理、协调配合；四要建立和完善竞争性的职业经理人市场，以逐步形成在国有企业中以职业经理人取代“职业官员”的人力资本替代机制，职业经理人对董事会负责，以其专业化的管理素质立足于企业，从而真正推动企业的科学管理；五要深化国有企业的内部管理，一方面要建立国有企业内部的长效激励约束机制，另一方面也要落实国有企业内部的投资经营责任制。③要进一步推动和完善对国有经济的分类改革。在经济市场化的条件下，国有资本要有进有退，在关系国家安全和国民经济命脉的重要行业和关键领域，要增加国有资本的进入，当然也要通过建立现代企业制度塑造这类重要的国有企业的经营机制；而在其他竞争性行业和非关键领域，则应通过资产重组和公平竞争，坚定地使国有资本从这些部门中逐渐退出，以保持国有经济的控制力。事实证明，国有经济分布太广，战线太长，是其积弱的重要原因。因此，收缩其实是为了更有力的出击。此外，还应为国有企业进一步制度创新创造一个良好的外部环境。尤其是应创造条件，逐步卸掉国有企业的“三大包袱”，即过度负债问题、企业办社会问题和冗员分流问题，要建立和健全相应的社会保障体系来解决这些问题。

**7. 如何理解个人经济行为及其选择？**

（1）个人经济行为及其选择应具备的条件。一是必须有个人的主观意愿与偏好，二是应有相应的支撑，如个人产权、收入、资产等。在市场经济条件下，个人具有经济行为及其可选择性，这是建立在个人人格自由、财产独立的基础之上的。个人是最基本的市场微观主体，个人经济行为的自由度越大，市场可拓展的想象空间也就越大。

（2）个人经济行为的内涵。个人经济行为是指个人根据自己现有的经济资源（如可以用于劳动的时间、各种收入、既有资产等），合理地进行一系列的经济活动，从而使自己最终得到最大的满足或使自身的利益最大化。个人经济行为实质上是对自身经济资源重新选择组合的过程，其方法是与他人交换。既然是个人的经济行为，那么个人根据自身条件和意愿在其付出和收益之间所做出的有利于自己的选择，就是理性的，但由于信息不对称和制度设计的局限等因素的影响，个人经济行为的选择又总是不完全理性的。

（3）个人经济行为的构成。个人经济行为包括个人消费行为、个人储蓄与投资行为、个人就业行为等。我们可以将个人消费看成个人在货币与商品以及各种类别的商品之间进行合理选择的结果；储蓄或投资可以被看成个人在当前消费与未来消费以及各类金融资产之间合理选择的结果，其中，未来消费是指将一部分货币暂时不用于消费而先储蓄起来，再加上未来预期可获得的各种收入所进行的消费行为；就业行为则可认为是个人在工作所获得的收入与不工作所享受的闲暇之间进行合理选择的结果。个人经济行为的选择，既可以在同类经济行为之中选择，如选择不同方式的消费、选择不同的投资渠道等，也可以在不同经济行为之间进行选择，如在消费和储蓄之间的选择等。可见，个人经济行为的选择是可以有多种方式或多种组合的。

**8. 为什么农户也是市场经济的微观基础？我国农户经营的主要问题和改进方向是什么？**

（1）农户作为市场经济微观基础，一方面是由于市场经济的拓展会导致农业不可避免地走向市场化，另一方面则是由于农业自身的特点。农业不同于工业，家庭作为农业的主要生产单位是有其特殊的优越性的：①以家庭为基本单位的农业生产，有一个与工业生产不同的特点就是，家庭成员是主要的劳动者，非特殊情况下，无须雇佣大量的工人，因此家庭就是一个合作的生产团队；②家庭又是一个以血缘、婚姻关系为基础的非经济因素起着超强作用的组织，家庭内部凝聚力强，家庭成员之间有着共同的价值取向和目标，家庭内部几乎没有交易成本，决策管理和分配收益的成本也比较低；③我国农户作为市场微观主体，采用的是家庭联产承包责任制，其土地承包权和自主经营权都是明确的。

（2）我国农户经营存在的主要问题有：①经营规模太小，平均每户就耕种 5～7亩[①]土地；②耕作方式落后，主要以手工劳动为主；③商品化率低，这是前两个问题的逻辑结果，因为产出少，所以用于交易的不多；④经营管理水平极为落后，基本上是家长制的经验式管理；⑤缺乏为农业服务的社会化服务体系，农户是分散的。

（3）解决我国农户经营问题的基本取向，即走农业规模化、产业化和市场化的道路。①加快城市化步伐，减少农村居民的人口数量和农户数量，这样直接的结果是农村的人均土地数量增加，单一农户的土地使用量也会增加，这显然是有利于农业向规模经济的方向发展的。②采取类似合伙企业或合作组织的方式，由若干个农户合伙共同承包一块成片的土地或者由若干个农户用自己的劳动力、资金和所承包的土地成立合伙组织。也可采取以农户承包土地流转或以土地入股的方式，建立超越于现存农户的农村经济合作组织。这种合伙组织与合伙企业相似，所有合伙农户共同管理合伙组织的事务，共同生产同种类的农产品，对外各合伙农户承担连带责任，对内按份承担责任和享受各种权利。这样就解决了单个农户所不能解决的资金和土地稀缺问题，进而使农业的规模经济成为可能。③在政府的扶持下，大力建设农业社会化服务体系，在种子、农机、农耕、农业科技、农民培训、农产品收购与加工等方面为农业、农村、农民提供全方位的服务。同时，政府还应在粮食的种植和收购上给予足够的扶持和补贴，以促进农业的产业化和市场化。

---

① 1亩≈666.67平方米。

## 四、疑难问题和学术争鸣

### 1. 怎样正确认识国有产权改革的“郎顾之争”？

“郎顾之争”表面上看是香港中文大学教授郎咸平与原格林柯尔董事局主席顾雏军之间的争端，实则是一场关于我国国有产权改革的大论战。事情的起因是在2004年8月9日，香港中文大学教授郎咸平发表了一篇题为《格林柯尔：在“国退民进”的盛宴中狂欢》的演讲，指出顾雏军在并购科龙、美菱等企业时，采用“安营扎寨”“乘虚而入”“反客为主”等七种手段，以9亿元并购了总值136亿元的企业，并引出了国有资产流失的严重问题。一周后，顾雏军委托香港律师行向香港高等法院递送了起诉状，以他个人的名义正式起诉郎咸平对其进行的诽谤。

2004年10月21日，我国一群主流经济学家集体出面支持顾雏军，在北京华侨大厦举行了一场名为科龙20年发展与中国企业改革路径的研讨会。会议的主流观点认为，顾雏军的并购行为是和中国企业改革路径完全一致的，如果顾雏军是对的，那么中国企业改革路径就是对的，反之亦然。

2005年4月29日，科龙电器年报报出6 000万元巨额亏损。10天后，公司公告称，公司因涉嫌违反证券法规被中国证监会立案调查。同年8月2日，科龙正式发布公告，证实顾雏军等五名公司高管已被公安部门立案侦查并采取刑事强制措施。

事情到此似乎有了结论，但是，顾雏军的入狱并不就代表国有产权改革不当。而反观国有产权改革中涉及国有资产流失的种种问题，一味鼓吹国有产权改革的效率化取向，无视对国有产权改革中公平与公正问题的质疑，也是不妥当的。

崔之元（2008）对“郎顾之争”有一个较深入的总结①，其中有几个观点值得我们注意：①在中国国有企业的产权改革中，国有资产的流失问题，在事实上是存在的。②针对有人提出企业的交易各方采取的是一个自由契约的交易方式，局外人没有发言权，企业本身是自由契约的集合的观点。崔之元认为，自由契约必须是在相对平等的主体间才能有效，而且近年来西方经济学所研究的范围已经远远超过了传统制度经济学和产权理论的局限，强调企业是一种权力关系的组合，而不仅仅是契约的组合。③对国有资产的管理层收购（MBO），国内学者更强调企业管理者人力资本的价值，但忽略了企业中员工人力资本的价值。这几点概括起来就是，国有产权改革本身可能并没有错，但在国有产权改革的过程中确实存在问题。

中国国有产权的改革，实质上是一种针对公有性质的产权的改革，这里面有几个前

① 崔之元. 郎咸平事件“郎顾之争”的深层原因［EB/OL］.［2008－05－26］. http://www.eeo.com.cn/zt/50forum/yanjiu/2008/05/26/101434.html.

提性问题可能是需要搞清楚的：①作为公有产权主体的民众，对国有产权的改革应不应该有知情权或参与权？②国有产权的改革是不是只有资产并购或管理层收购的道路可走？这两个问题实质上是要回答真正的国有产权的所有者主体是否对国有产权的重组和运作有最终的制约作用。如果说自由契约的交易方式对现代企业已经没有纯粹的意义，那么，对于国有企业而言，企业改制则明显是基于公有产权的权力关系的制度变迁，这其中如果没有公众的监督或参与，其过程的公正性是很难得到保证的。至于国有产权改革的效率，这是不容置疑的，但是，如果国有产权改革的效率仅仅是产量增加或利润增长的效率，而没有或缺乏制度效率和较明显的社会福利的增加，那么这种单纯的经济增长最终也是不可持续的。

我们认为，不管怎样，把国有产权改革的效率化取向和国有产权改革应遵循的公平、公正原则对立起来，是有失偏颇的。国有产权改革的大方向应该坚持，但不等于国有产权改革本身能够解决国有经济的所有问题。在中国的转型期、在中国国有经济进一步深化改革的进程中，大型国有企业或企业集团产权改革的公正性和公平性，如涉及国有企业产权结构的构成、行政性垄断和内部人控制问题的解决、国有企业红利的分配、职工参与和共同治理等，都是迫切需要解决的问题，也是越来越引起社会广泛关注的问题。

**2. 央企是做大了还是做强了？**

所谓央企即是指由国家国资委直接管辖的中央级国有企业。在2003年国资委成立之初，央企共有196家，经过十多年的发展，截至2015年年底，央企已合并为108家。从2014年的数据看，央企资产总额已达38.73万亿，其营业收入达25.11万亿，利润总额达1.36万亿，均实现了倍增。至2014年，我国进入《财富》世界500强的企业已经达到100家，其中85%都是央企，而且还有三家央企进入了前十名。它们分别是排名第三的中石化，排第四名的中石油和排名第七的国家电网公司，均为资源垄断型企业。

以上数据资料表明，我们的央企的确是做大了，而且越来越大。按照国资委的目标，到2020年，还要进一步把央企合并为80家。但大等于强吗？我们且看一组数据对比：2014年排名世界500强第三的中石化，其营业收入为4 572亿美元，利润为89亿美元，员工为110万人；同年排名第五的同为石化企业的埃克森美孚，其营业收入为3 962亿美元，利润为326亿美元，员工仅9万多人。由此可见，中石化的营业收入比美孚石油公司多了610亿美元，但利润只有美孚的四分之一多，而员工是美孚的12倍多。央企大而不强既是事实，也是病态。

问题还有，能够赚钱盈利的央企，绝大多数是垄断性或政策扶持性央企，竞争性领域的央企又多是亏损的。

央企为何大而不强？这与政府主导的行政性合并，央企行政化运作、行政性垄断等不无关系。因此，去行政化就是央企做强的基本前提。为此，党的十八届三中全会已对包括央企在内的国有经济的进一步深化改革做出了新的战略部署，提出了包括推进混合所有制改革，强化国有公司董事会的决策功能，在国企特别是央企引入职业经理人，建立国有资产投资公司以市场化方式运作国有资产，严格对国有资产的预算管理等新的重大改革举措。依上述改革措施的推进与实施，逐步达到改善央企的产权结构，改进央企的经营管理机制，提升央企的市场竞争力，从而实现做强央企的目的。

总之，做大央企并不是目的。在做大与做强的关系上，做大是手段，做强才是目的。做强央企，即是要增强央企的市场竞争力，提升央企的盈利力，巩固和强化央企的创新力，使央企能够真正成为社会主义市场经济的领头羊。

**3. 农户作为微观主体是否代表农业经营未来的方向？**

改革开放以来，我国农业由“大一统”的公社化经营回归到农户经营，反而提高了农业的劳动生产率，但是，我国农户的小规模、分散化及其传统的农耕方式，又阻碍了农业的进一步发展。从美国等发达国家农业发展的情况来看，农户或现代化的家庭农场仍然是农业经营的最基本的组织方式，那么，农户经营是否就是农业发展不可替代的生产经营组织方式呢？对于这个问题的回答，可能关键是要区别传统农户与现代家庭农场。如果现代家庭农场还称为农户的话，那么它也仅具有传统家庭的外壳（如血缘等），而传统农户所有的经营者、生产者、消费者的三位一体的职能，都已经被分化、被替代或被彻底改变了。现代家庭农场与传统农户至少有了以下根本性的区别：①实现了土地经营的规模化和集约化；②较普遍地采用了雇佣劳动的生产方式；③基于家庭农场的合作化和社会化的经营方式；④政府支持下的农业科技和农机耕种已基本普及；⑤农副产品的大比重或大规模的市场交易。要达到这样的水平，我国农户的制度与组织变迁等，显然还有很长的路要走。

现代家庭农场或以此为基础的各类农业合作社，至少目前和今后相当长时期内仍然是世界农业发展的基本组织形态或生产经营单位。我国传统农户要实现这种根本性的变化，需要突破两个现实的重大的瓶颈：一是占我国总人口绝大比重的农民的非农化；二是耕地在保有基础上的流转与相对集中。

我国农民非农化的困难在于，农民的相对数量和绝对数量都非常庞大，单纯的城市化可能很难解决我国农民的非农化问题，而大力发展中、小城镇，走城乡统筹的道路，可能是一种现实的选择。

对耕地的流转与相对集中，更要面临现有土地制度的某些障碍。现行农村土地制度有问题，需要改进和完善，这是比较公认的。但农村土地制度问题的症结在哪里，应该怎样解决，是有较大争议的。争论的焦点在农村土地的所有权性质以及由此涉及的农村土地资源的有效配置问题。关于土地所有权性质，是一个极为敏感的问题，明确主张农村土地私有的观点既不占主流，也没有得到认可。但这并不等于农村土地集体所有制没有问题。牛若峰等（2004）认为，农村土地的集体所有已名存实亡或发生变异，因为农村干部利用其对集体所有土地的支配权，时常侵犯农民的权益。[①] 他主张将农地产权归还农民，但考虑到农地私有可能使农民失去土地，认为建立健全农民土地权益的保障机制和有效的社会保障体系，是实行农地私有化的重要前提。但正是基于对农地私有、农民失地状况可能产生的担心，遂成为反对农地私有的观点的重要理由。温铁军（2005）认为，我国土地匮乏，人均耕地大大低于世界平均水平，故耕地的社保功能是第一位的，根本无条件以耕地的私有化来形成规模经济。[②] 而秦晖（2003）认为，关于农地私有从而进行农地买卖，既不可能导致土地兼并（农民失地），也不会必然导致土地资源的优化配置。[③] 秦晖进而认为，关于土地权属的争议是没有意义的，土地权益无论称谓如何，只要界定明确并可通过市场交易实现其价值，就有了产权的一般属性。

我们认为，关于地权的争议，如果落脚在如何切实保障农民应有的土地权益，并防止以剥夺地权的方式来剥夺农民的合法权益，是有意义的。但是，无论从历史，还是从理论与现实的角度看，土地资源或土地产权都不是一个完全的商品概念；从历史看，皇权（王权）、诸侯对地权均可随意予夺；从现实看，因土地区位的不可替代性，其也不可能作为商品完全自由买卖，否则将有可能损害公共利益。但是，我们不主张完全自由而无保障的土地自由交易或土地的私有产权，并不等于我们反对我国农民在现行的农村土地权属及土地经营制度下，对其承包经营的土地具有占有、使用、流转及作价入股的合法权益；恰恰相反，我们甚至主张通过制度创新，来切实保障农民基于地权的合法权益。哪怕其经营的农地因为国家的公共利益而被征用，农民也完全应有要求得到合理补偿的权利。总之，在党的十七届三中全会有关农村土地管理制度改革的政策指向下，保证农民对土地的长期承包，确立其对土地承包权的拥有和支配，促进其有效的配置与合理的流转，限制对土地过度的商业化开发，可能是在现行土地制度下的现实选择。

---

① 他们还认为，基于土地集体所有制的土地承包经营制也是一项不完善、不彻底的土地制度改革。参阅牛若峰等所著的《中国的“三农”问题：回顾与展望》。

② 温铁军．三农问题与世纪反思［M］．上海：上海三联书店，2005.

③ 秦晖．农民中国：历史反思与现实选择［M］．郑州：河南人民出版社，2003.

# 第十一章　收入分配、社会保障与居民消费

## 一、本章内容简介

本章分为四节。第一节介绍了国民收入及其相关概念、初次分配与再分配的内涵、再分配的理由，说明了收入差距产生的原因和收入差距的度量方法，介绍了经济发展中关于收入差距演变的“倒 U 假说”。

第二节讲述了按劳分配与生产要素按贡献参与分配的内涵及意义，说明了我国实行按劳分配为主体、多种分配方式并存的分配制度的原因，分析了收入分配中的效率与公平，探讨了如何进一步深化我国分配制度改革、理顺分配关系、形成合理有序的分配结构等问题。

第三节介绍了社会保障制度的含义、功能和主要内容，探讨了我国社会保障制度的改革思路。

第四节分析了消费与生产、流通、分配的辩证关系，介绍了影响居民消费需求的主要因素，探讨了消费需求与经济发展的关系、建立扩大消费需求的长效机制，以及如何构建文明、节约、绿色、低碳消费模式等问题。

## 二、本章主要知识点

### （一）国民收入的两种定义

按照马克思主义经济学和传统社会主义国家国民经济核算体系（即物质产品平衡体系，简称 MPS 体系）的理解，国民收入是指物质生产部门的劳动者在一定时期内（通常为一年）所生产的净产品的价值，它是社会总产品价值的一部分。

按照现代经济学和市场经济国家普遍采用的国民经济核算体系（即国民经济账户体系，简称 SNA 体系）的理解，国民收入（NI）是指各种生产要素所得报酬的总额，它是国民生产总值扣除资本折旧和间接税以后的余额。

### （二）国民生产总值（GNP）与国内生产总值（GDP）

国民生产总值是指一个国家或地区的居民在一定时期（通常为一年）内所生产的最终产品和劳务的市场价值总和。国内生产总值是指一定时期（通常为一年）内在一国领土范围内生产的最终产品和劳务的市场价值总和。国民生产总值与国内生产总值的计算是有区别的。

### （三）国民收入的初次分配与再分配

按照SNA核算体系的理解，国民收入的初次分配是在提供商品或劳务的生产部门（包括物质生产部门和非物质生产部门）内部进行的分配，其核心是通过市场机制按照生产要素对生产的贡献来进行的收入分配，而国民收入再分配则是指政府对初次分配结果进行调节的活动。

### （四）按劳分配与生产要素按贡献分配

社会按劳分配的基本要求是：①在全社会范围内，社会在对社会总产品做了各项必要的扣除之后，以劳动者提供的劳动（包括劳动数量和质量）为唯一的尺度分配个人消费品，实行按等量劳动领取等量报酬和多劳多得、少劳少得、不劳动者不得食的原则；②按劳分配所依据的劳动排除任何客观因素，如土地、机器等生产资料的影响，只包括劳动者自身脑力与体力的支出；③作为分配尺度的劳动，既不是劳动者实际付出的个别劳动，也不是决定商品价值的社会必要劳动，而是劳动者在平均熟练程度和平均劳动强度下生产单位使用价值所耗费的社会平均劳动。

生产要素按贡献参与分配是指生产要素所有者凭借要素所有权，按照生产要素在生产中的贡献参与收入分配的制度。生产要素按贡献参与分配的基本要求是：①参与分配的主体是要素所有者，依据是要素所有权；②分配的客体是各种生产要素共同作用创造出来的财富；③分配的标准是生产要素在生产中的贡献。

### （五）效率与公平

在经济学中，效率通常是指资源配置效率，它描述的最优效率的状态是：如果资源在某种配置下不可能由重新组合生产和分配来使一个人或多个人的福利增加，而不使其他人的福利减少，那么这种配置就是最优效率状态，这种状态又被称为帕累托最优状态。

经济学中通常倾向于从两个方面来理解公平：

（1）机会平等，指人们在经济活动中有平等的机会按其贡献获得相应的报酬，社会向一切人提供相同的机会。

（2）结果平等，指人们获得的实际收入和拥有的财富平等。

### （六）社会保障制度

社会保障制度是国家依据一定的法律和规定，对遇到疾病、生育、年老、死亡、失业、灾害或其他风险的社会成员给予相应的经济的、物质的服务和帮助，以保障其基本生活需要的社会经济福利制度。社会保障包括社会保险、社会救助、社会福利等内容。社会保障制度是社会化生产和市场经济发展的产物，是人类经济发展和社会进步的标志，是维护社会安定、促进经济与社会协调发展的需要。

### （七）社会保险

社会保险是国家通过法律手段对社会全体劳动者强制征收保险基金，用以向其中丧失劳动能力或失去劳动机会的成员提供基本生活保障的一种社会保障制度。社会保险具有强制性、保障性、普遍性、互济性和福利性等基本特征。社会保险由养老保险、失业保险、医疗保险、工伤保险与生育保险组成。

### （八）社会救助

社会救助也称社会救济，是指国家和社会对无劳动能力和生活来源的社会成员以及因自然灾害或其他经济、社会等导致生活困难者，给予临时或长期物质帮助的一种社会保障制度。社会救助是社会保障的最低层次，也是最后一道防线。社会救助的对象主要是那些陷于生活困境的社会成员，社会救助的内容主要包括救济、救灾和扶贫。

### （九）社会福利

社会福利是指国家或社会通过有关政策或立法，向全体社会成员提供的、旨在不断提高其物质文化生活水平的资金保障和服务保障。社会福利体系包括社会补贴、职业福利和社会服务。

### （十）生产性消费和生活性消费

从人们耗费客观物质对象的角度看，有两种不同意义的消费：一种是生产性消费，即劳动者在生产过程中通过消耗生产资料创造出产品，这种活动本身就是生产活动；另一种是生活性消费，即人们为了满足自身物质生活和精神生活的需要而消耗或享用生产过程创造出来的各种产品（包括物品和劳务）的行为或过程。包括经济学在内的各门社会科学研究的消费，专指这种生活消费。

### （十一）消费心理和消费观念

消费心理包括消费动机、消费购买选择过程中的心理偏好以及在消费过程中和过程完结后的自我感觉与评价等，作为内在的主观因素影响着消费需要。

消费观念，即在一定的社会价值观念、生活方式的基础上形成的，具有相对稳定的消费意识，是影响消费需求的深层次的社会思想因素。由此形成的消费风俗和习惯，构成一个国家、民族及地区的消费者行为的外在条件，对居民消费需求产生重要的影响。

**（十二）消费环境**

消费环境是指影响消费者心理和行为的各种外在因素，通常指消费的自然环境和社会环境。自然环境是人类消费的首要环境。无论何种社会形态，人类的生产、消费乃至生存都依赖于自然环境。

消费的社会环境是指消费过程面临的各种社会因素的总和，它包括消费的社会经济环境，消费的政治、法律和制度环境以及消费的文化环境等。

## 三、重点问题解答

**1. 国民生产总值与国内生产总值的计算区别是什么？**

国民生产总值与国内生产总值的计算按“国民”原则和“国土”原则计算。国民生产总值按国民原则计算，包括本国居民在国内和国外的生产要素所获得的收入，不包括外国居民的生产要素在本国获得的收入。而国内生产总值则是按国土原则计算，即不论本国居民还是外国居民，凡是在本国国土范围内的生产要素所获得的收入都计算在内，但不包括本国居民在国外的生产要素所获得的收入。国民生产总值（GNP）＝国内生产总值（GDP）＋本国居民得自国外的要素收入－付给外国居民的要素收入＝国内生产总值＋国外净要素收入。

**2. 为什么要进行国民收入再分配？**

国民收入再分配的理由主要有：

（1）控制收入差距、促进社会公平的需要。市场机制进行的初次分配，通常会出现较大的收入差距。为了控制收入差距，缓解贫富分化，促进社会公平，政府应当出面进行收入再分配。

（2）政府行使社会管理者职能的需要。政府作为社会管理者，需要保卫国家，维护社会秩序，支持教育、文化、卫生和社会公益事业，提供各种公共产品等，这些活动需要通过收入再分配（如征税）来获得所需要的资金。

（3）政府进行宏观经济调控的需要。现代政府的一项重要职能是进行宏观经济调控，而收入再分配（如征税、转移支付等）为政府进行宏观调控提供了途径和资金。

（4）政府为了协调地区发展、支持战略性行业发展的需要。在地区发展不平衡的国家，出于协调地区发展的需要，政府会进行收入再分配（如地区之间的财政转移支付）。

为了支持某些战略性行业的发展（如某些高科技产业、先导产业等），政府需要通过收入再分配来筹集资金。

（5）建立社会保障制度和社会后备基金的需要。这需要收入再分配来筹集资金。

**3. 我国为什么要实行按劳分配为主体、多种分配方式并存的分配制度？**

我国仍处于并将长期处于社会主义初级阶段，而实行按劳分配为主体、多种分配方式并存的分配制度，是与我国社会主义初级阶段的基本国情相适应的。具体而言，实行这一分配制度的主要理由是：

（1）我国现阶段实行的基本经济制度决定了必须实行按劳分配为主体、多种分配方式并存的分配制度。在生产关系中，生产资料所有制形式是生产关系的基础，决定了生产关系的其他方面。分配关系是生产关系的一部分，生产资料的所有制形式决定了分配关系，分配关系和分配制度要与特定阶段的所有制形式相适应。在社会主义初级阶段，我国实行以公有制为主体、多种所有制经济共同发展的基本经济制度，这就决定了在社会主义初级阶段要实行以按劳分配为主体、多种分配方式并存的分配制度。

（2）社会主义市场经济体制要求实行以按劳分配为主体、多种分配方式并存的分配制度。分配制度是经济体制的一部分，经济体制必将在一定程度上影响和决定着收入分配制度。改革开放以来，我国探索和建立了社会主义市场经济体制，需要发展劳动、资本、土地、技术、信息等要素市场，发挥市场对资源配置的决定性作用，以提高资源配置效率。由于各种生产要素在生产中都做出了一定的贡献，需要各种要素按贡献参与收入分配，获取相应的要素报酬，以调动要素所有者的积极性，优化要素配置。

（3）社会主义初级阶段实行按劳分配为主体、多种分配方式并存的分配制度，归根到底是由生产力的发展状况决定的。一定的生产力水平决定相应的生产关系，分配关系是生产关系的一部分，因此，生产力发展水平决定了相应的分配关系和分配制度。当前，我国社会主义初级阶段的生产力发展具有总体水平低、不平衡、多层次的特征，这是我国当前分配方式呈现多样化的最深层次原因。

**4. 我国如何进一步深化收入分配制度改革，理顺分配关系，兼顾效率与公平，逐步形成更合理、更有序的收入分配格局？**

当前，在经济体制改革和经济发展进入新阶段的背景下，我们需要进一步深化收入分配制度改革，理顺分配关系，兼顾效率与公平，逐步形成更合理、更有序的收入分配格局，可以从以下三个方面着手：

（1）在初次分配领域，要健全和完善相关的制度、机制，在增进效率的同时也增进公平。

在初次分配中，当存在着体制和制度缺陷的情况下，收入分配就容易出现规则不公平、机会不均等的现象，从而导致效率和公平的双重损失。只有消除这些体制和制度障碍，才能实现初次分配的程序公平和机会均等，增进效率与公平。具体而言，我们可以从以下几个方面着手：一是加大对城乡分割体制的改革力度，深化户籍制度改革，逐步消除城乡劳动力市场的体制性分割状态，铲除劳动力转移的制度性障碍，为城乡劳动力创造一个公平的竞争环境和“游戏规则”；二是通过推进垄断行业改革，改革行业垄断体制，引入多元竞争主体，促进企业之间的公平竞争；三是继续深化行政体制改革，打破行政体制的“条块分割”，逐步消除部门和地方对要素流动的各种限制，促进各种生产要素的自由流动，促进要素市场的竞争，为各个部门、各个地区的企业创造平等获得生产要素的机会；四是要通过体制改革和制度创新，逐步消除不同部门、不同企业对公共资源（土地、自然资源、国有资产等）占有的不公平状态，缓解由此带来的不公平竞争；五是继续加大反腐败工作力度，坚决打击腐败、贿赂和各种权钱交易，为各类市场主体创造公平的竞争条件和竞争机会。

（2）再分配要更加注重公平，履行好政府的再分配调节职能。

当前，我国总体的收入差距已经处于世界较高的水平，有些领域的收入差距已经引起人们的普遍不满，收入差距问题已经在一定程度上影响到我国的社会稳定。我们要按照再分配更加注重公平的原则，完善以税收、社会保障、转移支付为主要手段的再分配调节机制，加大税收调节力度，履行好政府的再分配调节职能，加快推进基本公共服务均等化，缩小收入分配差距。通过“提低”（提高低收入者收入水平）、“扩中”（扩大中等收入者比重）、“调高”（调节过高收入）的思路，使居民之间收入差距较大的问题得到有效缓解，中等收入群体持续扩大，逐步形成“橄榄型”分配格局。

我们要调节差距过大的收入，遏制收入差距扩大的趋势；规范分配秩序，保护合法收入，合理调节少数垄断性行业的过高收入，取缔非法收入；进一步完善个人所得税制度，加强征管，打击偷逃个人所得税的行为，真正将该收的个人所得税收上来；逐步提高居民收入在国民收入分配中的比重，提高劳动报酬在初次分配中的比重；另外，我们还可建立稳定的、有效率的财政转移支付制度，通过加大财政转移支付力度，对社会低收入阶层、贫困阶层和贫困地区予以有效援助。

（3）坚持共同富裕的基本目标，让全体国民共享中国经济发展的成果。

共同富裕应当成为中国特色社会主义的基本社会目标，而坚持共同富裕的目标是我们处理效率与公平关系的一个基本支点。今天，在我国改革开放和现代化建设取得巨大成就的时候，我们应当努力创造条件，让全体国民共同分享经济发展和社会进步的果实。我们要建立的是惠及13多亿中国人的全面小康社会，而决不是少数人富裕的小康社会。我们要坚持共同富裕的基本目标，兼顾效率与公平，按照统筹城乡发展、统筹区域发展、统筹经济社会发展的要求，逐步缩小城乡差距、地区差距。我们要千方百计增加居民收入，拓宽居民劳动收入和财产性收入渠道，在国内生产总值增长的同时实现城乡居民人均收入的持续增长。同时，我们要扩大中等收入者比重，着力提高低收入者收入，逐步提高扶贫标准和最低工资标准，建立企业职工工资正常增长机制和支付保障机制，创造条件让更多群众拥有财产性收入，逐步缩小全国居民的收入差距，让全体国民充分分享经济发展的成果。

**5. 社会保障制度的主要功能是什么？**

（1）提供社会安全网和减震器，维护社会稳定。社会保障为市场竞争中的失败者和弱者编织了一张安全网，解除了人们的后顾之忧，为市场经济的高效运行营造一个良好的社会环境。社会保障制度通过为社会弱势群体提供物质帮助和经济补偿，减少激烈竞争和意外风险对他们的冲击，保障他们的基本生活。可以说，社会保障产生的效应能增强社会成员的生活保障感、心理安全感，增加对政府和社会的信任感，从而可以起到维护社会安定的作用。

（2）调节收入分配，促进社会公平。社会保障制度通过征税和转移支付，把一部分人的收入转移给另一部分人（老、弱、病、残、伤等），起到了调节居民收入的作用。社会保障制度通过为老、弱、病、残、伤等社会成员提供社会保险、社会救助和社会福利，事实上就是进行收入的再分配，可以缩小收入差距、增进社会公平。社会保障还具有增进社会成员之间机会平等的功能。

（3）促进经济与社会的协调发展。社会保障制度有利于提高劳动力素质，保证劳动力再生产顺利进行，促进经济增长和社会发展。在生产过程中，劳动者不可避免地会遇到疾病、意外伤害以及失业的威胁，影响身体健康和正常的劳动收入，从而危及社会劳动力的再生产。而社会保障能为遇险的劳动者提供各种保障，使劳动力得以恢复，使劳动力再生产得以延续，从而促进经济和社会的协调发展。

（4）调节国民经济的运行。社会保障制度通过保障资金的筹集、支付以及投资活动，对国民经济的运行产生调节作用。比如，当经济衰退、失业率提高时，失业保险金给付的增加，抑制了个人收入减少的趋势，增加了社会需求，刺激了消费，对经济衰退起到自动缓解作用；而当经济高涨、失业率下降时，失业保险金支付相应减少，这样又可以抑制消费，缓解经济过热趋势。

**6. 如何进一步深化我国社会保障制度改革，全面建成覆盖全民、城乡统筹、权责清晰、保障适度、可持续的多层次社会保障体系？**

随着我国经济体制转轨、经济发展转型进程的加速进行，我国现有社会保障制度面临着严峻的挑战，社会保障的压力非常大。要逐步减轻社会保障的压力，我们必须进一步改革和完善现行的保障制度，全面建成覆盖全民、城乡统筹、权责清晰、保障适度、可持续的多层次社会保障体系。

（1）统筹推进城乡社会保障体系建设，全面建成覆盖城乡居民的社会保障体系。

从发达国家社会保障制度的发展来看，社会保障最初只覆盖工业工人，随后逐渐扩展到第三产业的劳动者、公务人员、农业工人、个体劳动者和小业主，甚至工薪劳动者的配偶。当前，我国要统筹推进城乡社会保障体系建设，扩大社会保障范围，全面建成覆盖城乡居民的社会保障体系。这是我国社会保障制度建设的奋斗目标，也是实现社会保障制度公平性的必然要求。建立覆盖城乡居民的社会保障体系，要以社会保险、社会救助、社会福利为基础，以基本养老、基本医疗、最低生活保障制度为重点，以慈善事业、商业保险为补充，加快完善社会保障体系。

（2）加快推进社会保险制度改革。

①坚持社会统筹和个人账户相结合的基本养老保险制度，完善个人账户制度，健全多缴多得激励机制，确保参保人权益，实现基础养老金全国统筹，坚持精算平衡原则。稳定统账结合的基本制度模式并逐渐定型。以健全机制、明确责任、确保参保人权益为主要内容，进一步完善个人账户制度。

②推进机关事业单位养老保险制度改革。按照社会统筹与个人账户相结合的基本模式，改革机关和事业单位养老保险制度，破除养老保险“双轨制”，同时建立体现机关事业单位特点的职业年金制度。

③完善城镇职工基本养老保险和城乡居民基本养老保险制度，尽快实现养老保险全国统筹。整合城乡居民基本养老保险制度、基本医疗保险制度，把现行的新型农村社会养老保险和城镇居民社会养老保险整合为统一的城乡居民基本养老保险制度，把现行的新型农村合作医疗制度和城镇居民基本医疗保险制度整合为统一的城乡居民基本医疗保险制度，实现城乡居民在制度上的公平和公共资源上的共享。

④完善社会保险关系转移接续政策，扩大参保缴费覆盖面，适时适当降低社会保险费率。适应劳动者就业流动性增强的需要，以统筹城乡和异地就医结算为重点，进一步完善社会保险关系转移接续政策。在扩大参保缴费覆盖面、增强基金平衡能力的前提下，适时适当降低社会保险费率，有效平衡国家、单位和个人的负担。

（3）加快建立健全保证社会保障制度可持续发展的体制机制。

健全社会保障财政投入制度，完善社会保障预算制度。明确政府所承担的社会保障责任，更好地发挥公共财政在民生保障中的作用。建立健全、合理同时兼顾各类人员的社会保障待遇确定和正常调整机制。以职工和居民收入为基础，合理确定社会保障水平，建立综合考虑收入增长、物价变动等主要因素的正常调整机制，实现社会保障待遇与经济社会发展相联系的持续、有序、合理增长。加强社会保险基金投资管理和监督，推进基金市场化、多元化投资运营。研究制定渐进式延迟退休年龄政策，健全社会保障管理体制和经办服务体系，建立全国统一的社会保险公共服务平台。

**7. 如何理解消费与生产的辩证关系？**

消费是社会再生产过程中的一个重要环节。在社会再生产过程的生产、分配、交换和消费四个环节之中，生产是实际的起点，因而也是起支配作用的要素。消费是生产过程的结束，但又是下一个生产过程的起点，因而是整个再生产过程能够继续进行的前提条件。同时，消费是一切经济活动的唯一目的、唯一对象。

（1）生产创造出消费，没有生产就没有消费。这是因为：第一，生产创造出消费对象，消费以生产作为前提条件，没有生产，消费就没有对象；第二，生产创造出消费的形式，不同形态的具体劳动创造出不同的消费对象，从而创造了不同的消费形式；第三，生产创造出消费的结构，现实的生产结构直接决定了现实的消费结构，生产结构的变动直接影响着消费结构的变动；第四，生产创造出消费者，生产不但为主体生产对象，而且也为对象生产主体，生产借助其产品，不但创造出懂得享用、耗费这种产品的消费者，而且培养和提高了人们的消费能力及其素质。

（2）消费创造出生产，没有消费就没有生产。这是因为：第一，消费完成生产行为；第二，消费再生产出劳动力，即再生产出劳动者，劳动者耗费、享用消费资料的过程，在很大程度上就是劳动力的再生产过程；第三，消费创造出生产的需要，需要的满足是生产的原动力和最终目的。人们通过消费，再创造出需要，这是生产能够持续存在与发展的原动力。

**8. 如何构建文明、节约、绿色、低碳消费模式？**

社会消费模式一般是指人们为了满足生存、享受和发展需要，占有、享用或支配消费物品和劳务的方式和特征。与我国国情相适应，现阶段着力构建的消费模式的特征是“文明、节约、绿色、低碳”，其宗旨是实现消费的经济效益、社会效益、文化效益和身心效益的和谐，即促进人自身和谐、人与自然和谐、人与社会和谐。

第一，构建和谐消费观。引导城乡居民树立科学消费观、诚信消费观、公平消费观、可持续消费观、节俭消费观和效益消费观，注重文明和谐消费的公平正义性，发扬本民族消费生活传统中的优良成分，尊重社会、尊重自然、尊重他人，为努力营造中国特色社会主义消费文化体系和消费模式提供思想导向。

第二，构建生态文明消费观。生态文明以人与自然、人与人、人与社会和谐共生、良性循环、全面发展、持续繁荣为基本宗旨，以建立持续发展的经济发展模式、持续健康发展的消费模式及和睦和谐的人际关系为主要内涵，倡导在人与社会和自然和谐发展基础上，实现物质财富和精神财富的创造和消费，实现生产发展、生活富裕、生态良好的发展目标。

第三，构建文明、节约、绿色、低碳消费模式。这种消费模式与节约能源资源、保护生态环境的产业结构及增长方式相适应，以保护生态需要、保护消费者健康为主旨，着力点在节约资源、保护环境上。要着重节约自然资源，着力推进绿色发展、循环发展、低碳发展，形成节约资源和保护环境的空间格局、产业结构、生产方式、生活方式。要着力保护环境，倡导培育绿色消费环境，重点加强水、大气、土壤等污染防治，节约用水，减少废水、废气和废弃物排放，改善城乡人居环境。

构建生态文明型消费模式是一项长期的任务，需要优化产业结构，发展循环经济，发展绿色产业，加大从源头上控制污染的力度；完善有利于资源节约和环境保护的产业政策、财税政策、价格政策、信贷政策。同时制定相关法律法规，推进绿色消费产品生产，建立健康的绿色消费市场，维护绿色消费权益。

## 四、疑难问题和学术争鸣

**1. 如何正确认识经济发展与收入差距的关系？**

关于经济发展与收入差距的关系，是最近几十年经济学界富有争议的话题。美国著名经济学家、统计学家库兹涅茨在 1955 年提出了著名的“倒 U 假说”，解释经济发展中收入差距的演变趋势。他根据经济发展早期阶段的普鲁士（1854—1875 年）、处于经济发展后期阶段的美国、英国和德国萨克森地区（1880—1950 年）收入差距的统计资料，提出“收入分配不平等的长期趋势可以假设为：在前工业文明向工业文明过渡的经济增长早期阶段迅速扩大，尔后是短暂稳定，然后在增长的后期逐渐缩小”（即收入差距的变动轨迹类似于倒写的英文字母“U”）。在库兹涅茨看来，发展中国家向发达国家过渡的长期过程中，居民收入分配的差距“先恶化、后改善”的趋势是不可避免的。[①]

由于库兹涅茨占有资料和国别案例的不充分，他所提出的“倒 U 假说”是否具有普遍性，在经济学界一直备受争议。有些经济学家赞同这一理论，例如，诺贝尔经济学奖获得者刘易斯在他的二元经济结构理论中，也得出了与库兹涅茨一致的看法。刘易斯认为，在经济发展的初级阶段，存在着传统的自然农业经济和现代工业经济两个部门，在前一部门劳动力大量过剩，积累只发生在后一部门的假设下。刘易斯认为经济发展将主要表现为现代工业部门的扩张和传统农业部门比重的相对缩小，实现这一目标的主要途径是工业部门在扩张中对农业部门剩余劳动力的吸收。由于经济发展主要取决于储蓄或资本积累，而储蓄或资本积累又来源于资本家阶级，因此资本积累和技术进步的全部收益都归资本家阶级。而这种分配方式的存在，是因为农业部门大量剩余劳动力的存在决定了工业部门劳动者的工资在略高于维持生计的低收入水平上保持不变，而资本收益一直在增加。上述推理表明了初级发展阶段两种收入差距的扩大，一是资本家阶级同劳动阶级之间收入相对份额的差额扩大，而且越来越大；二是在劳动阶级内部，收入差距也扩大了，即现代工业部门工人的工资高于传统农业部门农民的收入，但这一差距大致不变。刘易斯的二元经济结构理论进一步指出，经济增长中收入差距扩大的格局只是经济发展初级阶段的经济规律。当经济继续发展，现代部门吸收的劳动力越来越多，工人的工资将逐步上升，劳动阶级和资本家阶级之间的收入差距将可能缩小或不变，社会总收入差距可能停止上升，处于稳定时期。当经济发展进入较高级阶段时，农业部门的剩余劳动力逐步消失，劳动从无限供给变为稀缺要素，而资本要素则处于相对充裕的状态。这时，工资上升，劳动阶级的收益上升，而资产阶级的收益则下降，整个社会总收入差距下降。

---

① KUZNETS. Economic growth and income inequality [J]. American Economic Review, 1955, 45 (1).

世界银行分别在1985年和2000年两次发布了其研究报告。这两次研究所用方法不同，其结论也不相同。1985年《世界发展报告》利用剖面数据对58个国家的样本进行了分析，其结果显示低收入国家、中等收入国家、中上收入国家以及市场经济工业国的基尼系数呈倒U形排列。2000年《世界发展报告》利用时间序列资料对65个发展中国家的人均消费增长与基尼系数变化的相关关系进行了分析，认为各个国家的经济增长与基尼系数变化并没有系统的相关关系。

**2. 如何正确认识效率与公平的关系？**

（1）效率的内涵。

在经济学中，效率（Efficiency）是指社会充分利用了现有资源进行生产，提供了最大化的产出和效用满足程度。它不是生产多少产品的简单的物量概念，而是一个社会效用或社会福利概念。经济学中关于效率的内涵通常包括技术效率、资源配置效率和制度效率。最常用的效率概念是资源配置效率，它是指在现有资源约束条件下，在不损害任何一个社会成员境况的前提下，已经不可能通过重新配置资源来使一个人或多个人的福利增加。这种资源配置就是最有效率的状态，也被称为帕累托最优。在经济学中，关于效率内涵的分歧是比较少的。

（2）公平的内涵。

公平是一个复杂、多维而又充满分歧的范畴，伦理学、经济学、政治学、法学、社会学等多个学科都对公平展开了广泛而深入的研究，产生了复杂、多维的公平理论。在经济学中，公平是一个非常重要的、不可回避的话题，它涉及我们对经济现象的价值判断、对个人或社会的经济福利的评估。在经济学的发展历史中，一部分学者主张经济学研究应当抛开或回避价值判断的问题，只着力于描述、解释、预测经济现象和经济行为，他们把经济学看成一门实证的、客观的学问，因而他们认为经济学不研究诸如公平这样的价值判断问题，这类研究属于实证经济学的范畴。另外一些学者则认为，经济学研究经常要涉及价值判断问题，特别是在评估经济行为的结果、讨论公共经济政策的时候，诸如好与坏、合理与不合理、应该与不应该的价值判断是不可回避的，这类研究属于规范经济学的范畴。笔者认为，收入分配既是一个实证经济学的话题（比如需要描述收入分配领域的事实、变化，探讨变化的原因，分析某些客观联系等），也是一个规范经济学的话题（比如需要判断特定收入分配制度和收入分配差距是否合理、如何改进等），因此在研究收入分配这样的经济利益和经济福利的问题时，公平与否的价值判断是不可回避的，而且是非常重要的。

什么是公平？从公平的词义来看，公平通常包含了公正、平等、正当、正义等多重含义。从英文词汇来看，公平范畴涉及Equity，Equality，Justice三个词语。笔者翻阅了《现代英汉词典》《朗文现代英汉双解词典》《美国传统词典》等词典，其中Equity被翻译为公平、公正，Equality被翻译为平等、相等，Justice被翻译为正义、正当、公平。从中英文对照的角度，公平与Equity最为接近。但是，人们在不同语境使用公平的时候，往往又包含了 Equality（平等）和 Justice（正义、正当）的含义，其原因是公平本身是一个多维度的范畴，人们从不同的角度看到了公平范畴的不同侧面。

在人类的思想史上，功利主义者、旧福利经济学学者、新福利经济学学者、自由主义者都分别提出了自己对社会公平的判断和理论。在当代，美国著名政治哲学家、伦理学家罗尔斯（John Bordley Rawls，1921—2002）提出了正义论。美国哲学家诺齐克（Robert Nozick，1938—2002）则提出了一种比较极端的自由至上主义，并与罗尔斯展开了论战。在论战中，他们提出了自己对社会公平、正义的系统理论。印度当代著名的福利经济学家、1998 年诺贝尔经济学奖得主阿马蒂亚·森提出了一种能力平等（Equality of Capability）公平观，认为人们追求的目的是所有人都有能力享受他们认为有价值的生活方式，社会应该追求的是增加人们的机会，拓展他们选择的范围，使人们享受真正意义上的自由。在人类思想史中，关于公平、平等、正义的重要理论和思想是我们今天研究的起点和基础，对我们今天思考转型期收入分配中的公平问题具有重要的启发意义。

（3）效率与公平的关系。

很多经济学家认为，收入分配中的效率和公平存在着明显的交替性，即追求效率往往以某种程度的公平损失为代价，而追求公平则要以一定的效率损失为代价。[①] 现代经济社会面临这样的两难选择：是以效率为主要目标，还是以公平为主要目标，抑或两者并重？当效率和公平发生矛盾的时候，是效率优先，还是公平优先？是牺牲公平换取效率，还是牺牲效率换取公平？是把蛋糕尽可能做得大一些，还是把蛋糕分割得平等一些？面对这样的两难选择，经济学家们的观点大致可以归纳为三种。

①效率优先。这种观点主张效率优先，反对把收入分配平等作为社会福利最大化的一个必要条件。他们认为，效率与自由是不可分割的（这里的自由指自由经营、自由竞争和要素的自由转移），而这种自由是市场机制正常运行从而实现资源配置效率的前提条件。如果追求公平牺牲了自由，必将破坏市场机制的正常运行，由此损害效率，那么这种平等就是不可取的。同时他们认为，如果通过立法和行政手段，把一部分人的收入转移给另一部分人，实际上是把一部分人的努力转移为另一部分人的所得，把一部分人的偏好强加给另一部分人，这种做法本身就不公平。如果人们的所得是靠"平等"而不是靠努力来决定的，社会将缺乏激励人们努力工作、增加产出的机制，社会将面临巨大的效率损失。

②公平优先。另一些经济学家则认为，公平应当放在优先地位。他们认为，平等本来

③效率与公平的兼顾。这是一种折中的观点，既不赞成效率优先，也不赞成平等优先，而是主张二者兼顾。他们认为收入过分不平等不是一件好事情，而收入完全平等也不是一件好事情。市场自发形成的收入分配有可能过分不平等而令人难以接受，但市场机制又有利于提高经济效率，因而兼顾效率与公平的途径是通过政府适度干预来弥补市

① 阿瑟·奥肯．平等与效率［M］．王奔洲，叶南奇，译．成都：四川人民出版社，1988．

场缺陷，改善收入分配的平等状况。这些经济学家试图找到一条既能保持市场机制的优点，又能消除收入差距过分扩大的途径，使效率和公平同时增进。

**3. 如何进一步深化医药卫生体制改革？**

近年来，如何进一步深化医药卫生体制改革，缓解“看病难、看病贵”的突出问题，是社会各界关注和争论的热点问题。一种观点认为，我国医药卫生体制改革的方向是商业化和市场化，商业化和市场化有助于调动各方面的积极性，提高医疗服务的效率。具体而言，在医疗供给层面，要使各种资本都可以进入医疗服务领域，把包括公立医疗机构乃至公共卫生机构在内的所有医疗服务机构都变成实行独立经济核算、具有独立经营意识的利益主体。在医疗需求层面，要使医疗卫生服务需求越来越多地演变为私人消费品。

另一种观点认为，商业化和市场化不能作为中国医药卫生体制改革的方向，它违背了医药卫生事业的基本规律。大部分医疗卫生服务具有公共品或准公共品性质，而具有公共品性质的服务是营利性市场主体干不了、干不好或不愿干的。医疗服务商业化和市场化将带来严重的社会公平性问题，将导致广大中低收入人群看病贵甚至看不起病的严重后果。因此，这种观点主张，中国医药卫生体制改革的方向应当更多地着眼公益化和公平化。

2009 年 3 月，《中共中央　国务院关于深化医药卫生体制改革的意见》（简称《意见》）指出，当前，深化医药卫生体制改革的指导思想是：着眼于实现人人享有基本医疗卫生服务的目标，着力解决人民群众最关心、最直接、最现实的利益问题，坚持公共医疗卫生的公益性质，坚持预防为主、以农村为重点、中西医并重的方针，实行政事分开、管办分开、医药分开、营利性和非营利性分开，强化政府责任和投入，完善国民健康政策，健全制度体系，加强监督管理，创新体制机制，鼓励社会参与，建设覆盖城乡居民的基本医疗卫生制度，不断提高全民健康水平，促进社会和谐。

同时，《意见》还提出了当前深化医药卫生体制改革的四个基本原则：

（1）坚持以人为本，把维护人民健康权益放在第一位。

（2）坚持立足国情，建立中国特色医药卫生体制。

（3）坚持公平与效率统一，政府主导与发挥市场机制作用相结合。

（4）坚持统筹兼顾，把解决当前突出问题与完善制度体系结合起来。

《意见》还提出了当前深化医药卫生体制改革的总体目标，即建立健全覆盖城乡居民的基本医疗卫生制度，为群众提供安全、有效、方便、价廉的医疗卫生服务。到 2011 年，基本医疗保障制度全面覆盖城乡居民，基本药物制度初步建立，城乡基层医疗卫生服务体系进一步健全，基本公共卫生服务得到普及，公立医院改革试点取得突破，明显提高基本医疗卫生服务可及性，有效减轻居民就医费用负担，切实缓解“看病难、看病贵”问题。到 2020 年，覆盖城乡居民的基本医疗卫生制度基本建立。普遍建立比较完善的公共卫生服务体系和医疗服务体系，比较健全的医疗保障体系，比较规范的药品供应保障体系，比较科学的医疗卫生机构管理体制和运行机制，形成多元办医格局，人人享有基本医疗卫生服务，基本适应人民群众多层次的医疗卫生需求，人民群众健康水平进一步提高。

# 第十二章　社会主义市场经济中的对外经济关系

## 一、本章内容简介

本章包括三节内容，主要分析和概述在经济全球化背景下社会主义国家发展对外经济关系的必要性、理论依据和客观依据、我国对外开放的形式和战略、开放条件下经济宏观总量平衡的条件和失衡的可能性以及国际贸易、国际投资、利用外资等理论和知识。

第一节阐释了社会主义国家发展对外经济关系的理论依据与客观依据，并阐述在经济全球化的时代背景下，社会主义国家发展对外经济关系所具有的现实性和必要性。

第二节介绍了我国发展对外经济的基本形式是对外贸易、对外资本交流、对外技术交流、对外承包工程和劳务合作、发展国际旅游业等，并依次阐述其概念、理论依据、现实意义、发展路径、所应坚持的原则、有关现状与经验总结。

第三节首先阐述了我国对外发展的战略，并分析了开放经济与一国的宏观经济运行存在的密切关系，并说明这一关系主要通过国际收支平衡、社会总供求与经济结构之间的相互联系得以实现，同时认为调整我国的经济结构、优化开放结构是提高我国对外开放水平的重要途径。

## 二、本章主要知识点

### （一）对外经济关系

对外经济关系是指一个国家或地区同其他国家或地区之间经济联系的总和。

### （二）国际分工

国际分工是指世界各国之间的劳动分工。它是社会分工发展到一定阶段，国民经济内部分工超越国家界限广泛发展的结果，是国内分工的延续与补充。当一国国内社会分工和市场经济发展到一定程度，商品交换就要突破一国的界限，产生国际贸易。

### （三）绝对优势学说

亚当·斯密在《国富论》中提出了绝对优势学说。他认为，由于各国自然资源的禀赋、劳动生产率有别，生产同种产品的利润有高有低。从绝对利益考虑，国际分工对参与交易的双方都是有利的。当一国相对另一国在某种商品的生产上效率更高，但在另一种产品的生产上效率更低，那么两国就可以专门生产自己有绝对优势的产品，并用一部分来交换其具有绝对劣势的产品。这样，由于每一个国家都有生产某些特定产品的绝对有利的生产条件，如果它们去进行专业化生产，然后彼此进行交换，结果将对所有交换国家都有利。

### （四）比较优势原理

大卫·李嘉图认为国际分工的基础在于"比较优势"，即使在生产上没有任何绝对优势的国家，只要这个国家与其他国家在生产各种商品上的相对成本不同，就可以通过专门生产其比较成本低的产品，以换取该国自己生产时相对成本较高的产品，在自由交换中仍存在比较利益。相对优势理论发展了绝对优势理论，在更普遍的基础上解释了贸易产生的基础和贸易利得，更进一步说明了国际分工和国际贸易的积极意义。

### （五）要素禀赋论

赫克歇尔和俄林在古典政治经济学的基础上进一步发展了国际分工理论，提出了要素禀赋论。他们认为，由于各国除有不同的劳动生产率外，还有不同生产要素的禀赋与供给，从而影响特殊商品的生产成本。他们指出，在各国生产要素存量一定的情况下，一国将生产和出口较密集地使用其较丰富的生产要素的产品，进口较密集地使用其稀缺的生产要素的产品，这就是国际分工的理由。

### （六）国际价值

随着国内市场向国际市场延伸，商品价值表现为国际价值。国际市场商品价值不是由个别供给国生产该商品的社会必要劳动时间所决定，而是由国际商品生产的必要劳动时间所决定。

### （七）国际市场价格

国际市场价格是在一定条件下的国际市场中的价格。它是国际价值的货币表现，围绕国际价值上下波动。通常所说的国际市场价格，是指某种商品在国际市场上的一定时期内客观形成的具有代表性的成交价格。

### （八）对外贸易

对外贸易是指一个国家或地区同其他国家或地区进行的货物和服务交换活动。

### （九）世界贸易组织

世界贸易组织（WTO）是根据乌拉圭回合多边贸易谈判达成的《建立世界贸易组织协定》于1995年1月建立的，取代了1947年的关税与贸易总协定。世界贸易组织是多边贸易体系的法律基础和组织基础。它规定了成员方的协定义务，以确定各成员方政府如何制定和执行国内贸易法律制度和规章；同时，它还是各成员方进行贸易谈判、解决贸易争端、发展贸易关系的场所。

### （十）对外资本交流

对外资本交流是国家与国家之间的信贷活动和生产经营的投资活动。在现代经济发展的条件下，无论是发达国家还是欠发达国家，它们都在大力进行对外资本交流活动，以促进本国经济技术的发展。对外资本交流的方式主要有资本的输出和资本的输入，而对于我国来说，主要是输入国外资本，即利用外资来进行现代化建设。改革开放40年来，我国在吸收和引进外资方面取得了重大成就。1979—2004年，我国引进外资共计74 362亿美元，其中外商直接投资56 039亿美元。外商直接投资占国内生产总值的比重从1983年的0.2%上升到2004年的3.7%。

### （十一）对外技术交流

对外技术交流是国家与国家之间的技术输出和技术输入活动，进行对外技术交流可以促进一国技术水平的提高，从而提高该国生产力水平。我国是发展中国家，经济技术水平相对落后，工业设备中先进技术设备所占比重较小，因此我国更加需要发展对外技术交流，尤其是引进国外先进技术。

### （十二）国际旅游业

国际旅游业是各国对国外旅游者的旅游活动提供服务设施和系列服务的行业。它主要包括旅游业、饮食业、交通运输业、商业、娱乐业等。

### （十三）国际收支平衡

在国际收支平衡表上，反映国际商品流动的是经常收支项目，反映国际资金流动的是资本往来项目。一国的国际收支按照国际收支平衡表采用复式簿记法，借贷双方总是平衡的。但就实际的对外经济活动来说，收入与支出不可能总是相等的。一国的当期自主性交易收支不能相抵时，必须以调节性交易来弥补才能维持国际收支平衡。判断一国的国际收支是否平衡，主要应看其自主性交易是否平衡。如果一个国家在国际经济交往中其自主性交易相等或基本相等，不需要依靠调节性交易调节，那么说明这个国家的国际收支是平衡的。

### （十四）开放结构

开放结构就是指一国的对外经济结构，包括进出口结构、利用外资结构、对外投资结构、引进技术结构、开放地区结构等。

### （十五）进出口结构

进出口结构即一般外贸结构，它是由产业结构决定的。在经济全球化背景下，一国产业结构的形成，除了要受到本国传统生产力结构的制约外，主要受到国际分工体系的影响。

### （十六）人类命运共同体

党的十九大报告中明确提出构建人类命运共同体的重要外交思想。习近平总书记在十九大报告中提出，坚持和平发展道路，推动构建人类命运共同体，建设持久和平、普遍安全、共同繁荣、开放包容和清洁美丽的世界。具体来说，人类命运共同体就是指在追求本国利益时兼顾他国合理利益，在谋求本国发展中促进各国共同发展。

## 三、重点问题解答

**1. 价值规律在国际市场中会发生哪些变化？**

随着各国国内市场向国际市场的延伸，商品价值表现为国际价值，商品价格也就转化为国际价格。国际市场商品价值不是由个别供给国生产该种商品的社会必要劳动时间所决定，而是由国际商品生产的必要劳动时间所决定。它具体表现为：商品的价值由商品供给国在现有国际正常的生产条件下，用国际平均的劳动熟练程度和劳动强度制造该种商品所必要的劳动时间决定。这是价值规律的要求在国际市场上的延伸。在世界市场中，同一种商品所含有的社会必要劳动时间需要用唯一的尺度衡量。马克思将这个衡量尺度称为“世界劳动的平均单位”，用这样的世界劳动的平均单位来计量的价值就是国际价值。

国际市场价格是在一定条件下的国际市场中的价格。它是国际价值的货币表现，围绕国际价值上下波动。通常所说的国际市场价格，是指某种商品在国际市场上的一定时期内客观形成的具有代表性的成交价格。在国际市场上，商品价格是经常发生变化的。影响国际市场价格变动的因素主要有三个：一是生产成本，二是供求因素，三是通货膨胀或通货紧缩因素。这种价格的变化反映了价值规律的作用形式在国际市场上的变化，因为商品的国际价格的变化最终仍然是围绕商品的国际价值来进行的。由于商品的国际价值同商品的国别价值即不同国家的个别价值之间存在复杂的矛盾，各国商品只能进入世界市场并且成功地实现其价值，完成国别价值的多元化向国际价值的唯一性的转化，这种矛盾才能得到解决。而一国的商品能否在国际市场上按照国际价值所确定的国际价格出售，往往会受到多种因素的影响，这说明价值规律对资源配置所起的基础性作用在国际市场上与在国内市场上是有重大区别的。

**2. 影响国际市场价格变动的主要因素是什么？**

国际市场价格是在一定条件下的国际市场中的价格。它是国际价值的货币表现，围绕国际价值上下波动。通常所说的国际市场价格，是指某种商品在国际市场上的一定时期内客观形成的具有代表性的成交价格。

在国际市场上，商品价格是经常发生变化的。影响国际市场价格变动的因素主要有三个：一是生产成本，二是供求因素，三是通货膨胀或通货紧缩因素。这种价格的变化反映了价值规律的作用形式在国际市场上的变化，因为商品的国际价格的变化最终仍然是围绕商品的国际价值来进行的。

**3. 我国对外开放的基本形式包括哪些？**

我国对外开放的基本形式有对外贸易、对外资本交流、国际技术交流、对外承包工程和劳务合作、发展国际旅游业等。

对外贸易是国与国之间进行经济联系的一般形式，而国际分工是国际贸易产生的前提条件。对外贸易在我国经济发展中具有举足轻重的作用：一是可以弥补国内某些资源的短缺，优化资源的配置，促进经济增长；二是可以利用国际分工，节约社会劳动，提高经济效益；三是可以增加外汇收入，增加国内就业机会；四是有利于提高技术水平和管理水平，增强国家经济实力；五是可以繁荣国内市场，满足人们多方面的需要。

对外资本交流包括引进外资和对外投资。引进外资就是输入外国资本，利用外资进行现代化建设，包括外国贷款和外商直接投资等。对外投资是本国企业“走出去”，向海外直接投资，兴办国际化企业。它有利于打破各国的贸易壁垒，实现就地生产、就地销售，扩大本国商品和劳务的出口，协调和平衡国内经济的供求关系。

国际技术交流包括引进技术和技术输出。引进技术主要有三种形式：引进“硬件”、引进“软件”和引进智力。技术输出主要指本国向外国出口技术设备、技术“软件”以及技术人才等。

对外承包工程和劳务合作的具体形式有：对外承建或承包建筑工程，带动劳务输出；对外投资兴办企业，派出管理人员、技术人员和其他劳务人员；与外国签订劳务合作合同，派出各类劳务人员。

发展我国国际旅游业主要是通过开发我国的各类旅游资源，吸引国外旅游者入境旅游和消费。这不仅可以增加外汇收入，还可以推动和促进与旅游业相关的产业发展，促进国内产品的销售，增加就业岗位，扩大我国的国际影响力。

**4. 世界贸易组织奉行的基本原则是什么？**

（1）非歧视原则。世界贸易组织成员不对另一成员采取对其他成员不适用的优惠性或限制性措施。

（2）透明度原则。世界贸易组织成员方正式实施的有关进出口贸易的政策、法规、法令、条例以及签订的有关贸易方面的条约等必须正式公布；非经正式公布，不得实施。

（3）可预测性和扩大市场准入原则，即商品和服务贸易的可预测性和不断扩大的市场准入。

（4）公平贸易原则。各世界贸易组织成员被要求在进行国际贸易交往中，应进行公平的贸易竞争，不得采取不公平的贸易手段进行国际贸易竞争或扭曲国际贸易竞争。

（5）关税约束和关税递减原则。关税约束是法定承诺不提升已有水平的关税，把关税约束在实际适用关税以上的水平视为合法的让步。

（6）禁止数量限制原则。原则上取消进出口数量限制。

（7）例外和实施保障措施原则。保障措施是一种在紧急情况下可以采取的进口限制措施，即当一个成员方某个产业部门因进口骤增受到严重损害或有严重损害的威胁时就可以实施进口限制。这种限制以提高关税为主，数量上的限制只能在某些特定的情况下运用。

**5. 我国利用外资的主要形式有哪些？利用和引进外资有哪些作用和意义？吸收和引用外资必须坚持哪些原则？**

（1）我国利用外资的主要形式有：

①外国贷款。它包括外国政府、国际金融机构、外国商业银行、出口信贷、民间商业贷款和发行国际债券等。外国贷款构成我国的对外债务，要用外汇或出口产品来偿还本金和利息。

②外商直接投资。它包括中外合资经营企业、中外合作经营企业、中外合作开发资源企业、外商独资企业等，我国对这些外来投资一般不承担偿还义务，而是由参加合营的双方共负盈亏，共担风险。此外，我国利用外资还采用补偿贸易、来料加工、来件装配、国际租赁等形式。

（2）积极而慎重地利用和引进外资，对像我国这样的发展中国家来说，具有特别的重要作用和意义：

①利用和引进外资有利于弥补国内建设资金的不足和解决外汇短缺的困难，增加资金投入，加强能源、交通、环保等基础设施的建设，加快经济发展。

②有利于吸收国外先进的技术和装备，推动国民经济的技术改造和设备更新，优化我国陈旧的产业和产品结构，开拓新的经济增长点，提高科技水平，提高劳动效率。

③有利于扩大劳动就业，增加就业岗位，培养人才，提高经济管理水平。

④有利于开拓国际市场，扩大出口贸易，增加外汇收入。

总的来说，外资在发展我国经济、提高技术水平、替代进口、扩大出口、保持外贸顺差和国际收支平衡、增加外汇储备等方面都发挥了积极的作用。

（3）正确吸收和利用外资，必须坚持以下重要原则：

①吸收和利用外资，要根据我国经济发展的需要和偿还能力以及国内资金、物资配套能力，量力而行，合理确定利用外资的规模、结构和流向。

②必须有利于提高综合经济效益。对利用外资要从各方面进行全面分析，对综合经济效益做出全面评价，然后做出正确决策。

③必须维护国家主权和民族利益，拒绝一切不平等和奴役性条件，坚持平等互利原则。

④充分发挥外资的作用，保证重点建设和现有企业的技术改造，有利于增强本国的经济实力和自力更生的能力。

⑤改善投资环境，确保双方经济权益。

**6. 引进国外先进技术对我国的现代化建设有哪些积极意义？我国引进技术的主要形式有哪些？应坚持哪些原则？**

（1）引进国外先进技术对我国的现代化建设有着积极的意义：

①引进国外先进技术可以推进国民经济的技术改造和设备更新，提高生产技术水平，提高劳动生产率。

②引进国外先进技术可以避免漫长的摸索过程，为缩小我国与发达国家在生产技术上的差距，赶超世界先进水平赢得时间。

③引进国外先进技术成果可以节省大量科研和开发试验费用，弥补我国科研力量的不足。

④引进国外先进技术的过程，就是学习外国先进科学技术和现代管理方法的过程，可以促进我国科学技术研究和管理水平的提高。

总之，引进技术是一条花钱少、见效快、加速技术发展的有效途径。

（2）我国引进技术的主要形式有三种：

①引进“硬件”，即进口各种设备。

②引进“软件”，即通过技术转让、生产合作、科技合作、技术咨询和技术服务等方式引进技术。

③引进智力，包括聘请外国专家来我国企业担任顾问或领导，组织外国专家来我国讲学、交流技术，选择技术人员、学者到国外学习和考察，等等。

（3）引进技术必须坚持的原则：

①引进技术要注意最新技术、尖端技术和适用技术相结合，“硬件”和“软件”相结合，重点是引进先进技术和关键设备，并以引进“软件”为主。

②引进技术必须量力而行，讲求经济效益，避免不必要的重复引进。

③引进技术要与消化吸收、改进创新相结合。

④搞好综合平衡，防止盲目引进和重复引进。

**7. 国际劳务合作的产生和发展主要受到哪些因素的影响？**

（1）各国之间要素禀赋不同是国际劳务合作产生和发展的主要原因。生产要素在国际分布的不平衡，是劳务流动产生与发展的基础和前提条件。

（2）国际分工的发展和深化是国际劳务合作的重要原因。国际分工的深化使各国和地区间的经济联系和互补性进一步加强。

（3）国际援助的发展。二战后，为了推动发展中国家经济的发展，世界银行等一些国际性经济组织向发展中国家提供了大批的国际援助，用以援建发展中国家的大型基础设施和工农业生产项目。然而许多发展中国家缺乏技术设备和技术人才，无力自行施工和经营，不得不按国际惯例进行国际招标，吸引他国的技术、设备和技术管理人才。

**8. 我国对外劳务合作的具体形式有哪些？发展对外承包工程和劳务合作具有哪些意义和作用？**

（1）我国对外劳务合作的领域十分广泛，主要是根据外方所需专业和工种的要求，提供工程技术人员、熟练技术工人或一般技术工人。具体形式有：

①对外承建或承包建筑工程所带动的劳务输出。

②对外投资兴办独资、合资企业所派出的管理人员、技术人员和其他劳务人员。

③与外国签订的劳务合作合同所派出的劳务人员。

（2）充分利用我国劳动力资源丰富的优势，大力发展对外承包工程和劳务合作，对发展我国经济有积极的意义和作用。意义和作用体现在：

①扩大劳动就业，使部分劳动者提高对不同自然条件、社会条件及不同技术要求的适应能力。

②可以直接学到外国的先进技术和管理经验，提高我国的技术水平和管理水平。

③可以增加本国外汇收入，为国家提供建设资金。

④可以带动国内相关产品的出口，促进有关行业的发展。

**9. 什么是国际旅游业？发展国际旅游业对于一国经济发展的积极作用有哪些？当前我国发展国际旅游业需要解决的问题有哪些？**

（1）国际旅游业是各国对国外旅游者的旅游活动提供服务设施和系列服务的行业。它主要包括旅游业、饮食业、交通运输业、商业、娱乐业等。

（2）发展国际旅游业，对于一国的经济发展有着多方面的积极作用：

①可以增加外汇收入。发展国际旅游业可以以少量的投资在短期内获取大量的外汇收入。

②可以推动和促进与旅游业相关的许多经济部门和行业的发展。国际旅游业涉及国民经济的许多部门和行业，其发展可以带动这些部门和行业的发展。

③可以带动商品出口。在旅游过程中，外国游客除了支付服务费以外，还会购买各种商品，这就等于增加了商品出口。

④可以增加就业。旅游人数增加必然需要大量的服务人员和管理人员，这就为国内增加了就业机会。

⑤可以扩大本国在国际上的影响，从而有利于推动与各国在经济、科技和文化等方面的交流，对促进本国经济、科技和文化的发展和本国居民与各国人民的友谊起着积极作用。

（3）当前我国发展国际旅游业需要解决的问题有：

①进一步提高服务质量，加强科学管理，以高质量的服务吸引更多的游客，以科学的管理提高经济效益。

②积极开发旅游商品，提高创汇能力。

③改善和加强交通运输、通信、住宿、餐饮等方面的基础设施建设，为国际旅游业的发展提供良好的基础条件。

**10. 我国改革开放以来对外贸易体制经历了怎样的改革过程？**

改革开放以来，为促进对外贸易发展，我国对传统计划经济体制下的外贸体制进行了有步骤、分阶段的改革：

第一阶段（1979—1987 年）。这一阶段是外贸体制初步改革的阶段。一是调整了对外贸易的管理机构，明确了政府部门对外经贸的管理关系。二是地方下放外贸经营权，各地方、有关部委成立了一批外贸公司，一些大中型企业也开始经营企业产品出口和生产所需物质的进口业务。三是外贸和生产企业开始由收购制改为代理制。这些改革取得了一定成效，但外贸体制的根本问题尚未解决。

第二阶段（1988—1990 年）。建立自负盈亏、放开经营、工贸结合、推行代理制的外贸体制。改革的核心是推动外贸企业实行自负盈亏。通过全面推行外贸承包经营责任制，中央和地方在外汇收入和使用上实行“分灶吃饭”，改变了过去财政统负盈亏、“吃大锅饭”的现象。但由于受财政体制的束缚和整个经济体制改革所处环境的影响，这种改革还是不彻底的。

第三阶段（1991—1993 年）。深化外贸企业内部机制改革，推动外贸企业转换经营机制，促进外贸企业向实业化、集团化、国际化经营方向发展。

第四阶段（1994—2001 年）。中国共产党十四届三中全会在 1993 年 11 月通过了《中共中央关于建立社会主义市场经济体制若干问题的决定》，确定了“坚持统一政策，放开经营、平等竞争、自负盈亏、工贸结合、推行代理制”的改革方向，通过改革外汇制度，强化汇率对外贸的调节作用，从而强化外贸企业自负盈亏的机制，完善外贸宏观管理，加强外贸经营的协调服务机制。这些改革措施使困扰外贸发展的一些深层次的问题得到解决，有利于我国外贸体制向国际规范靠拢。

第五阶段（2002 年至今）。我国加入世界贸易组织（WTO）后，开始全面实行 WTO 规则，履行入世承诺，也借此推动外贸体制全面改革，同国际接轨。改革取得了明显的成效，极大地促进了对外贸易的发展。但加入 WTO 以后，我们又面临一些严峻的新问题，如出口产品自主创新不足，技术含量较低，总体质量低下，附加价值不高，粗放型的外贸发展方式难以为继。同时，我国出现的巨额贸易顺差使国际的贸易摩擦加剧，也反映了我国在经济结构演变和经济增长方式的转变上，在建立创新型企业，提高企业效率、效益和核心竞争力等方面还存在较大的差距。

**11. 如何理解经济开放条件下的经济结构及其调整？**

开放结构就是指一国的对外经济结构。对于一个开放型的国家来说，由于国内经济结构是在适应国际经济结构的基础上建立的，在一定意义上讲，优化开放结构也是优化国内经济结构。

开放经济是一个庞大的综合了多种因素的经济体系。开放结构包括进出口结构、利用外资结构、对外投资结构、引进技术结构、开放地区结构等。

（1）调整进出口结构。

进出口结构即一般外贸结构，它是由产业结构决定的。在经济全球化背景下，一国产业结构的形成，除了要受到本国的传统生产力结构的制约外，主要还受到国际分工体系的影响。

我国产业结构调整已经取得了一定的成果，但供求结构性矛盾仍然突出。为此，要着重解决以下几个问题：

①在三次产业的结构调整中加速发展第三产业，特别是加快信息服务、金融、科技、教育、旅游、咨询、物流等现代化服务业的发展。

②在产业内部调整中以高科技改造传统产业，实行信息化和工业化并举，发展信息、生物工程、新材料和先进制造业等高新技术产业。

③在产品结构调整中压缩和淘汰技术含量低、附加值低、质量低的产品，增加技术含量高、附加值高的优质产品。

④在产业组织结构调整中，一方面进一步推动按照市场经济原则进行的企业兼并重组，建立更多国际竞争力强的企业集团；另一方面支持和发展众多中小企业，特别是民营高科技企业。要实现国民经济的战略性调整，就要特别强调创新，包括技术创新、制度创新和管理创新，在创新中培育一批具有国际竞争力的跨国公司和国际知名品牌。

（2）改善利用外资结构。

改革开放以来，我国政府与企业进行了广泛的国际合作，积极引进外资，开展技术贸易。从总体来看，大规模外商直接投资使传统产业和新兴产业及产品结构得到有效的调整。随着国际形势的变化，要进一步改善利用外资的产业结构，鼓励引入技术辐射力强、吸收就业率高、资源节约型的外资企业，鼓励外资投向高技术产业、基础设施建设、环境保护产业和服务业。改善利用外资的地区结构，鼓励外资到中西部地区和经济欠发达地区投资。

（3）优化对外投资结构。

目前我国对外投资的主要部分是国有大型企业在国外的金融、石油化工、建筑工程等行业的投资。在培育具有国际竞争力的企业的同时，要鼓励国内各种类型的企业到国外发展，鼓励企业按照国际市场的需求在国外发展多种技术层次、多种产品、多种行业的跨国经营，参与国际资源分配。

（4）优化引进技术结构。

在引进技术方面，既要注意引进先进的高新技术，也要注意引进适用技术，特别是节约资源、保护环境、有利于中小企业产品转型升级的新技术。

（5）优化开放地区结构。

要深化沿海开放，加快内地开放，扩大沿边开放，实现对内对外开放的相互促进。要积极利用外资促成区域经济协调发展，在政策上适度放宽中西部地区的外贸准入条件，利用外资促进中部地区崛起、西部大开发、振兴东北老工业基地的战略实施。

**12. 开放经济对宏观经济运行有什么影响？**

一国经济运行是否平稳、顺利，很大程度上由宏观经济运行中的社会总供求关系决定。社会供求关系相互适应，处于平衡状态，是宏观经济运行顺利的前提。但开放条件下社会总供求关系平衡的条件不同于封闭条件下社会总供求关系平衡的条件。简单而言，在封闭条件下，总供求关系失衡靠国内总供求的相应增减来调节，增加投资可增加供给，增加收入可增加需求，市场的表现是比较直接的。但开放经济的主要方面表现为国际的商品或服务流动和资本流动，即商品的进出口和资本的流出、流入，这两方面存在着密切相关、互为补充的关系。因此，在开放条件下，社会总供求关系的平衡较为复杂。

（1）国际收支平衡与社会总供求。

在一般情况下，商品和资本的进出对国内总需求产生下述影响：商品出口引起总需求扩大；而资本流入引起总需求的扩大，资本流出引起总需求的减少。商品和资本的进出对国内总供给会产生如下影响：商品进口引起总供给的扩大；而资本流入能增加进口，从而扩大总供给，资本流出会减少总供给。如果商品出口大于进口，总需求大于总供给，就需要增加资本流入和减少资本流出来平衡；如果商品进口大于出口，总供给大于总需求，就需要减少资本流入来平衡。这表现在国际收支平衡表上，就是要求资本净流入等于净进口，或资本净流出等于净出口，即国际收支中经常性项目贸易收支的逆差为资本项目的顺差所抵消，或前者的顺差为后者的逆差所抵消，实际上就是要求国际收支平衡。

（2）国际收支失衡对经济的影响。

国际收支无论出现顺差或逆差都是国际收支失衡的表现。国际收支失衡是正常的，但是若一国国际收支表现出长期大幅度顺差或逆差，则会对该国经济甚至对世界经济产生不利的影响。

①国际收支出现大量逆差对经济发展的不利影响主要表现在以下三个方面：一是使本国积累的对外负债超过本国的支付能力，从而引起偿还外债的困难，甚至出现债务危机；二是耗尽一国的国际储备，使一国金融实力减弱，汇率下降，损害该国在世界上的

声誉和地位；三是由于出口收汇主要用于还本付息，无力进口本国经济发展所需的生产要素，国民经济的增长必然受到影响。

②国际收支持续大量顺差对经济发展的不利影响主要表现在以下三个方面：一是国内总供给和总需求遭到破坏。持续大量的顺差意味着出口大于进口，这对某些资源性出口国来说意味着国内经济资源的掠夺性开采。二是增大本国的外汇供给。在外汇需求一定的情况下，外汇供给大于需求，会使本币汇率上升，也使国内基础货币供给增加。前者不利于商品的出口，后者则会增加通货膨胀的压力。三是一国国际收支顺差意味着主要贸易伙伴国的其他国家逆差，如果顺差国不采取必要的措施缩减顺差，必然引起国际贸易摩擦，不利于国际经济的发展。

③国际收支失衡会对外汇市场供求关系产生直接的影响，进而影响到国内的总供给和总需求。国际外汇的供求最终是由各国国际收支差额决定的。当一国国际收支为顺差时，外汇供给大于对外汇的需求；当国际收支为逆差时，外汇供给小于对外汇的需求。外汇供给的这种此消彼长的关系造成了汇率升降，从而影响到该国商品的进出口和国内总需求。

（3）国际收支平衡与经济结构。

①开放经济条件下，国内经济与对外经济（或国际经济）之间存在着密切的互动关系。一国的经济结构、国际分工格局和国际市场的供求关系相适应的程度，往往在决定一国的国际收支平衡状况中有着更加重要的作用。

②在经济结构中，产业结构是影响进出口商品结构层次和优化程度的最直接、最重要的因素，因此产业结构也是影响国际收支的一个决定性因素。在开放经济条件下，一国的产业结构应当适应国际分工的要求，满足国际市场对商品供求的内在需要，并且在国际市场发生变化时相应地发生变化，这样才能够实现国际收支的基本平衡。如果一国的产业结构与国际分工和国际市场的需求脱节，或者在国际经济结构发生变化时不能适应这种变化，那么就可能出现国际收支失衡。

**13. 构建人类命运共同体具体包括哪些内容？**

党的十九大报告明确提出构建人类命运共同体的重要外交思想。自十八大以来，习近平总书记在多个场合阐述了人类命运共同体的思想。他在十九大报告中对此做出了明确的概括：构建人类命运共同体，建设持久和平、普遍安全、共同繁荣、开放包容、清洁美丽的世界。具体来说，这包括五个方面内容：

一是相互尊重、平等协商。坚决摒弃冷战思维和强权政治，走对话而不对抗、结伴而不结盟的国与国交往新路。这一条规定了如何处理中国与世界各国在政治外交领域相互关系的基本理念和主张，明确了建设持久和平的世界的主张，是指导中国对外关系的新外交观。

二是树立共同、综合、合作、可持续的新安全观。要坚持以对话解决争端、以协商化解分歧，统筹应对传统和非传统安全威胁，反对一切形式的恐怖主义。这一条规定了如何处理中国与世界各国在安全领域相互关系的基本理念和主张，明确了建设普遍安全的世界的主张，是指导中国对外关系的新安全观。

三是同舟共济，促进贸易和投资自由化、便利化，推动经济全球化朝着更加开放、包容、普惠、平衡、共赢的方向发展。这一条规定了如何处理中国与世界各国在经济和发展领域相互关系的基本理念和主张，明确了建设共同繁荣的世界的主张，是指导中国对外关系的新发展观。

四是尊重世界文明多样性，以文明交流超越文明隔阂、文明互鉴超越文明冲突、文明共存超越文明优越。这一条规定了如何处理中国与世界各国在文明和社会文化领域相互关系的基本理念和主张，明确了建设开放包容的世界的主张，是指导中国对外关系的新文明观。

五是要坚持环境友好，合作应对气候变化，保护好人类赖以生存的地球家园。这一条规定了如何处理中国与世界各国在生态文明和气候变化领域相互关系的基本理念和主张，明确了建设清洁美丽的世界的主张，是指导中国对外关系的新生态观。

## 四、疑难问题和学术争鸣

**1. 二战后，国际贸易出现了什么新特点？**

二战以后，在新的科技革命和生产力提高的基础上，在国际生产关系变化和国际分工深化的影响下，国际贸易出现了一些新特点。

（1）国际贸易发展迅速，不但贸易总额出现了绝对增长，而且其增长速度在大多数年份超过了世界生产的增长速度。

（2）国际贸易中国别地位发展不平衡。二战后发达国家在贸易中所占比例持续上升，而发展中国家所占比例则急剧下降。在发达国家和地区中，欧洲和日本对外贸易发展迅速，美国、英国则相对下降。在发展中国家中，石油输出国的对外贸易发展迅速，非石油输出国所占的对外贸易比例减少。而像“亚洲四小龙”这样的新兴工业化国家和地区的出口增长快于其他发展中国家和地区。

（3）国际贸易中的商品结构发生了重大变化。工业制成品的比重增加，初级产品的比重减少；在工业制成品贸易中，生产资料和耐用消费品的比重增加，纺织和轻工业品的比重减少；在初级产品贸易中，燃料的比重增加，原料和食品的比重减少。

（4）贸易区域集团化趋势增强。由于世界经济发展不平衡，多极化趋势明显，市场竞争激烈，贸易保护主义抬头，单凭一个国家的力量发展经济已不足，各种区域性贸易集团纷纷成立。集团内部各成员国之间降低关税、消除或减少关税壁垒、实行相互优惠待遇和多边经济合作等措施使得区域集团内部贸易急速增长，推动了国际贸易的发展。

**2. 怎样正确认识国际金融危机与我国的对外开放[1]？**

（1）我国对外开放遇到的新挑战和新问题。

自2008年年末以来，受国际金融危机的冲击和影响，我国对外开放面临着更加严峻的挑战，开放型经济的强劲增长势头受到抑制。受国际金融危机影响，全球跨国直接投资大幅缩减，外商直接投资流入量下降，也加大了我国国内增加投资、刺激经济的压力。

国际经贸环境不容乐观，世界经济不确定因素增加。贸易保护主义有所抬头，发达国家多采取补贴方式，发展中国家多采取提高关税和贸易禁令等传统方式，滥用贸易救济措施的现象也频繁出现。同时，世界经济出现了新的不确定因素，增加了我国统筹“两个市场、两种资源”的困难，增加了我们驾驭开放型经济发展的难度。

坚持发展开放型经济与保障我国持有的国际资产安全运营的新矛盾凸显。我国不但拥有三万多亿美元的官方外汇储备和一万亿美元以上的海外国有资产，而且居民和民营企业也有不少外汇资产。由于这些国际性资产都以别的主权国家的货币计值特别是以美元计值，在国际金融危机影响下，美元和其他西方货币汇率波动更具有不确定性，从而对我国国际性资产的运营以及保值增殖的产生不利影响。

（2）坚持扩大对外开放，应对国际金融危机。

在对外开放遇到新挑战和新问题的形势下，我们不但不能动摇对外开放的基本国策，而且还应当坚定信念，通过扩大开放来寻求解决新矛盾、新问题的办法。第一，实践已经证明，对外开放是强国富民的必由之路。当前遇到的挑战和问题是前进中必然要出现的，如果停下来，对外开放就此打住，不但解决不了现在面临的新问题，而且还将导致已经开创的开放型经济新局面出现倒退。第二，经济全球化趋势没有改变，我们仍然处于有利于对外开放的战略机遇期。①推动经济全球化的基本机制没有改变，世界各国的经济联系和相互依赖程度并没有因为国际金融危机的影响而稍有减弱，反而有所加强；国际经济的对话与协调机制以及各种多边和区域组织对世界经济的协调和约束作用也在增强。②虽然贸易保护主义有所抬头，但贸易自由化仍然是世界经济的主要潮流。③国际金融危机加剧了国际垄断资本之间的矛盾，加剧了国际金融寡头与各国人民的矛盾，但和平与发展仍然是当今世界的主题，国际经济竞争与合作、改革国际经济秩序以及谈判与相互妥协等和平方式，仍是解决这些矛盾的主要途径和手段。因此，我们仍然处在发展的战略机遇期，只有继续坚持对外开放并不断提高对外开放水平，才能紧紧抓住这个战略机遇。

从国际金融危机的变化趋势看，当前对外开放面临着较为有利的形势，至少可以在以下四个方面实现战略性突破：一是加强国际经贸合作，积极应对国际贸易保护主义；

---

① 根据迟福林的《危机挑战改革——2009’中国改革评估报告》以及刘海云、刘建国的《应对金融危机应扩大内需与促进外贸并举》整理。

二是积极参与国际经济秩序重建，维护国家利益；三是抓住国际产业调整的机遇，加快构建企业走出去的一整套战略体系；四是积极创造有利条件，稳步推进人民币国际化进程。

（3）应对金融危机中的扩大内需与促进外贸。

本次金融危机造成西方主要经济体经济增长持续衰退，影响我国出口需求，进而对我国经济增长形成冲击。在此背景下，通过扩大内需消除外需下降对经济增长的负面影响是顺理成章的。胡锦涛同志在纪念党的十一届三中全会召开30周年大会上指出，我们要切实实施好进一步扩大内需、促进经济增长的各项措施，妥善应对国际金融危机以及来自国际经济环境的各种风险，全力保持经济平稳较快发展。但也应注意到，如果只强调内需也很容易形成重内需而轻外贸的倾向。这些倾向反映出当前对外贸看法的复杂性，在强调扩大内需的背景下容易被强化。实际上，考虑到我国的市场规模、经济结构的多层次性、经济发展的巨大潜力、中西部地区逐步形成的贸易比较优势以及人均贸易量相对较小等因素，贸易持续增长是必要的；考虑到对外贸易对我国经济增长起到的是发动机的作用，不是主体而胜似主体；考虑到在金融危机背景下发展贸易的机遇等，强调扩大内需与促进贸易并举不但是应该的而且是必要的。

从长期来看，扩大内需与促进外贸是内在统一的。一方面，国内需求的满足依赖国内外两个市场，也就是说国内需求并不简单就是国内经济的自我循环。当一个国家内需扩大时，进口需求肯定加大，因此，就国内需求的满足而言，内需包含着进口需求。另一方面，出口增加会带动与出口行业相关的投资与就业，从而转化为内需。为了扩大内需，加大对基础产业、产业结构优化和产品升级换代的投入，增强产业的国际竞争力，也有利于扩大出口。总体而言，我国经济增长是内外需高速扩张拉动的结果，而对外贸易的急剧扩张更是成为经济增长的引擎。显然，应对危机保增长，调控总需求必须立足于经济全球化的现实，内外需兼顾，将扩大内需与促进对外贸易并举。

**3. 当前中国如何在进一步的对外开放中调整经济结构?①**

目前，世界上绝大多数经济体属于开放型经济体。开放型经济结构调整是有层次的。内需和外需的结构，投资、消费、出口三大需求结构，属于第一层次；产业结构和企业结构属于第二层次；而市场结构、贸易方式结构属于第三层次。

结构调整的第一层次是调整内外需结构与三大需求结构。中央已经明确，要在千方百计稳定外需的同时，坚持扩大内需特别是消费需求的方针，逐步调整内外需结构，实现内外需协调发展和消费、投资、出口对经济增长的协调拉动。我们要在思想观念和方针政策上，引导老百姓从当前的“部分储蓄、部分消费”为主向“量入为出的消费”和“适度借贷消费”转变，进一步发挥消费对经济增长的拉动作用。

结构调整的第二层次是调整产业结构和企业结构。在产业结构调整的过程中，对于

① 石岩. 开放型经济结构调整的七个问题 [J]. 理论参考，2009 (12)：24－27.

传统产业、劳动密集产业，应着眼于提升技术含量，形成特色工艺和知名品牌，提高产品附加值。对于资本或技术密集型的高科技产业、装备制造业，要通过国家政策引导，支持自主创新，形成自主知识产权，不断提高国际竞争力。对于有利于形成国际竞争新优势的战略性产业，甚至需要国家直接投入，形成自己的“拳头”。企业结构分为所有制结构、大中小结构等。要继续为中小企业发展营造公平、公正的环境，并给予中小企业特殊的扶持政策。对非公有制企业的认识与扶持，道理也大体如此。

结构调整的第三层次是调整市场结构和贸易方式结构。首先，关于调整市场结构，要实施市场多元化战略，在巩固传统市场的同时，大力开拓新兴市场。在新形势下，应进一步拓展市场多元化战略的内涵和外延，针对不同市场的特点，实行差别化的国际市场开拓战略。对不同发达国家、发展中国家、国家群体的特点进行归纳总结，增强开拓市场的针对性和有效性。其次，一般贸易和加工贸易是两种最主要的贸易方式，调整贸易方式的结构也主要是调节这两种贸易方式的比例关系。事实上，这两种贸易方式仅仅是管理方式不同，并无优劣之分。加工贸易监管流程比较复杂，当未来我国企业在出口和引资的国际竞争中不再主要仰仗成本和价格优势时，加工贸易将逐步与一般贸易趋同。但是在现阶段，仍要立足于简化加工贸易管理办法，扩大实施联网监管的企业范围，降低企业成本和社会成本。最后，在贸易方式结构调整中，还涉及货物贸易与服务贸易结构、贸易与投资互动的问题。要从健全体制机制、完善促进政策等方面入手，逐步形成服务贸易与货物贸易协调发展、贸易与投资良性互动的局面，逐步形成对外贸易、吸收外资和“走出去”这三个对外开放的基本方面共同发展、财政政策与货币政策及时跟进的局面。

**4. 如何认识对外贸易摩擦问题?①**

（1）我国当前的贸易摩擦形势。

近年来，中国与许多贸易伙伴的贸易摩擦加剧，中国已成为世界上贸易救济措施的最大受害国和受贸易摩擦影响最大的国家。中国与主要贸易伙伴的贸易摩擦呈现出以下的特点：

①反倾销是我国遭遇最多的贸易救济手段。随着关税等透明性贸易壁垒的拆除，反倾销作为世界贸易领域中一个特殊措施被不少国家滥用，成为贸易保护的一个重要手段。中国现已成为国际反倾销的主要指控对象和最大受害国，并且被诉倾销产品的范围也不断扩大。

②技术性贸易措施是限制我国产品出口的主要手段。科技水平的不断发展，使得企业和消费者对新的标准和技术法规的需求与日俱增。当建立在这种新标准和技术法规基础上的各种合法评定程序、认可制度、检验制度成为限制外国产品进口的障碍时，技术

① 根据谌曦的《我国对外贸易摩擦的原因及对策浅析》，张雁冰、崔强的《我国贸易摩擦的现状及对策分析》，孟海樱的《我国当前贸易摩擦形势综述》以及李翠的《试论对外贸易摩擦的现状及对策》整理所得。

贸易壁垒便随之产生。

③反补贴、反规避、保障措施和特殊保障措施层出不穷。如果说反倾销是国外对我国实施贸易救济的传统手段，那么反补贴、保障措施、特别保障措施可以说是新兴手段，且呈现数量激增、国别区域不断扩大、行业领域相对集中、肯定性裁决偏高的特点。

④贸易摩擦所涉及的领域和产品的范围不断扩大。我国出口贸易摩擦涉及的商品涵盖了我国出口产品的主要门类，贸易摩擦涉及的产品呈现出从劳动密集型产品向资本密集型产品转移的趋势。伴随着我国产业结构和出口产品结构的升级，不断有新行业和产品成为贸易摩擦的对象。此外，贸易摩擦逐步由货物贸易领域扩展到服务贸易、投资、知识产权等多个领域，并由企业微观层面向宏观层面延伸。

⑤贸易摩擦的对象由发达国家向发展中国家蔓延。我国与发达国家贸易摩擦不断增多的同时，与发展中国家的贸易摩擦也呈扩大趋势。反倾销措施一直是发展中国家对我国实施的主要贸易救济手段。由于对中国产品倾销的定性带有主观性，很多发展中国家在确定反倾销税的征收幅度上也带有很强的主观性。

⑥贸易与环境问题日益突出。环境与国际贸易问题成为世界经济领域关注的焦点之一。主要的原因有两个：客观上，环境与国际贸易的发展有不协调甚至冲突之处；主观上，一些国家利用环境壁垒实施贸易保护。新的贸易保护主义在环境问题上的表现有：环境标准对出口商具有隐含的歧视性；实行内外有别的双重环保标准；专门针对出口国家或商品制定环境条例；制定超出国际公认标准要求的环保标准等。这就使得原本针对国内的环境政策日益国际化和全球性。

（2）我国贸易摩擦日益加剧的原因。

中国贸易摩擦之所以愈演愈烈，原因很复杂，既有外部的贸易保护主义和“中国威胁论”的因素，也有自身经济结构、体制和政策的问题；既有政治、经济因素，也有其他更为错综复杂的因素。但归纳起来主要有以下几个方面：

①中国的崛起与外国贸易保护的碰撞是我国贸易摩擦趋高的主要原因。欧美发达国家从自身利益出发，在进口贸易上纷纷实行贸易保护，导致世界贸易保护主义重新抬头。

②过高的外贸依存度使我国对外贸易不可避免地进入国际贸易摩擦时期。随着我国对外贸易的快速发展，占我国出口半壁河山的劳动密集型产品对国际市场的依赖程度大幅度上升。由于这些产品的出口增长方式仍以量的增长为主，表现为较短时期内数量大幅攀升，但价格增幅较小，有时甚至下降，很容易成为国外贸易保护调查的对象从而引发贸易摩擦。

③中国经济自身的缺陷是贸易摩擦的直接原因。我国出口产品具有较强的价格竞争力，大多是劳动密集型加工产品，附加值不高，产品差异化不大。同时，我国出口商品的市场过于集中，这就很容易引起进口国的关注，引发贸易摩擦。此外，我国的对外贸

易依存度过大、政府对贸易摩擦的应对机制不健全、有些企业被诉反倾销后不积极应诉等也都加剧了国际贸易摩擦。

④我国经济转轨中存在的缺陷，减弱了我国在贸易摩擦中的抗衡力度。非市场经济地位招致反倾销泛滥、政府职能尚未完全转变、国有企业的问题未得到实质性解决、国内市场秩序混乱、地方保护屡禁不止等，这一切都会使得我国贸易摩擦频繁发生。

（3）应对当前我国贸易摩擦的策略。

①建立技术性贸易壁垒预警与快速反应系统。相关政府部门要建立技术性贸易壁垒的预警和快速反应系统；要加强信息收集、分析、传递与协调，及时应对突发性事件的发生；要建立国外技术壁垒信息数据库，及时发布预警信息；要积极为企业提供信息、咨询服务；要充分利用通报咨询制度的信息渠道，及时掌握更多的技术信息，为广大出口企业服务。

②充分利用 WTO 争端解决机制。作为 WTO 的正式成员，我们应该充分利用 WTO 争端解决机制来维护本国的正当权益，避免他国对中国滥用贸易保护措施。

③尽快取得“市场经济”地位。我国要利用外交策略，结合多边和双边谈判，力争在“非市场经济”问题上取得新进展，尽快获得他国对中国市场经济地位的认可。另外，要继续支持企业申请行业市场经济地位，逐步摆脱在反倾销等国际摩擦中的被动局面。

④支持和培育具有自主知识产权和自主品牌的商品出口。目前知识产权保护及自主品牌建设已经成为我国对欧美发达国家出口的一根软肋：一是知识产权保护意识淡薄；二是企业自主创新能力不足。因此，加强我国企业的知识产权保护意识，加大技术创新的科研力度，培养自主品牌是我国企业规避贸易摩擦的当务之急。

⑤促进出口市场多元化、产品差异化，提高产品竞争力。一方面，通过出口市场多元化、产品差异化战略来分散市场风险、适应市场需求是减少贸易摩擦的途径之一；另一方面，减少贸易摩擦必须要增加产品附加值，提高产品竞争力。

⑥实施“走出去”的全球化经营战略。有条件的企业应当走出国门，进行海外直接投资，实行跨国经营，在当地生产和销售产品。这样既可节约运输及其中间环节的费用，又可以绕过该国的贸易壁垒，避免贸易摩擦。

⑦直面贸易摩擦，及时应诉，积极抗辩。一方面，在遇到贸易摩擦时，相关企业要及时应诉，积极抗辩以减少损失；另一方面，组建行业协会，充分发挥其在应对贸易摩擦中的作用。同时，进口商在国外对华指控的抗辩中的作用不可忽视，出口企业要积极联合进口商，共同应诉，增加胜诉的可能性，减少损失。此外，要加快培养一批应对国际贸易摩擦的专门人才，从而能够充分反映我方的意图，维护我方的正当权益。

# 第十三章　宏观经济运行与政府的宏观调控

## 一、本章内容简介

本章分为三节。

第一节宏观经济运行，主要分析宏观经济运行中的核心变量——社会总供给和社会总需求在什么因素的影响下发生变化，以及它们之间在经济运行中所表现出的有规律的三种关系形态：总供求的基本平衡、总需求不足和总需求膨胀。本节还分析了与社会总供求关系密切相关的宏观经济运行中就业与失业、通货膨胀与通货紧缩两大矛盾现象。前者体现着劳动力要素的供求关系，后者体现着货币要素的供求关系。

第二节市场经济中政府的经济职能，介绍了经济学关于政府为什么要介入市场的基本认识和政府在市场经济中的主要经济职能，分析了政府提供公共产品的性质和提供的方式，介绍了政府对市场经济中微观经济主体实行管制的意义和内容。

第三节政府的宏观调控，介绍了政府宏观调控的目标和手段，着重介绍了宏观调控政策中的财政政策、货币政策和产业政策以及政策的结合运用方式，分析了完善宏观调控体系对于政府正确有效地履行宏观调控职能的重要意义。

## 二、本章主要知识点

### （一）社会总供求的基本关系

（1）社会总供给指一个国家在一定时期内（通常为一年）向社会提供的最终产品和劳务的总量；社会总需求指一个国家在一定时期内（通常为一年）社会有支付能力的购买力总和。

（2）影响社会总供给和社会总需求的因素有许多种。

（3）经济运行中呈现出社会总供求关系的三种主要形态。

### （二）劳动力的供给与需求

（1）劳动力供给指社会在一定时期内可以向社会再生产过程提供的劳动力资源，劳动力供给的主体是具有一定质量的劳动者。劳动力供给要受到社会人口规模及人口结构、经济发展水平和经济体制等多种因素的影响。

（2）劳动力需求指一定时期内社会再生产过程所能容纳和吸收的劳动力总量，劳动力需求的主体是拥有资本和生产资料并从事生产或服务活动的组织及个人。经济发展水平及产业结构和技术进步对劳动力需求产生影响。

（3）就业和失业是分析劳动力供求关系的两个方面。失业产生的原因有很多种，我们根据这些原因把失业分为不同的类型。

### （三）通货膨胀和通货紧缩

（1）通货膨胀指一国经济中物价水平的普遍上涨。根据通货膨胀不同的生成原因对通货膨胀有不同的分类。通货膨胀对经济有多种影响。

（2）通货紧缩指物价水平的持续性下跌。形成通货紧缩的原因根本上是社会总供求的严重失衡，使影响价格的诸多因素发生改变，从而导致物价水平的下跌。急剧的持续的通货紧缩对经济有较大的负面影响。

### （四）政府的经济职能

（1）政府介入市场的原因是市场存在着明显的缺陷，会出现市场失灵。

（2）政府在市场经济中有多种经济职能。

（3）公共产品是出自满足社会公众的公共利益的需求，提供给社会公众共同消费的物品，具有非排他性和非竞争性。公共产品可分为纯公共产品和准公共产品。政府的一个职能就是选择适当的供给方式向社会提供公共产品。

（4）政府管制是政府依据有关法律，对市场主体的经济活动和经济行为进行规范和限制的行为。政府管制的理由也是因为市场缺陷。政府通过不同的管制政策和管制工具来实施管制。

### （五）政府的宏观调控

（1）宏观调控指政府作为经济调节的主体，运用一定的调节方式和手段，对宏观经济运行进行干预和调节，并通过调节市场去影响微观经济活动，以引导经济运行达到一定的经济目标的行为和过程。

（2）宏观调控要确定一定的宏观调控目标，并通过一定的宏观调控方式和宏观调控手段去实现。

（3）宏观调控政策是政府为达到一定的宏观调控目标而制定的方针、原则和行为准则，它通过各种调控手段的具体运用来体现。财政政策、货币政策、产业政策是最基本的宏观调控政策，宏观调控政策经常需要结合运用。宏观调控体系是宏观调控目标、调控政策及工具、政府调控体制以及有关法律法规所构成的宏观调控系统，要完善宏观调控体系。

## 三、重点问题解答

**1. 影响社会总供给与社会总需求的因素有哪些？**

（1）影响社会总供给的因素。

影响社会总供给变化的因素主要有：①总需求规模。需求决定着供给，在需求约束或需求拉动的条件下，会引起供给抑制或供给扩大。②物价总水平。物价总水平与总供给量呈正相关关系。③一定时期内的资源可供量。有限的资源总是决定着潜在的总供给规模。④资源利用效率。资源利用效率与总供给规模也呈正相关关系。⑤政府及其政策。⑥进口和资本流入。进口和资本流入的增减影响着总供给规模的增减。

（2）影响社会总需求的因素。

社会总需求包括投资需求和消费需求。影响社会总需求变化的因素主要有：①影响投资需求的因素有企业投资倾向、政府税收和政府支出、货币供应量（通过利率变化和信贷规模的增减）、市场投资环境等。②影响消费需求的因素有居民收入水平、利率及储蓄倾向（可表现为消费与储蓄的比例关系）、物价水平及其预期（体现在居民对未来物价的预期高低与当前消费支出的关系上）、政府转移支付等。③出口和资本流出的影响。出口的增减意味着总需求的增减，而资本流出意味着总需求的减少。

**2. 社会总供求关系的三种主要形态是什么？**

社会总供给与社会总需求之间存在着非常密切的互为因果的关系，它们的相互关系表现为三种状态：

（1）社会总供求基本平衡。

社会总供求基本平衡指社会总供给与社会总需求之间处于一种基本均等、相互协调的态势。它包括两个方面：一是总量平衡，即在实物形式和价值形式的总量上，总供求基本平衡；二是结构平衡，即在实物形式和价值形式的结构上，总供求基本平衡。总供求基本平衡一般体现着国民经济稳定而有活力的发展状况。

（2）社会总需求不足。

社会总需求不足即总供给过剩，生产总量大于有购买力的需求总量。在总需求不足的情况下，企业产品卖不出去，生产缩减，失业增加，国家税收减少，经济增长放缓、停滞甚至衰退，又引起投资和消费的进一步萎缩，可能形成通货紧缩。

（3）社会总需求膨胀。

社会总需求膨胀即总供给不足，生产总量满足不了有购买力的需求总量。在总需求膨胀的情况下，企业产品不愁销路，市场扩大，但企业可能因此而丧失创新的动力，形成竞争不足；经济增长过快容易引起结构失调、效率下降、短线制约突出；在出现投资基金和消费基金“双膨胀”的情况下，信贷扩张，导致通货膨胀。

**3. 为什么说就业是劳动力供给与劳动力需求相吻合时的一种状态？**

就业是指一定年龄段内的人们所从事的为获取报酬或为赚取利润所进行的活动。就业需要具备三个基本要素：可供需要的劳动力、需要劳动力的就业岗位、愿意就业的劳动者。劳动力供给即可供需要的劳动力，它来自社会的劳动力人口；劳动力需求来自社会能够提供的工作岗位数量。显然，劳动力供给和劳动力需求都不等于就业，因为社会的劳动力人口中，可能会包含一部分不愿就业的人口或是由于各种情况暂时找不到工作的人；而在工作岗位中，可能会有因缺乏合适的劳动力而暂时虚置的岗位，或是出现工作岗位少于劳动力人口的状况。只有在劳动者愿意工作并找到工作的状态下，就业才成立。因此，就业是劳动力供给与劳动力需求相吻合时的一种状态。但就业并不必然等于劳动力供给与劳动力需求在数量上的均衡，只有充分就业才能体现这种状态。

**4. 根据失业产生的原因，失业分为哪些类型？**

经济学一般根据失业产生的原因，把失业分为三类：

（1）摩擦性失业。

摩擦性失业指劳动力供求出现的短期失衡的状况。在一些对劳动力的人身条件（如性别、年龄、生育状况等）有特殊要求的行业，当劳动者的人身条件发生变化时，劳动者会暂时离开工作岗位；在劳动者寻找工作的过程中，也会出现因信息不灵或市场不健全等因素而暂时找不到工作的人；还有一些劳动者可能会由于要寻找更理想的工作而经常变换工作岗位，产生“自愿性失业”。这些就是摩擦性失业。

（2）结构性失业。

结构性失业指劳动力的供给与需求在结构上出现不相吻合而失衡的状况。例如，在产业结构发生变动时，当旧有产业的过剩劳动力不能被新兴产业所吸收时，就会出现结构性失业；劳动力的供给结构不能满足劳动力的需求结构，也就是所供非所需时，也会出现结构性失业。

摩擦性失业和结构性失业与劳动力在总量上的供求关系没有直接联系，即便在劳动力的总供求处于均衡状态时，它们也会发生，因此，这两种失业又称为自然性失业或正常失业。

（3）周期性失业。

周期性失业指失业率与经济周期相联系，在经济衰退时，由于对劳动力的需求大幅度减少而出现的失业。在市场经济中，劳动力的供求关系受到市场商品供求关系的影响，并且，同商品市场一样，劳动力供求关系要受到劳动力商品的价格——工资的调节。由于工资具有刚性，因而社会工资水平不能随时、经常地跟随企业的盈利水平浮动，而只能与商品市场的周期性相关。在经济衰退、商品市场萧条时，国民经济对产品的总需求不足以创造出对劳动力的充分需求，企业面临停工减产的困境，不能依靠削减工资，而只能通过裁减雇员来平衡投入产出关系。这时大量的非自愿失业就是不可避免的，失业率会迅速上升。

**5. 通货膨胀的类型及其影响是什么？**

根据通货膨胀产生的原因，可以把通货膨胀分为以下几类：

（1）需求拉动型通货膨胀。

需求拉动型通货膨胀指由过度需求的拉动而产生的物价水平的普遍上涨。从货币因素来看，如果货币供应量扩大，会引起投资需求和消费需求的增加，在商品供给不能满足需求的情况下，物价必然上涨。从实物因素看，一旦需求超过了商品的供给规模，就会引起物价上涨。在国民经济基本不存在潜在的生产能力的情况下，需求膨胀容易引发通货膨胀。

（2）成本推动型通货膨胀。

成本推动型通货膨胀指由于商品和劳务的供给者因成本上升而提高价格推动了物价水平的普遍上涨。从供给方面来看，自然灾害、战争或资源供给条件以及某些生产条件的变化，会大幅度提高生产成本而导致供给大幅度减少，从而推动物价的快速上涨。但是，由供给因素或成本推动所形成的物价上涨，在供给短缺得到弥补后，价格就会回落或不再上涨。

（3）结构型通货膨胀。

结构型通货膨胀指在经济结构的变动与经济发展并不同步的情况下，由某一产业部门物价上涨所引起的物价水平的普遍上涨。经济结构的变动有时会与经济增长和经济发展不一致，有的产业或部门随着经济增长相应地发展较快，有的发展并不快，但是经济发展所需要的产业或部门。当某个部门在国民经济中的作用日益重要而本身发展又较缓慢时，这一部门的产品价格会趋于上涨，由此推动其他产品价格上涨。

通货膨胀对国民经济的影响是多方面的。总的说来，在高通货膨胀率（以下简称“高通胀”）的情况下，对经济的运行就会产生破坏性的影响。首先，在高通胀的情况下，价格信号被严重扭曲，生产者无法判断价格高低的真实意义，从而导致供求关系的紊乱，加剧供求之间的矛盾。其次，在高通胀的情况下，货币的作用也被扭曲，由于物价上涨很快，货币迅速贬值，消费者因货币贬值而无法购买消费品。因货币作用的扭曲，生产者的生产投资也会受到影响。同时，经济秩序遭到破坏，市场机制失灵，效率普遍丧失。最后，高通胀改变了收入分配格局，加剧了社会矛盾。高通胀使一部分生产者（因生产成本上升）和消费者（因购买力下降）收入减少，陷于困难境地，同时也会导致政府财政赤字的增加，加大政府投资和转移支付的压力。这时，生产过剩会转化为经济危机，社会矛盾加剧，甚至出现社会动乱。

**6. 如何认识通货紧缩产生的原因及其影响？**

通货紧缩从根本上说是社会总供求严重失衡，使影响价格的诸多因素发生了改变而引起的。具体分析主要有如下几个方面：

（1）通货紧缩是总需求不足的产物。

总需求不足意味着供给的过度扩张，生产出现过剩，企业产品卖不出去，这是导致价格向下波动的基本因素。在生产过剩的条件下，一方面，企业货币不能及时回笼；另一方面，银行因害怕收不回贷款而不得不紧缩信贷，其结果就造成利率上升，物价下跌。

（2）通货紧缩常常由货币供应量的减少引起。

货币供应量的减少一方面是由于信用紧缩，流通中所需要的货币量减少了；另一方面是政府针对通货膨胀减少货币发行量，作为这种政策措施的效应，就表现为物价下跌和货币升值。

（3）通货紧缩还会由技术进步引起。

从经济周期的角度看，经济波动与技术进步因素密切相关。技术进步是推动供给的力量，一方面它促进产出的增长，另一方面它推动成本的下降。从供给的角度来分析，它与形成成本推动型通货膨胀的因素正好是反向作用的。技术进步推动供给，从而推动经济增长，改变总供求关系，同时又为降低成本创造了条件。如果需求的增长跟不上供给的增长，也会造成通货紧缩。

通货紧缩对经济运行的影响，要从其成因和现实效应等方面进行全面分析。总体来看，通货紧缩在两种情况下对经济增长和经济发展都是不利的。一种是急剧的大幅度的通货紧缩，由于对经济的冲击力过大，往往会激发各种经济矛盾和社会矛盾，如需求不足、失业严重、居民和企业收入减少、经济出现严重衰退。另一种是长期的持续的通货紧缩，也会出现前述现象，造成供给不足，生产力遭到破坏，经济没有活力。如果通货紧缩是短期的，或是作为针对通货膨胀的一种政策效应，其对经济运行的负面影响就是有限的。

**7. 政府为什么要介入市场？**

政府之所以要介入市场，主要原因是市场存在着明显的缺陷，会出现市场失灵的现象。市场是资源配置的基础，市场机制可以优化资源配置，并且市场机制有其自身运动的规律，它并不以政府的作用为转移。但是，市场机制的自发作用并不能保证在任何时候、任何条件下都可以使资源配置实现最优，经济运行最有效率，并且最合乎社会的公共目标。市场在有些领域中的作用是很有限的，如在经济出现负外部性、垄断生产和经营、公共产品供给不足以及社会分配不均的情况下，市场自身的调节常常不能取得理想的效果。市场机制作用的盲目性，还可能导致宏观经济供求关系的失衡，引发一系列经济问题，使资源浪费、效率丧失、经济秩序混乱。在这些市场失灵的情况下，只有依靠政府来调节和引导经济运行的方向，才可能避免出现大的经济危机。

政府在市场经济中的基本作用就是弥补市场缺陷和矫正市场失灵，以保证社会福利的最大化和公共目标的实现。为此，政府在市场经济中，更多地充当着代表公众利益和公共目标的公益人、公共资源和公共产品的管理人、制定市场规则和维护市场秩序的管制人、宏观经济活动的调节人的角色，发挥着更多的公共服务的职能。

**8. 怎么区分公共产品、准公共产品和私人物品？**

在经济学理论上区分公共产品、准公共产品和私人物品，主要是根据它们所具有的基本性质。私人物品或私人产品具有排他性和竞争性。当一种商品被界定归属于某人后，其他人就不能享有对这种商品的相同权益；而这种商品已经被一个人消费，就意味着会减少其他人对这种商品的消费。公共产品与私人物品不同，第一，它具有非排他性。任何人享受公共产品的权益都是平等的，如果要排除任何人享受一种公共产品的权益要花费非常大的成本。第二，它具有非竞争性。一个人对一种公共产品的消费并不会减少其他人对这种公共产品的消费。这种既具有非排他性又具有非竞争性的公共产品也叫纯公共产品。

但是在有的情况下，公共产品表现出与上述性质不同的特点。例如，有的道路会因为一些人的使用而影响另一些人使用，当一条道路变得拥挤时，使用它的成本就会急剧上升，这时，要将一些人排除在使用者之外（通过收费的方式）也是很容易的。这时的道路虽无排他性但具有竞争性。又如，某些教育和医疗服务虽然就其服务对象来说具有公共性质，但就其消费来说具有一定的排他性和竞争性，相当于私人物品，不过由于它们的消费具有很大的正外部性特点，需要通过一定的制度安排，以免费或低费的公共供应方式来保证社会公众需求的满足。以上这些情况下的公共产品与纯公共产品不同，它们的非排他性和非竞争性都是不完全的，或不是同时具备的，称为准公共产品。

**9. 政府管制有什么意义？**

市场经济之所以需要政府管制，是因为市场存在缺陷。政府管制是政府针对市场中出现公共目标的背离和公共利益的受损而做出的一种政策性选择，其主要意义在于：

第一，政府管制有利于防止垄断和限制垄断企业的市场权力，以保护公平竞争，维护市场主体的平等权利。政府管制可以抑制垄断价格和垄断利润，调节因此而带来的分配不公，并通过激励竞争来减少消费者的交易成本，提高社会福利水平。

第二，政府管制有利于克服市场的负外部性，减少社会福利损失，提高经济运行的宏观效益。市场中产生的负外部性，主要指企业出自自利动机追求利润，而给他人或社会造成损失。例如，污染环境、资源的过度开发、土地的掠夺式利用、产业的无序竞争等所造成的社会福利损失。在这些情况下，政府可以充分利用自身的特殊优势，通过管制去干预企业行为，以保证资源配置的宏观效率和社会整体利益不受损害。

第三，政府管制有利于市场主体获取充分信息，保证市场竞争的公平和公正，充分维护消费者的合法权益。市场经济中存在着广泛的信息不对称现象，一般消费者和投资者不具有信息优势，很容易受到虚假信息的误导。政府通过监管可以提高信息质量，弥补信息的不完全，为公平竞争创造条件。

第四，政府管制有利于保证劳动者的基本权益，维护社会正义。由于劳动力市场存在信息不对称和权利失衡的状况，劳动者在生产过程中的一些基本权益常常受到侵害。如劳动者在劳动保护、健康安全、收益分配、教育培训和社会保障等方面的权益，必须由政府通过法制和监管去加以维护。

**10. 政府宏观调控的基本目标和具体目标是什么？**

（1）政府宏观调控的基本目标。

政府宏观调控的基本目标是社会总供求的平衡。总供求的平衡包括总量平衡和结构平衡。总量调控的目标是避免总供求之间出现较大差距而导致需求不足或需求膨胀的失衡局面；结构调控的目标是防止结构性的供需失衡，促进产业结构的合理化和资源的合理配置。

（2）政府宏观调控的具体目标。

①充分就业。充分就业意味着在一定的货币工资水平下，所有拥有劳动能力并愿意就业的人都享有就业机会。

②物价稳定。物价稳定是指保持物价总水平的基本稳定，即将物价变动保持在经济顺畅运行所允许而居民又能承受的范围内，既不发生严重的通货膨胀，也不发生严重的通货紧缩。

③经济增长。经济增长是经济发展的物质基础。宏观调控不但要使经济增长保持合理的速度，而且要保证增长模式的高效率。

④国际收支平衡。国际收支平衡包括资本的流入和流出的平衡及商品进出口平衡。保持国际收支的平衡，可以促进对外贸易的发展和国际资本流动，为本国企业走向世界、增强国际竞争能力和国际投资能力创造条件。

**11. 如何认识宏观调控政策：财政政策、货币政策、产业政策？**

（1）财政政策是政府为实现一定的宏观经济目标而运用财政调节手段以促使宏观经济总量发生变化的原则及措施。财政是一种以政府为主体的分配活动，财政活动包括财政收入和财政支出两个方面，因此，政府推行的财政政策也可以分为财政收入政策和财政支出政策。财政收支既是政府管理国家的基本工具，也是调节经济运行的重要杠杆。

财政收支要由国家预算来安排，国家预算的实施是通过运用一系列具体的财政工具或手段，如税收、国家信用、财政补贴和财政投资等来进行的。针对一定时期的宏观经济运行状况，在确定了宏观调控目标后，政府可以通过国家预算对财政收支的安排来调节社会总供求的相互关系。如在总需求不足时，一方面增加财政支出，另一方面又减少财政收入，也就是采取赤字预算的政策；在总需求膨胀或出现通货膨胀时，一方面减少财政支出，另一方面又增加财政收入，也就是采取盈余预算或缩小财政赤字的政策。前者又称作扩张性的财政政策，后者称作紧缩性的财政政策。

（2）货币政策是政府通过中央银行，为实现宏观调控目标而制定的各种管理和调控货币供应量及其结构的原则和措施。中央银行通过运用各种货币政策工具，如利率、法定准备金率、公开市场业务、再贴现率等，调控货币供应量及其结构，影响信贷规模和货币资源的配置，从而达到调控宏观经济总量，实现经济良性运转和稳定币值的目的。

货币政策按其在宏观调控中的不同作用，也可分为扩张性货币政策和紧缩性货币政策。当经济衰退，总需求不足，失业率上升时，中央银行采取扩张性货币政策——放松银根，扩大货币供应量，以刺激有效需求的增长。具体措施就是降低利率、法定准备金率、再贴现率，购进政府债券，等等。当经济高涨，形成通货膨胀压力时，中央银行采取紧缩性货币政策——紧缩银根，减少货币供应量，以抑制总需求的过度膨胀。具体措施就是提高利率、法定准备金率或再贴现率，卖出政府债券，等等。

（3）产业政策是政府根据国民经济运行的内在要求，调整产业组织形式和产业结构，从而提高供给总量的增长速度，并使供给结构能够有效地适应需求结构要求的政策措施的总称。产业政策以调节社会总供给、实现社会资源在产业部门中的最优配置为特征。产业政策是一个调节系统，在一个总的调控目标的指导下，包含着多种调节手段的组合，如政府的产业发展计划、投资导向、技术进步政策、各种经济杠杆的运用、产业准入制度以及相关的法律手段等。

产业政策主要包括产业组织政策和产业结构政策。产业组织政策就是企业组织政策，是政府通过一定的调节手段和经济杠杆，鼓励、扶持具有自主创新能力和竞争力、高效益的产业组织形式的发展，引导企业走集约化、知识化的扩张道路，使资源得到有效配置和合理利用，从而促进供给的增加。

产业结构政策是政府根据产业结构变动及其优化的规律，通过多种手段调节、引导产业结构向优化方向变动和发展，以实现产业结构的合理化，从而达到社会总供求的平衡。产业结构优化并不仅仅意味着供给结构去适应需求结构的要求，而是意味着供给优化。供给优化意味着有更多、更新、更好的产品提供给市场，它可以引导消费，并创造新的需求，起到拉动需求的作用。

**12. 什么是货币政策与财政政策的结合运用？**

货币政策和财政政策都是以调节社会总需求为对象来实现社会总供求平衡的手段。它们都是从扩张和紧缩总需求两个方面来发挥作用的，这就意味着它们都只针对某种特定的经济状态而采用。为应对宏观经济运行中出现的复杂问题，这两大政策经常结合在一起运用。

货币政策与财政政策的结合运用一般有四种形式：①扩张性货币政策与扩张性财政政策相结合（即双松政策）。这主要是针对总需求严重不足的情况，以加大政策力度的手段来拉动经济复苏，增加就业。②紧缩性货币政策与紧缩性财政政策相结合（即双紧政策）。这主要是针对严重的需求膨胀和通货膨胀实行的政策。③松的货币政策与紧的财政政策相结合（所谓松货币紧财政）。紧的财政政策用于抑制总需求膨胀，防止通货膨胀，而松的货币政策用于保证对企业的必要的信贷资金供给，以保持适度的经济增长。④紧的货币政策与松的财政政策相结合（所谓紧货币松财政）。紧的货币政策用于防止通货膨胀，松的财政政策则在于通过政府对基础设施或基础产业的重点投资来进行结构调整以实现结构平衡。

**13. 怎样完善宏观调控体系?**

在当前，完善宏观调控体系，要侧重于解决以下问题:

（1）深化政府行政管理体制改革。

政府行政管理体制是政府正确履行自己的职能、规范政府行为的制度保证。深化政府行政管理体制改革，首先要推动政府职能转变，建设服务型政府。其次，要推动政府机构改革，提高行政效率。最后，要健全政府职责体系，合理分工，加强协调。要求不同的职能部门在权责一致、分工合理的基础上提高综合协调能力。

（2）完善宏观调控基础制度，构建协调配套的调控体系。

在当前，完善宏观调控基础制度主要是深化财政体制和金融体制的改革。财政体制改革的重点是按照公共财政的要求，围绕基本公共服务均等化和形成主体功能区构建公共财政体系，改革财政预算制度，把财政的主要职能从政府经营性投资转变到提供公共产品和公共服务上来。金融体制改革的重点是发展各类金融市场，完善现代金融体系，加强金融监管，提高防范金融风险的能力。构建协调配套的调控体系主要是实行分级管理和分级调控，强化宏观调控部门的综合协调能力，使财政政策工具和货币政策工具能够灵活地综合运用，形成灵敏有效的宏观调控体系。

（3）建立和完善法制体系。

完善的法制体系既是社会主义市场经济体制的要求，又是健全宏观调控体系的要求。在市场经济中，必须依靠法律界定市场主体的各项权利、规范市场主体的行为；制定市场规则、维护市场秩序、保证市场主体权利的平等和公平竞争；界定政府的行政权力和财产权利，规范政府行为，保证政府宏观调控的程序化和高效化。

## 四、疑难问题和学术争鸣

**1. 如何认识过剩经济与短缺经济?**

从社会总供求关系的角度来看，社会经济运行的常态要么是社会总供给大于社会总需求（过剩），要么是社会总供给小于社会总需求（短缺），供求关系完全一致或完全平衡的状态几乎是不存在的。但长期以来，经济学家们从不同的视角出发，形成了不同的理解和观点。

19 世纪法国经济学家萨伊（Jean Baptiste Say，1767—1832）认为“供给自己创造自己的需求”，由于市场经济是高度灵敏的，因此整个经济不会存在生产过剩的问题。如果某种商品出现供过于求，其原因不在于需求，而在于产品结构的失衡，即相对应的其他商品生产太少。解决的办法就应该是调整生产结构，增加其他商品的生产。这就是著名的“萨伊定律”。然而不断发生的资本主义经济危机使这一理论受到普遍怀疑。20 世纪英国经济学家凯恩斯（John Maynard Keynes，1883—1946）否定了“萨伊定律”，提出了“有效需求理论”。凯恩斯把商品的总需求价格与总供给价格达到均衡时的社会总需求称为有效需求，他认为有效需求包括消费需求和投资需求，其需求的大小是由人们的消费倾向、对资本收益的预期和流动偏好三个心理因素和货币供给量决定的。由于人们心理因素的影响，消费的增长往往跟不上收入的增长，这时产生的总供给价格与总需求价格的差额会增大。同样由于心理因素，在投资吸引力不足的情况下，投资需求也弥补不了以上差额，因此会出现有效需求不足。凯恩斯用有效需求不足解释了供给过剩或生产过剩的原因，分析了在市场机制不能有效进行自动调节时，产生“非自愿失业”和危机的必然性。而针对有效需求不足开出的药方就是扩大总需求以拉动总产出，减少失业，以逐步实现充分就业。①

许多经济学家把社会总供求关系的变化与一定的经济体制及其特殊的经济运行规律结合起来。马克思主义政治经济学把生产过剩的经济危机看成资本主义经济的特有现象，其根源在于资本主义的基本矛盾即生产的社会性同生产资料和生产成果的资本主义私人占有形式之间的矛盾。这一矛盾表现在两个方面，一是个别企业生产的有组织性同整个社会生产的无政府状态之间的矛盾，二是生产无限扩大的趋势同劳动人民有支付能力的需求相对缩小之间的矛盾。马克思认为，资本主义生产的扩大会不断创造日益增多的相对过剩人口，它使劳动者总是处于有限消费和相对贫困的状况，因此生产过剩只是相对于劳动者有支付能力的需求缩小的过剩。

与资本主义国家不同，社会主义国家在实行计划经济的过程中，普遍出现了供给不足的短缺经济现象。匈牙利经济学家亚诺什·科尔内的论述②有着广泛的影响。科尔内认为在计划经济中，短缺是普遍、经常存在的。由于计划经济排斥了市场经济，没有市场竞争对企业和个人的激励与约束，短缺表现为生产者缺乏自主积极性和资源无端浪费的结果。资源浪费的一种表现就是一方面产品短缺，而另一方面又存在物质、资金和人力的积压。积压也是过剩。计划经济的特征就是普遍、经常的短缺与普遍、大量的浪费、过剩并存，这是资源配置没有效率的证明。由于资源浪费加剧了资源的约束，科尔内把计划经济看成资源约束的经济，把市场经济看成需求约束的经济。资源约束所造成的短缺形成卖方市场，即卖方处于主导地位的市场；需求约束造成的过剩则形成买方市场，即买方处于主导地位的市场。

我国实行改革开放后，大约在 1996 年前后告别了计划经济时期的短缺经济而开始出

---

① 王雪梅，谢实. 西方经济学简史［M］. 昆明：云南人民出版社，2005.

② 亚诺什·科尔内. 短缺经济学［M］. 张晓光，等译. 北京：经济科学出版社，1988.

现普遍的过剩经济现象。在对我国经济现象的不同认识的讨论中，有的经济学家认为，虽然计划经济是短缺经济，但不能把市场经济说成是过剩经济，因为市场经济不仅有需求约束，也有供给约束；在存在供给约束时，市场也会出现短缺，特别在经济周期的上行阶段，需求膨胀会超过生产扩张，会出现通货膨胀。如果说市场经济是过剩经济，那么市场经济国家就没有防止需求膨胀和通货膨胀的必要了，而事实并非如此。

**2. 怎样看待政府与市场的关系?**

政府与市场的关系是政治经济学界争论最多的课题之一。政府能否干预经济或市场以及政府在市场经济中扮演什么角色、发挥什么作用一直是经济学家讨论的热点。

经济自由主义理论一般基于对市场机制的充分肯定，而对政府干预经济持批判态度。从古典经济学到新古典经济学，共同点是认为市场机制这只“看不见的手”可以自动地实现资源的优化配置。亚当·斯密认为，以居民和企业的理性行为为基础的市场经济是有效率的、均衡的，不需要政府干预。以马歇尔为代表的新古典经济学继承了斯密的思想，以完全竞争和充分就业为假设前提，通过局部均衡分析方法，从微观经济的角度论证了资本主义是一个自由竞争、自动调节并能够实现均衡的市场经济体系。马歇尔以后的哈耶克是经济自由主义的典型代表，他并不仅仅把自由主义作为一个经济学目标，而是理解为现代文明的人本主义目的。他认为自由主义原则能使个人活力得到充分的解放，因而在大多数情况下是有效的方法；自由主义是对个人努力的协调力量，竞争使市场价格能引导个人活动的进行，政府只需要作为“舞台监督员”就行了。哈耶克的主张在二战后得到了德国弗莱堡学派、货币学派、供给学派和理性预期学派的响应。他们共同的主张就是资本主义经济是完善的，私人企业经济制度是促使资源优化配置的基础，国家不应过多干预。

国家干预主义理论在20世纪影响最大的代表是凯恩斯。凯恩斯不仅否定了认为供给与需求可以自然平衡的“萨伊定律”，也否定了建立在市场机制有效性基础上的自由放任政策。他认为市场机制的自发调节存在缺陷，而扩大政府的经济职能，政府对经济的干预是使资本主义体制免于毁灭的唯一有效的办法。随着二战后资本主义经济出现的新局面、新矛盾，新古典综合派的萨缪尔森、汉森等人对凯恩斯理论进行了补充和发展。他们针对20世纪资本主义国家中政府资本与私人资本并存，垄断与竞争并存的“混合经济”，主张一方面通过市场经济、价格机制调节社会生产，另一方面通过政府的宏观调控政策维持高就业、经济增长和物价稳定。但是随着美国经济在20世纪70年代出现“滞胀”和资本主义国家全球性的经济衰退，新自由主义经济理论在批判凯恩斯主义的基础上又成为西方政治经济学主流。被称为“华盛顿共识”① 的主流理论再次鼓吹

① “华盛顿共识”代表着新自由主义在发展经济学中的运用及针对发展中国家制定经济政策的一套学说，这些学说因为得到位于美国首都华盛顿的美国财政部和国际货币基金组织以及世界银行的支持而被称为华盛顿共识（the Washington Consensus）。首先使用这一名词的是美国经济学家约翰·威廉姆森（John Williamson）。

市场自由化，宣扬“管得越少的政府越是好的政府”，并把自由化看成发展中国家寻求经济发展的不二选择。

20 世纪末，在国际金融危机频频爆发的背景下，国家干预主义理论又重新抬头，美国经济学家斯蒂格利茨（Joseph Stiglitz）被认为是主要的代表人物。他认为一个完全无政府状态的市场经济只能解决经济的微观效率问题，不能提高国民经济的总体运行效率，对经济的长期持续增长也是无能为力的。他把政府对经济的干预看作现代市场经济的基本特征。他提出应从华盛顿共识转向“后华盛顿共识”①。其实，纵观市场经济发展的历史，政府与市场作为社会经济运行中的两种组织要素和制度要素，是没有也不可能割裂开的，政府与市场是一种对立统一的关系。尽管在某个国家的某一发展阶段上，政府与市场在其作用的方式、强度上表现不一，尤其是政府对市场干预的程度、范围和结果是各异的，由此形成一种国家干预主义与经济自由主义的“轮回”现象，但是，政府从来不曾也不可能完全从市场中退出去。

**3. 公共产品只能由公有制经济主体来提供吗？**

一般认为公共产品由于具有非排他性和非竞争性的性质，不适于由市场或私人生产来提供，因为私人生产者不能承担不收费、不计成本而导致的亏损。这样，公共产品就只能由代表公共利益的政府来提供。而政府提供公共产品的途径就是通过公有制经济主体的运作和经营，或者说，公共产品要由公有制经济主体生产出来。但在实际生活中，公有制经济主体往往存在效率低下、资源浪费、供给满足不了需求等弊端。因此，关于公共产品的供给方式在理论上有许多争议。

有的学者从公共产品的属性标准出发，认为判断是否具有公共产品属性实际上有多种标准，包括伦理的、需求的、技术的和交易成本的标准等，纯公共产品与准公共产品和私人产品之间并没有绝对的界限，某些公共产品是可以排他的，因此，通过市场机制提供公共产品完全是可能的。

有的学者提出公共产品的提供与公共产品的生产是不同的两个概念。公共产品的生产可以根据“平等进入”“选择性进入”的原则引进市场竞争机制；而公共产品的提供则应该由政府来实施，即政府可以“购买”公共产品转而提供给消费者。

有的学者认为应该根据公共产品的受益范围来确定公共产品的供给主体。如社会全体公民受益的全国性公共产品由中央政府提供，不涉及全国人民的地方性公共产品由地方政府提供，社区性的公共产品由社区提供。

有的学者认为应根据公共产品所具有的非排他性和非竞争性的相关程度来确定公共产品的供给机制。相关程度高，即同时具有非排他性和非竞争性的纯公共产品，只能由

---

① “后华盛顿共识”（the Post - Washington Consensus）作为 20 世纪末的一种重要学说，并不否定市场的自由原则，而是提倡从“自发主义”到“构建主义”市场概念的转换，强调发挥政府在构建制度、治理微观经济和私人部门方面的积极作用。

非市场机制的政府来提供；而相关程度低，即仅具有非排他性或非竞争性之一的准公共产品，则可以通过市场机制来提供。在具体的供给方式上，可以由私人投资私人收费，但政府给予管制或政策引导；也可以由政府投资，但交由具备资质和能力的私人或企业经营管理。

**4. 如何认识政府宏观调控目标之间的相互关系及其选择？**

政府的宏观调控目标是多元的而不是单一的。这些多元的不同的目标在对宏观经济运行所产生的效应方面，有时是一致的，有时是不一致的。例如，在长期目标与短期目标之间、民生目标与经济增长目标之间、经济总量与经济结构之间都经常会产生矛盾。政府需要在充分理解各个宏观调控目标之间的相互关系的基础上，权衡利弊得失，做出尽可能好的选择。

例如，菲利普斯曲线主要说明了经济运行中这样一种现象：在一定条件下，失业率与工资增长率，或失业率与通货膨胀率之间存在着此长彼消、此起彼落的关系。那么，当政府需要抑制物价的快速上涨时，可以在容忍一定的失业率的前提下去降低通货膨胀率；当政府需要控制失业率的上升时，可以在保持一定的通货膨胀率的条件下去降低失业率。问题在于，容忍多高的失业率或通货膨胀率才是适当的呢？要知道，社会对失业率和通货膨胀率的容忍都是有限的。既要实现充分就业，又要保持物价稳定，作为政府宏观调控的目标，这二者之间是存在矛盾的。

厉以宁曾经指出，把充分就业和稳定物价摆在宏观政策目标体系中的最重要位置上，这一点估计不会有太大的争议。有争议的主要是以下两个问题：一是充分就业与物价基本稳定的含义，即多高的失业率可以被认为是充分就业的界限，多高的通货膨胀率可以被认为是物价基本稳定的界限；二是在就业与物价基本稳定这两项目标的排列方面，哪一项目标在何种形势下应当排在前，哪一项目标相比之下可以往后排。厉以宁认为，总的说来，政府的宏观经济调节的结果不应当是为了抑制通货膨胀而大幅度降低经济增长率，从而牺牲就业目标。宏观经济调节的结果应当是：既保证经济以较高的速度增长，使就业问题得以在经济增长过程中解决，又能把通货膨胀率控制在社会可以承受的范围内。他认为，在一般情况下，应当是就业优先，兼顾物价基本稳定。而只要通货膨胀率低于经济增长率，就可以称为“适度通货膨胀率”了。①

经验告诉我们，在理解宏观调控目标的相互关系时需要认识几点：第一，宏观经济运行的各个方面是相互产生影响的，主要矛盾和次要矛盾也是可以相互转化的。第二，一个宏观调控政策通常对调控的对象范围起作用，而对调控对象范围外的经济运行调控作用是有限的，如为保持经济增长速度采取的财政政策和货币政策就难以对控制通货膨胀及调整经济结构同时起作用，以货币供应量和稳定货币为目标的货币政策也难以对诸如公共产品供给和产业结构发生作用。第三，宏观调控政策的运用经常必须综合性地运

① 厉以宁. 经济学的伦理问题［M］. 上海：上海三联书店，1995.

用，而宏观调控目标的权衡只能以相对利益最大、相对损失最小为出发点。

**5. 如何认识我国在应对国际金融危机中宏观调控政策的综合运用？**

2008 年下半年，我国经济受到国际金融危机的冲击，经济增长在一个高峰出现拐点，呈现出一轮周期的衰退现象。为保持经济的稳定增长和避免出现大幅经济波动，我国政府采取了一系列反危机对策，宏观调控政策从之前针对经济过热和通货膨胀的稳健的财政政策和从紧的货币政策转变为防止经济下滑的积极的财政政策和适度宽松的货币政策。政府一方面拟定了两年内投资 40 000 亿元的庞大财政计划，另一方面通过减息减税、提供消费信贷优惠利率、增持银行国有股等货币操作刺激投资和消费。学术界在肯定宏观调控政策对“扩内需、保增长”所起到的重要作用的同时，也针对我国经济运行存在的问题，提出了一些新认识。

有学者指出，引发我国此次经济急速下滑的直接原因虽然是国际金融危机，但我国经济存在的内在矛盾和深层次问题是不容忽视的。“目前我国经济生的‘病’，与全球经济生的‘病’并不是同样的‘病’。”① 我国长期存在的经济增长方式粗放、经济结构不合理、收入分配差距过大等导致的投资过度、消费不足，是形成生产过剩的内因，很容易受到国外经济的冲击。“需要注意的是，宏观经济政策的短期调控只能达到稳住大局的目的，而不能解决根本问题。”“要想从根本上来解决问题，还需依靠经济发展方式由粗放发展到集约发展的转型。”②“实际上中国经济增长在未来将要面临的挑战，主要还将来自内部。”③

针对我国政府为应对国际金融危机而采取的一系列政策措施，有学者指出，如果发生宏观治理目标的错位和混乱，“不顾经济周期调整的规律，简单进行大规模刺激和过度救助，不但会破坏市场经济体系的正常运转，而且会给经济带来过度的波动和额外的调整成本。”“以投资为主导的短期刺激政策不足以引领我国走出‘周期性’和‘全局性’的经济衰退。”他们认为“必须从产业层面上保证产业循环链不断裂，在中观层面上保证社会资金链不断裂”。当前的政策选择必须将失业救助、失业安置作为一个更为关键的目标，要强化经济刺激政策的就业导向和消费导向。④

有的学者从解决国内总需求不足或消费不足的问题出发，认为不能将宏观调控政策的重点放在货币政策上。货币政策目标更多的是要追求币值稳定，而财政政策则更多的是负有启动经济的功能，应让货币政策为财政政策的调整服务。同时，要更多地使用财政政策，“也有一个尽量提高财政政策的使用效率的问题。”这需要把握好财政收入的使

---

① 魏杰. 关于我国目前保经济增长的几个争议问题 [J]. 经济学动态，2009 (5)：8 - 14.

② 吴敬琏. 金融海啸与中国经济 [J]. 上海大学学报 (社会科学版)，2009 (1)：5 - 13.

③ 王晓鲁，樊纲，刘鹏. 中国经济增长方式转换和增长可持续性 [J]. 经济研究，2009 (1) 44 (1)：4 - 16.

④ “中国宏观经济分析与预测报告”课题组. 警惕短期刺激和过度救助的额外成本 [N]. 21 世纪经济报道，2009 - 03 - 23.

用方向和加大对财政收入使用过程的监督和约束。①

有的学者根据我国2009年上半年出现的信贷增长过快、$M_2$增长明显超过$M_1$，而民营经济尤其是中小企业信用不足的问题，提出在货币政策方面，应在下调准备金率的同时微调存贷款利率，真正按市场经济规律，参照“货币增长倍数”，正确调节货币供求。应增加企业技改贷款财政贴息和其他必要补贴，特别是为中小企业技术改造和为产业升级提供财力支持。并应“按照目标通货膨胀率的要求，根据通货膨胀率的变化情况，相机抉择，制定相应政策。”②

总之，根据我国的具体国情，解决我国经济的内在矛盾，在宏观调控方面，不但需要急症及医的及时应变政策，而且需要标本兼治的长期政策导向和机制调理；在运用宏观调控政策时，要兼顾长远目标和短期目标，综合运用财政政策、货币政策、产业政策及其他政策；必须通过深化改革消除体制性障碍；等等。这些都已成为许多学者的共识。

**6. 供给侧改革及其内容是什么？**

经济学关于总供求关系历来存在不同理解。古典经济学从生产和供给的视角出发，认为供给会创造需求，生产决定消费，法国经济学家萨伊并提出了著名的供给等于需求的“萨伊定律”。凯恩斯批判了这种观点，认为供给不能创造对自身的需求，产出也会在不确定的长期内偏离充分就业的水平。凯恩斯理论注重有效需求对经济的影响，强调需求管理在政府制定经济政策中的指导性意义。

我国的经济实践说明，发展中国家在工业化过程中的某一个阶段上，需求不足容易成为经济增长的阻力，但是，构成宏观经济周期性波动的原因并不仅仅存在于需求方面。

从1990年以来，我国工业化过程中就存在经济增长方式粗放、产业结构扭曲、体制机制不合理等问题。虽然经济增长维持了长期的高速度，但潜在的矛盾和问题也越来越多。进入21世纪后，随着我国工业化、城市化进程加快和国际经济形势的变化，主要依靠投资和进出口拉动的增长模式已难以为继。自2010年以来，我国出现了一轮较长期的经济下滑。在这种背景下，2015年11月，中国政府在对新经济形势做出研判的基础上，提出了实行供给侧改革的思路。也就是说，中国经济不仅存在消费不足的问题，还存在供给抑制的问题。在一定时期，供给侧的问题可能更为严重。因此，不仅要扩大需求、刺激消费，还要进行供给侧改革，提高供给体系的质量和效率。具体做法主要是通过淘汰僵尸企业和产业重组来化解产能过剩，通过有针对性的财政税收政策减少企业的制度性成本，促进企业和国民的创新创业，通过多种途径和政策手段减少空置、过剩的房地产库存，并采取有效措施防范和化解潜在的金融风险。③

---

① 魏杰. 关于我国目前保经济增长的几个争议问题［J］. 经济学动态，2009（5）：8－14.

② 刘迎秋. 宏观经济走势与我们的任务［N］. 经济参考报，2009－05－06.

③ 吴敬琏，等. 供给侧改革——经济转型重塑中国布局［M］. 北京：中国文史出版社，2016.

# 第十四章　经济增长和经济发展

## 一、本章内容简介

随着一国经济增长与发展水平的提高，客观上要求转变经济增长与发展方式，以实现经济与社会的可持续发展。本章围绕社会主义市场经济条件下经济增长和发展方式的转变及其实现经济与社会的可持续发展问题，分三节来说明。

第一节从分析经济增长及其影响因素入手，研究了经济增长方式的含义、类型及其转变，强调了经济增长方式转变中制度因素的重要性。

第二节主要分析了经济发展方式转变的内涵及其实现机制，阐明了经济增长方式转变与经济发展方式转变的联系和区别；进一步地还分析了经济发展方式转变的科学内涵与实现“三个转变”；强调了经济发展方式的转变需要有一个有效的实现机制，而体制机制保障、以人为本、统筹发展、建设“两型社会”则构成其重要内容。

第三节以可持续发展作为经济发展新模式，阐明了全面建设小康社会与可持续发展战略的内在关系。

## 二、本章主要知识点

### （一）经济增长

经济增长是指一个国家或地区生产的产品和劳务总量的长期持续增加，即用货币形式表示的国民生产总值（GNP）的不断增加。经济增长的快慢，通常用国民生产总值或人均国民生产总值在一定时期内的平均增长速度来衡量。影响经济增长的因素主要有三大类：生产要素的投入量、要素生产率和制度。

### （二）经济增长方式

经济增长方式，主要是指通过各种生产要素投入、组合和使用的不同方式而实现的经济增长及其效果，它决定着生产力系统的整体效能和发展状况。

一般将经济增长方式分为两种基本类型：一种是要素资源的投入、组合和使用上以数量扩张为主而实现的经济增长，即粗放型[①]经济增长方式；另一种是要素资源的投入、组合和使用上以质量提高为本而实现的经济增长，即集约型经济增长方式。随着一国或地区经济发展水平的提高，客观上要求其经济增长方式从粗放型增长向集约型增长转变。

### （三）经济发展

经济发展是指一个国家或地区随着经济增长而出现的经济、社会和政治的整体演进和改善，体现为从传统经济向现代经济转变的历史过程。具体地说，经济发展的内涵包括三个方面：一是经济数量的增长，二是经济结构的优化，三是经济质量的提高。

### （四）经济发展方式

经济发展方式是指实现经济发展的方法、手段和模式，其中不仅包含经济增长方式，还包括结构优化、环境改善、技术不断创新、人民生活水平提高、资源配置趋于合理等方面的内容。

### （五）产业、产业结构与产业分类

产业是指国民经济中以社会分工为基础，在产品和劳务的生产和经营上具有某些相同特征的企业或单位及其活动的集合。

产业结构是指国民经济中产业的构成及其各产业之间的联系和比例关系。产业结构的主要内容包括：构成产业总体的产业类型、数量比例、组合方式，各产业之间的本质联系，各产业的技术基础、发展程度及其在国民经济中的地位与作用。

在经济研究和经济管理中，常见的产业分类方法主要有三种：一是两大领域、两大部类分类法；二是三次产业分类法；三是资源密集度分类法，即通常根据劳动力、资本和技术三种生产要素在各产业中的相对密集度，把产业划分为劳动密集型、资本密集型和技术密集型产业。

### （六）区域经济结构及其调整

区域经济结构是指国民经济中各个经济区域之间的发展关系和结合状况，它也是国民经济结构的一个重要方面。

区域经济结构的调整是指生产要素在各个区域之间的合理配置，它使各个区域在国民经济的整体活动中，能够充分发挥各自的优势，同时相互配合、相互补充、协调一致地发展，因而也是实现经济发展目标的重要条件。区域经济结构的调整对实现经济发展

① 这里的“型”意指“为主”。指出这一点，既有助于避免一些无谓的争论，又有助于正确认识现实的经济增长方式转变中非单一性的或复杂的经济现象。

目标具有十分重要的意义。

### （七）可持续发展

可持续发展是一个内涵十分丰富，包括生态、经济、社会三维复合系统整体的概念。其核心思想是，健康的经济发展，应建立在生态可持续、社会公正和人民积极参与自身发展决策的基础之上；其追求的目标是，既使人类的各种需要得到满足、个人得到充分发展，又要保护资源和生态环境，不对后代的生存和发展构成威胁。

衡量可持续发展主要有经济、社会和环境三个方面的指标，缺一不可。具体而言，可持续发展应包括可持续性、公平性、系统性和共同性等内容。

### （八）科学发展观

科学发展观是发展中国特色社会主义必须坚持和贯彻的重大战略思想，其第一要义是发展，核心是以人为本，基本要求是全面协调和可持续，根本方法是统筹兼顾。

### （九）新发展理念

新发展理念是科学发展观的具体体现与理论升华，是推动经济发展质量变革、效率变革、动力变革必须坚持和贯彻的战略思想，统筹兼顾了创新、协调、绿色、开放、共享五个方面。其中，创新是引领发展的第一动力，协调是持续健康发展的内在要求，绿色是可持续发展的必要条件，开放是繁荣发展的必由之路，共享是社会主义的本质体现。

### （十）现代化经济体系

现代化经济体系是新时代背景下，以新发展理念为指导，深入推动经济发展变革的经济体系，是以现代化产业体系为支撑，重塑经济发展动力结构的经济体系，是以完善的制度为保障，优化资源配置的经济体系，是以解决发展不平衡不充分问题为抓手，应对社会主要矛盾变化的经济体系。

现代化经济体系的主要特征是经济转型升级，具体表现在五个方面：第一，经济发展水平更高，经济增长更优；第二，区域发展和城乡发展更协调；第三，社会主义市场经济体制更健全；第四，开放范围更全面，开放程度更高；第五，现代化产业体系更完善，产业布局更合理。

### （十一）乡村振兴战略

乡村振兴战略，既包括经济振兴、社会振兴、文化振兴，又包括治理体系创新和生态文明进步，根本是人的振兴，是一个围绕农业、农村、农民振兴的系统工程和全面振兴的综合概念。乡村振兴以振兴产业作为乡村振兴战略的重要基础，以振兴环境作为乡村振兴战略的重要载体，以振兴文明作为乡村振兴战略的重要依托，以振兴治理作为乡村振兴战略的重要支撑，以振兴生活作为乡村振兴战略的重要归旨。

## 三、重点问题解答

**1. 科技进步在经济增长中的作用是什么?**

影响经济增长的因素很多，一般认为最主要的有三大类：生产要素的投入量、要素生产率和制度。而科技进步则是提高要素生产率的最直接因素，从而也是促进经济增长的重要因素。

在经济增长中，科技进步作为一种渗透性要素作用到资本、劳动、自然资源等要素上，通过提高生产要素的质量、系统地改善生产要素的组合状况从而提高生产要素的效率。作为一种潜在的生产力，科技只有在生产过程中通过与劳动和资本等生产要素的有机结合，才能够转化为现实的生产力，才能够充分发挥它的作用。科技进步在生产上的应用程度越高，科技进步的贡献越大，全要素生产率就越高。科技进步在经济增长中的作用，主要表现在以下三个方面：

（1）科技进步可以推动更多的生产要素。科技进步可以提高劳动者的素质，使得每个劳动者可以推动更多的生产资料；科技进步可以提高劳动资料的性能，使其推动更多的劳动对象。其结果会导致产品数量的增加，为经济增长奠定基础。

（2）科技进步可以引进新的生产方法，生产新产品，开辟新市场和新销路。新的生产方法的引进，可以提高劳动生产率，即在要素投入不变（或成本不变）的情况下，提高产量，或者在产量不变的情况下，降低成本。新的生产方法的引进，还可以生产出新产品，从而开辟出新市场和新销路。这既可以吸引更多的消费者，提高企业的市场占有率，从而提高企业的经济效益，又可以分散风险，从而降低企业的成本。

（3）科技进步可以利用新原料开辟新的原料来源、形成新的生产组织。科技进步可以开辟新的原料来源，如合成化学不但可以将无机物转化为有机物，而且还可以把原料转变为更适合工业利用的形式。越来越多新原料的出现，不但可以使原有企业生产出越来越丰富的新产品，而且还可以产生新的生产组织，扩大整个社会的生产规模，推动整个社会的经济增长。

国内外经济增长的理论和实践证明，现代科学技术已经成为影响经济增长的决定性因素；科技进步对经济增长的贡献已明显超过资本和劳动力的作用，成为了经济发展的主要动力。

**2. 如何理解经济增长中制度因素的重要性?**

自20世纪70年代以来，以诺思、科斯为代表的新制度经济学在西方兴起，他们从制度因素这一崭新的角度来研究经济增长问题。长期以来，在西方主流经济学的有关经济增长模型中，制度因素总是被排除在外，即将制度视为既定的因素，作为外生变量，主要从纯经济技术的角度，通过各种生产要素的变化来说明生产率的变化和经济增长。然而把制度因素排除在外，并不能真实地描述经济增长的绩效。这是因为在现实生活中，信息的不完全性及信息费用会影响市场机制的运行结果，低效率的产权结构会使得外部性问题和"搭便车"问题更加严重等，这都会影响到经济增长的轨迹。因此，诺思和科斯等人把制度因素（交易成本、产权、制度变迁等）作为决定和影响经济增长的一个主要的内生变量，考察了制度与经济增长的相互关系。由于交易成本和制度变迁理论的引入，极大地扩展了经济增长理论的应用空间，使之对经济增长更具现实的解释力，它揭示出制度的动态发展及对经济增长的影响。

吸收新制度经济学对经济增长理论的有益研究成果，我们看到，在生产要素投入量和生产要素生产率不变的情况下，经济增长主要表现为制度创新或制度变迁的结果。具体来说，制度主要通过产权、国家、意识形态三个方面来影响经济增长。

（1）产权。刺激经济增长的动力大小与一定的产权制度直接相关。有效率的、明晰的产权制度会为人们的经济活动造成一种激励效应，从制度上激发和保护经济领域内的创新活动，减少未来的不确定性因素，有效阻止"搭便车"等机会主义行为，使私人收益接近社会收益，从而促进经济增长。

（2）国家。高效率的产权结构会促进经济增长，而界定产权、确立产权结构需要花费成本。由于国家具有"暴力潜能"，由国家来界定和保护产权可降低交易费用。国家通过界定产权，及时获得一切关于破坏产权行为的信息，并通过对破坏产权行为进行有效的制裁等来保护产权主体在交易活动中应享有的利益。由于国家决定产权结构，因此它最终要对经济增长产生一定的影响。国家通过向社会提供"保护"和"公正的服务"来达到以下目标：一是界定形成产权结构的竞争与合作的基本规则，从而使统治者的租金最大化；二是降低交易费用以使社会产出最大化，从而增加国家税收。

（3）意识形态。诺思认为，意识形态是人们关于世界的一套信息，是使个人和集团行为范式合乎理性的智力成果①，或者说，意识形态是一定团体或社会中所有成员共同的认识、思想、信仰、价值等。它反映了该团体或社会的利益取向和价值取向，可以保持社会内部团结和稳定性，以大大降低制度安排的费用，有效地克服"搭便车"问题。

进一步说，意识形态对经济增长的影响主要表现为：其一，被一种"世界观"引导的意识形态是一种交易费用节约机制，因为通过这种意识形态人们认识了他们所处的环境，从而使决策过程简单明了。其二，如果占支配地位的意识形态使人们相信现存的分配或交易规则是与正义共存的，人们便会出于一种道德感来遵守这些规则，否则人们会试图改变其意识形态。因此，如果占支配地位的意识形态与社会进步的方向一致，并有

① 道格拉斯·诺思. 经济史上的结构和变革［M］. 厉以平，译. 北京：商务印书馆，1992：49.

效地克服了“搭便车”现象，那么它将成为经济增长的促进力量，就可以以较低的代价获得较大程度的经济增长。

**3. 怎样看待经济增长方式与体制转变的关系？**

体制转变，即从传统的计划经济体制转向现代市场经济体制，并非简单地以市场代替计划，而是一个用利益驱动的自主经济替代命令驱动的统制经济、用经济性市场信号引导为主的资源配置方式替代行政性计划指令为主的资源配置方式的过程。这是一个市场经济作为一种新的经济、社会制度要素植入经济社会肌体之中的长期、复杂且曲折的过程。

要正确认识和把握经济增长方式转变与体制转变之间的关系，必须注意以下三点：

（1）经济增长方式能否转变，特别是转变实绩如何，一个重要的前提是：制度变迁是有效的，或者说，体制转变本身具有“制度适应性”特征。考虑体制转变本身的“制度适应性”状况，即体制转变本身是否与一国的生产力发展水平、物质技术基础、经济发展的成熟程度、科技成果的吸收和扩散能力相适应，是否与一国的文化、教育、政治、意识形态等上层建筑相适应，也就是要考虑体制转变与其他影响经济增长方式转变的诸因素之间的相互适应状况；否则，即使体制转变了，也未必能实现经济增长方式的转变。这意味着体制转变与经济增长方式转变两者间并不总是统一的。也就是说，尽管体制转变了，但由于体制改革和转变方式的选择不当等，仍可能阻碍经济增长方式的转变。换言之，经济体制改革的成败将决定能否实现转换经济增长方式的目标。

（2）体制转变是经济增长方式转变的必要保障和前提，它意味着一种引导经济增长方式转变的内在激励与约束机制的形成、启动和运转；经济增长方式的初步转变，又为经济体制转变创造了较为宽松的经济环境和支持条件。我们不能把体制的转变与经济增长方式的转变之间的关系，看成简单的线性对应的关系，二者之间不是单纯的体制转变在前、经济增长方式转变在后的“分离”过程，也不是体制变量改变了、经济增长方式作为其因变量立即也就改变了的“同时”过程。实际上，二者之间存在着一种内在的依存关系，是一个彼此渐变、并行不悖、交织累积乃至总体上发生根本转变的互动互适、相辅相成的过程。经济体制改革和转变的推进，为经济增长方式的转变提供了一个诱导和驱动的机制。而经济增长方式转变的实质性进展，又进一步要求加速体制改革和根本转变的进程。因此，在实践中，只抓体制的改革和转变，或等完成体制改革之后才着手进行经济增长方式转变的工作，都是错误的和有害的。

（3）体制转变是一个复杂的系统工程，它的难度大、涉及面广。其中，市场机制的培育和完善可以说是基点。从体制转变这一复杂的系统工程看，它包括对原有经济系统模式的转变、系统内在结构的调整和运行机制的转换系统基本元素的再造以及系统的环境改变等相互关联、互为影响的内容，涉及微观、宏观，包括企业、市场、政府等方方面面。之所以说市场机制的培育和完善是其基点，是因为市场机制的运转、发展和完善，意味着价格信息机制、供求机制、竞争机制等对社会经济活动的调节和资源配置的市场力量不断增强，逐步削弱并替代原有经济系统内的行政指令性力量。它将微观与宏观、企业与个人、企业与企业、企业与政府等相互联系起来，形成新的市场经济运作系统。整个市场经济系统，由于有了市场机制的利益杠杆以及与此相关的保护各经济主体合法权益的制度安排，也就为各经济主体的经济活动提供了有效的动力保障。

**4. 经济增长方式转变与经济发展方式转变的联系与区别是什么？**

经济发展是指一个国家或地区随着经济增长而出现的经济、社会和政治的整体演进和改善。经济发展方式是指实现经济发展的方法、手段和模式，其中不仅包含经济增长方式，还包括结构优化、环境改善、技术不断创新、人民生活水平提高、资源配置趋于合理等方面的内容。因此，经济发展与经济增长、经济发展方式与经济增长方式有着密切的联系，同时又有着显著的区别。相应地，经济增长方式转变与经济发展方式转变也有着类似的联系与区别。

（1）两者的联系。

转变经济增长方式，也就是指从粗放型经济增长方式转变为集约型经济增长方式。从总体上看，这一转变的含义是指经济总量增长方式的转变，是一个客观的经济范畴。它强调的是整个国民经济中资源配置的优化，经济运行质量的提高及宏观经济效率和效益的提高。

经济发展方式的转变，包括粗放型增长方式向集约型增长方式转变；资源消耗型发展向资源节约型、环境友好型发展转变；技术引进型发展向技术创新型发展转变；外需拉动型发展向内需主导型发展转变；投资拉动型增长向居民消费拉动型增长转变；倾斜型发展战略向均衡型发展战略转变，即处理好城乡之间、区域之间协调发展的关系，改变由于“政策倾斜”形成的地区之间、城乡之间发展不平衡、不协调的状况；效率优先的分配模式向兼顾效率与公平的分配模式转变，让人民平等地享受发展成果。

（2）两者的区别。

一是经济发展方式包含经济增长的内容，但不等同于经济增长。经济增长是指一个国家或地区经济量上的变化或增加，即指一定时期产品和劳务的增长。经济增长包含在经济发展之中，它是促成经济发展的基本动力和物质保障。一般而言，经济增长是手段，经济发展是目的；经济增长是经济发展的基础，经济发展是经济增长的结果。虽然在个别条件下有时也会出现无增长而有发展的情况，但从长期来看，没有经济增长就不会有持续的经济发展。但经济发展是对社会经济积极的推动，更强调经济发展对社会的正向作用和影响，而传统的经济增长方式更多地强调数字的量度，它对社会既可以产生正向作用又可以产生负向作用。

二是经济发展方式注重经济质量意识。比较而言，经济增长的内涵较窄，是一个偏重于数量的概念；经济发展的内涵则较宽，是一个既包含数量又包含质量的概念，在质和量的统一中更注重经济质态的升级和优化。虽然经济增长是经济发展的必要前提，但并不是一切经济增长都能带来经济发展。如果只是传统经济在原有结构、类型、体制基础上单纯依赖增加资源消耗去实现数量增长，而没有经济质态的升级和优化，就不可能带来经济、社会和政治的整体演进和改善，从而出现所谓“有增长无发展”状态。

三是经济发展方式注重经济社会综合协调发展的内涵，体现了科学发展观的理念。强调发展应当是追求自然规律和社会规律的统一，只有倡导一种旨在促进“自然－经济－社会”复杂系统和谐发展的战略，人类的发展才能真正实现手段与目的的统一。强调发展应当是追求以人民为中心的原则，只有倡导一种旨在促进“全社会每个人的全面发展”的经济社会发展战略，经济增长和物质财富的丰裕才具有真正的社会价值。

**5. 经济发展方式的“三个转变”是什么？**

改变传统的经济增长方式，强调转变经济发展方式，本质上就是要走全面协调可持续发展的道路，加快经济结构战略性调整，积极建设资源节约型、环境友好型社会，在合理充分利用自然资源、保护生态环境的基础上，促进经济的发展。要实现经济发展方式的根本转变，我们必须实现以下“三个转变”：

（1）促进经济增长由主要依靠投资、出口拉动向依靠消费驱动转变。总的来说，我国经济增长是依靠投资、净出口和消费“三驾马车”拉动的。从多年历史来看，在“三驾马车”中，投资对经济增长的拉动作用一直很大，2008年之前净出口的拉动作用还比较强，但受金融危机导致的世界经济萎靡影响，2008年之后净出口对我国经济增长的拉动作用明显减弱，而消费的拉动作用则表现出波动上升的趋势。因此，我们必须坚持以人民为中心，贯彻落实新发展理念，在发展生产的基础上，扩大内需，积极提高消费率，同时，完善收入分配政策，持续增加城乡居民收入，以增强消费对经济增长的拉动作用。此外，要适度控制投资规模，优化投资结构，提高投资效益，合理降低投资率。要转变外贸增长方式，调整进出口结构，发展更高层次的开放型经济，使消费、投资、出口“三驾马车”协调发挥拉动增长的作用。

（2）促进经济增长由主要依靠第二产业带动向依靠第一、第二、第三产业协同带动转变。目前我国服务业发展滞后，经济增长长期主要依靠第二产业推动。因此，推进产业结构优化升级，坚持走中国特色新型工业化道路，促进信息化与工业化融合，巩固第一产业，做大第三产业，提升第二产业，发展现代产业体系是转变经济发展方式的迫切需要。

（3）促进经济增长由主要依靠增加物质资源消耗向主要依靠科技进步、劳动者素质提高、管理创新转变。加快转变经济发展方式，关键是全面提高自主创新能力，促进科技成果向现实生产力转化。为此，首先，我们必须按照建设创新型国家的要求，推动国家创新体系建设，支持基础研究、前沿技术研究和社会公益性技术研究；其次，我们必须加快建立以企业为主体、市场为导向、产学研相结合的技术创新体系，使企业真正成为研发投入和自主创新的主体；最后，我们必须继续实施全民科学素质行动计划，大力提高劳动者科技文化素质，充分发挥我国人力资源优势在经济发展中的作用。

**6. 经济发展方式转变的实现机制是什么？**

经济发展方式的转变是一项长期而艰巨的任务，转变经济发展方式需要通过以下措施形成一个有效的实现机制：

（1）深化改革和完善体制，为科学发展提供体制机制保障。

①完善基本经济制度，健全现代市场体系。第一，要坚持和完善公有制为主体、多种所有制经济共同发展的基本经济制度，坚持平等保护物权，形成各种所有制经济平等竞争、相互促进新格局。第二，加快形成统一开放竞争有序的现代市场体系，是完善社会主义市场经济体制、促进经济又好又快发展的重要内容。

②深化财税、金融等体制改革，完善宏观调控体系。第一，要建立和健全有利于促进科学发展和社会和谐、推动科技进步、节约能源资源、保护生态环境的财税体制，实现财政体系从经济建设型向公共服务型转变。第二，要推进金融体制改革，发展各类金融市场，形成多种所有制和多种经营形式、结构合理、功能完善、高效安全的现代金融体系。第三，要推进国家规划改革，完善国家规划体系，使国家的发展规划和地方的发展规划相衔接。

（2）坚持以人为本，坚持扩大内需的方针，着力增强消费需求对经济增长和发展的拉动作用。

①坚持以人为本，具体的体现在充分保障人民享有的经济、政治、文化、社会等各方面权益上，让发展成果惠及广大人民群众。

②无论是着眼于改善民生，还是着眼于产业结构调整和国际收支平衡，都要坚持扩大内需的方针，继续完善收入分配政策，持续增加城乡居民收入，鼓励合理消费，着力增强消费需求对经济增长和发展的拉动作用，形成消费、投资、出口协调拉动经济增长的局面，促进国民经济良性循环和人民生活水平不断提高。

（3）建立现代化经济体系，推动经济发展变革，统筹城乡发展，统筹区域发展，统筹国内外发展。

①现代化经济体系建设以提高国民经济供给体系质量为抓手，最终表现为实体经济的“高质量、优结构、强动力”。因此，质量变革、效率变革、动力变革的“三大变革”，成为建设现代化经济体系的三大重要内容。其中，质量变革是关键，效率变革是支撑，动力变革是基础。

②统筹城乡发展要以乡村振兴战略为指导。振兴社会主义乡村，要从根本上突破城乡二元结构，逐步缩小城乡差距，形成城乡融合发展的新格局，即在实现城乡发展规划一体化、城乡基础设施建设一体化、城乡公共服务一体化、城乡劳动力就业一体化、城乡社会管理一体化等基础上，推动乡村产业振兴、环境振兴、治理振兴、生活振兴和文明振兴。

③深入落实新发展理念，促进区域协调发展，引导生产要素跨区域合理流动，有效缩小不同区域民众的人均收入水平、享受基本公共服务的差距，从而逐步缩小区域发展

差距。

（4）自主创新，广泛采用节能减排技术，着力建设资源节约型、环境友好型社会。

①提高自主创新能力，既是确保到2020年实现全面建成小康社会奋斗目标的需要，也是应对世界科技革命和提高我国竞争力的需要。

②建设资源节约型、环境友好型社会是加快转变经济增长方式，缓解资源约束和环境压力，提高经济增长的质量和效益，实现节约发展、清洁发展、安全发展和可持续发展的重大战略任务。

## 四、疑难问题和学术争鸣

**1. 如何正确认识西方经济增长理论的演进与经济增长方式的转变？**

通观西方经济增长理论，几乎找不到专门或直接研究经济增长方式及其转变的论著。这是为什么呢？从西方经济增长史来看，在市场经济国家，经济增长方式的转变是一个在市场制度“诱导和驱动”作用（其中市场机制的作用是基点）下自然的、历史的演进过程。因而，西方经济学家也就不再研究“经济增长方式如何转变”这样一个在他们看来是由实践自然去解决的问题，而是关注在市场制度既定条件下经济如何增长、经济增长的源泉、经济增长诸因素以及经济增长中市场与政府作用的互补性整合等问题。下面从西方经济增长理论的演进来看经济增长方式转变的客观历史过程。

（1）古典经济增长理论：劳动与资本的重要性。

古典经济增长理论的起源可追溯到英国古典经济学的创建人亚当·斯密，这不仅因为他是经济增长理论的第一个系统表述者，最先系统地研究了资本主义经济增长理论，更为重要的是，他突破了先前重商主义和重农主义各自的狭隘性，冲破产业对抗，使劳动概念一般化，把国民财富增长的源泉具体归结为生产劳动者人数、分工（分工与效率、分工受市场范围的限制）和资本积累量。此外，斯密还考察了决定和影响国民财富增长的其他因素，如自由竞争、自由贸易等。为此，斯密强调自然法则，推崇市场机制的作用，在政策主张上，反对政府对工商业经济活动的任何干涉。

李嘉图作为斯密的承继者，对国民财富的增长即经济增长问题也进行了深入研究。不同的是，他将研究的重点从生产转向分配，并把“确立支配分配的法则”，看成“政治经济学的主要问题”。[①] 他从研究地租、工资和利润的比例变化如何影响资本积累，进而分析了对财富增长的影响。李嘉图认为，在社会经济增长和发展中，有三个重要阶级集团扮演着主要角色，即资本家、工人和地主，而这三者中资本家是最重要的，因为只有资本家才将其利润重新投入企业生产中，加速资本积累，从而加速国民财富的增长。

① 大卫·李嘉图．政治经济学及赋税原理［M］．郭大力，王亚南，译．北京：商务印书馆，1991．

可见，资本积累是国民财富增加的主要因素。

总体上看，古典经济增长理论的一个基本特征是：突出劳动与资本的重要性，把劳动和资本对生产过程的投入作为经济增长的主要动力源，进一步地认为，资本积累的不断形成和增加，乃是经济增长的决定性因素。

（2）现代经济增长理论：影响和决定因素内生化趋势。

20 世纪 30 年代末至二战后初期，以建基于凯恩斯经济理论之上的哈罗德 - 多马增长模型为研究现代经济增长理论的开端标志，涌现出一批有代表性的当代增长经济学家及其著作，由此形成和发展起了现代经济增长理论。

在哈罗德 - 多马模型中，由于假定资本——劳动比率是不变的，因而得出资本的积累率就是唯一决定经济增长的因素。1956 年，索洛在哈罗德 - 多马模型的基础上，提出了加速技术决定作用的增长模型：$\frac{\Delta Y}{Y}=a\left(\frac{\Delta K}{K}\right)+b\left(\frac{\Delta L}{L}\right)+\frac{\Delta A}{A}$。该模型表明：经济增长不仅取决于资本增长率、劳动增长率，以及资本和劳动对收入增长的相对作用的权数，而且还取决于技术进步，尤其是从长期增长和人均产量来看，资本增长率和劳动增长率的作用不大。[①] 这就凸显出技术进步作为经济增长的关键作用。在这里，技术进步第一次被视为一个单独的因素，纳入经济增长理论进行系统研究。

然而，这时的技术进步还被局限在促进经济增长的外生变量上，且体现在一定的物质资本之中，技术进步中人的因素仍未得到重视。这一缺陷引起了一批经济学家的注意，经过舒尔茨等人的努力，生产的技术因素扩展到人力资本范畴并被内生化了。1960 年，他在全美经济学年会上发表了题为《人力资本投资》的演讲，独树一帜，阐发了他的“人力资本对经济增长起决定性作用”的观点。

20 世纪 70 年代的“滞胀”危机使一些曾经颇有建树的增长经济学家也转向其他研究领域。此后的 10 余年间，经济增长理论没有什么突破。直到 1986 年，罗默在《政治经济学杂志》上发表的关于“收益递增经济增长模型”的论文，才再度引起经济学家们对经济增长理论研究的兴趣。罗默、卢卡斯等经济学家认识到，经济增长不是外部力量，而是经济体系的内部力量，特别是内生的技术变化的产物。他们通过对知识外溢、人力资本投资、研究与开发、收益递增、劳动分工和专门化、边干边学、开放经济与垄断化等问题的研究，重新阐释了经济增长的源泉，提出了内生的技术进步是经济实现持续增长的决定因素，由此形成了新经济增长理论，收益递增是新经济增长理论的核心。

新经济增长理论总体来看尚不够成熟，最明显的是：在强调人力资本与知识和技术作用的同时，忽视了制度要素——经济制度仍被看作外生给定的，因而新经济增长理论的框架也就无法说明经济制度的变化对生产技术和经济增长的重要影响。

---

① 因为资本增长取决于资本折旧和新投入的资本量，随着资本存量增加，折旧额也会增加，但比率递减，从长期看将趋于零；劳动增长可以增加总产量，但从长期看资本增长率往往小于劳动增长率，这时人均增长率会下降为负数。因此，技术进步在决定经济增长中具有特别重要的作用。

自 20 世纪 70 年代以来，以诺思、科斯为代表的新制度经济学在西方兴起。他们从崭新的角度来研究经济增长问题。他们引入交易成本和制度变迁理论，极大地扩展了经济增长理论应用的空间，使之对经济增长更具现实的解释力，并揭示了制度的动态发展及其对经济增长的影响。这正是新制度经济学具有历史进步意义的表现。

（3）从西方经济增长理论的演进看经济增长方式的转变。

①西方经济增长理论的演进轨迹，反映了经济增长方式转变过程中要素扩张到要素深化的规律性特征。西方经济增长理论演进与经济增长方式转变实践的内在逻辑如图 14－1所示。

| **古典经济增长理论** → | **现代经济增长理论** |
| --- | --- |
| 突出劳动与资本的重要性，进一步地认为，资本积累是经济增长的决定因素。 | 强调技术进步是经济增长的第一推动力，并将技术进步从物的因素扩展到人的因素，由经济增长的外生变量转向内生变量。 |
| ⋮ | ⋮ |
| **经济增长实践** | **经济增长实践** |
| 经济增长方式体现出第一次产业革命前后劳动特别是资本投入驱动的要素扩张、粗放型数量增长的特征。 | 经济增长方式体现出第二次及第三次产业革命，特别是正在发生的第四次产业革命后现代科技进步成为经济长期增长的第一要素、集约型质量提高的特征。 |

**图 14－1　西方经济增长理论演进与经济增长方式转变实践的内在逻辑**

以亚当·斯密的《国富论》问世为主要标志，西方经济增长理论经过 200 多年来的发展，走过了一条由物到人、由有形资本到无形资本、由外生增长到内生增长的演进道路，从看到劳动与资本在经济增长中的重要性，到特别突出物质资本积累的决定性作用；从重视技术进步的作用，到更加强调以人的素质为中心的知识、技术和人力资本的积累，每一个增长模型都从它特有的研究角度，直接或间接地反映和揭示了经济增长实践的部分现实。每一个经济增长理论的里程碑，都是世界经济发展到一定程度的产物，记载和标志着经济增长理论所取得的进展。若将其联结起来，则能清晰地勾勒出一条人类在迈向工业化的进程中，对经济增长源泉、动力结构发生重大变化的认识渐趋深化的发展轨迹。其实，这又何尝不是对市场制度下，经济增长方式自然的、历史的演进及至转变过程中由要素扩张到要素深化趋势的理论反映。不言而喻，这具有普适性意义。

综上可见，尽管西方经济增长理论并没有在直接意义上研究经济增长方式如何转变的问题，但是，他们的研究成果及其理论的发展性，在实际上较好地回答了经济增长方式怎样才能有效地转变。

②西方经济增长理论的演进轨迹，反映了制度因素是一个贯穿经济增长始终，因而也是贯穿经济增长方式转变之中的客观性因素。

从之前的考察中可见，西方经济学家分析经济增长的源泉及其影响因素，大多具有较为明显的阶段性特征，在不同的经济增长和发展阶段中，劳动力、资本、技术、知识等的地位和作用有所不同。但制度因素的促进或抑制作用，是贯穿经济增长始终的，也是贯穿经济增长方式的形成乃至转变之中的。不同的制度安排可以影响和改变各要素对经济增长的作用及作用程度。如专利法的实施，使新思想、新知识、新技术的发明者的私人收益与社会收益不一致程度大大减少，创新者的收益因此而内部化，从而使技术进步要素在促进经济增长乃至经济增长方式转变中的作用得以放大。无论经济学家们是否意识到这一点，事实就是如此，绝非臆想。这是因为，任何经济活动、经济增长乃至经济增长方式的转变过程，都是在特定的制度环境、制度结构和制度安排中发生和发展的。

实际上,考虑制度因素对经济增长的影响,可以追溯到古典经济学家亚当·斯密和大卫·李嘉图的相关论述。他们的共同点在于：都涉及把社会的制度结构划分为三个基本阶级：资本家、雇佣工人和土地所有者，由此考察他们之间的分配关系对经济增长的影响；他们都崇尚建立一个市场自由竞争和自由贸易的制度，让“看不见的手”（市场机制）来调节经济活动、实现经济增长，反对国家干预经济生活。尽管斯密和李嘉图并不认为制度因素在严格意义上可看作一个经济变量，但他们仍把制度因素看作一个不可忽视的外生参数。①

在此之后，新古典经济增长理论和新经济增长理论的经济学家们，借助数学模型来解释经济增长，注意力集中在资本积累、知识和技术创新等纯经济技术因素方面，使制度的作用不再成为理论上解释经济增长的重要因素。而近 20 年来发展起来的新制度经济学，才又恢复了研究制度因素对其他经济变量的影响的经济分析传统，尤其是在研究不同的制度安排对激励行为和资源配置效率的影响，从而揭示出制度所具有的增长功能，取得了引人注目的成就。

尽管制度因素在经济学分析中的定位有过一段曲折的发展过程，但最终制度因素与经济活动和经济增长的内在联系，已为越来越多的人所认识。新制度经济学在建立起内生的技术进步、制度变迁与经济增长之间的理论联系上做出的巨大贡献，在经济学发展史上功不可没，特别是对我们今天探讨中国经济增长方式转变的制度保障与制度创新，很有借鉴与启示意义。

---

① 这里有必要指出，在古典经济学之后，马克思的经济理论（包括再生产理论）系统而深入地研究了制度因素对经济增长和社会发展的重要作用，将古典经济学的制度分析方法发挥得淋漓尽致。马克思在资本家、雇佣工人、大土地所有者这三大阶级的制度结构内，着重分析了资本家与雇佣工人之间的经济关系对经济增长的影响，这一分析的深刻程度远远超过了他的前辈。

**2. 怎样理解未来的人口红利——中国经济增长源泉的开拓[①]？**

20 世纪 90 年代以来，关于人口转变与经济增长关系的研究发现，劳动年龄人口持续增长、占总人口比重不断提高、形成较低的抚养率这样一种生产性人口结构，可以促进整个国家出现高储蓄、高投资和高增长的格局，从而为经济增长提供一个额外的源泉，这往往也被称为“人口红利”。中国自改革开放以来，在人口政策、经济增长和社会变迁等因素的共同作用下，形成了有利的人口结构，这样的“人口红利”，促进了经济的高速增长。

然而，随着既有人口转变阶段的变化，劳动年龄人口占优势的人口结构从目前来看，最终会转变为年老型的人口结构。这一转变将可能会导致“人口红利”的减弱乃至消失。因此，有不少学界人士对未来中国经济增长表示担忧。

但也有文献指出，在人口年龄结构趋于老化的情况下，个人和家庭的未雨绸缪可以产生一个新的储蓄动机，形成一个新的储蓄来源，其在国内、国际资本市场上的投资还可以获得收益。这被称为区别于前述意义上“人口红利”的“第二次人口红利”（Lee et al.，2006）。不过，蔡昉（2009）指出，如果仅从人口老龄化时期储蓄动机角度来观察，尚不能构成在推动经济增长的作用程度上，堪与“第一次人口红利”相提并论的“第二次人口红利”。

最后，需要强调的是，无论是“第一次人口红利”还是“第二次人口红利”，其作用的发挥都是以一系列制度为前提条件的。“第一次人口红利”得益于改革开放以来人口政策的调整、增长方式的改变和社会经济结构的变迁。而众多文献对发达国家成功经验的分析表明，“第二次人口红利”的实现所需要具备的制度条件更高，涉及教育制度、就业制度、户籍制度和养老保障制度等多方面的改革。

**3. 如何看待资本积累与技术进步的动态融合：中国经济增长的一个典型事实[②]？**

改革开放以来，经济增长方式转变一直是我国政府和学界关注的热点问题。有许多专家学者认为，中国 20 世纪 90 年代以来高速经济增长所依赖的主要是资本、劳动力要素的高投入，而技术进步率则相对较低。高投入形成的高增长在缺乏足够技术支撑的前提下，往往会造成大量物质消耗，带来巨大的资源和环境压力，因此，转变经济增长方式成为了当务之急。

但是，也有部分学者（赵志耘等，2007）强调，应认识到经济增长方式的转变是有其客观规律的。第一，从人类社会经济发展近 300 余年的历史长河来看，大规模资本投入阶段或资本积累阶段是一个不可逾越的历史阶段；第二，这一阶段的完成大致需要经历 100 年的时间。因此，高度重视经济增长方式转变十分必要，但要真正转变增长方式

---

① 蔡昉. 未来的人口红利——中国经济增长源泉的开拓［J］. 中国人口科学，2009（1）：2－10.

② 赵志耘，吕冰洋，郭庆旺，等. 资本积累与技术进步的动态融合：中国经济增长的一个典型事实［J］. 经济研究，2008（11）：116－118.

并非一日之功。

与目前国内外学术界对于中国经济增长的分析（或是沿着新古典增长的路线，或是沿用内生增长理论模型的思路）不同，赵志耘等致力于将二者结合起来，把资本驱动与技术进步同时内生化于增长模型中，考虑资本驱动与技术进步的内在联系，并从这个角度尝试解释中国经济增长路径。这一思想得到了实证研究的支持。通过实证研究发现，中国经济增长中过去和目前都存在着明显的体现在设备资本投入中的技术进步，1990—2005 年该形式的技术进步率至少为 5.1% ~6.0%，并且中西部地区这种技术进步并不必然低于东部地区。这说明，物质资本积累与技术进步的动态融合是我国改革开放以来经济增长的一个典型事实，高投入式增长并非一定是低效增长。研究证明了中国经济增长过程中存在较高资本体现式技术进步的可能性。

赵志耘等进一步指出，对于中国这样一个处于工业化进程中的国家而言，技术进步的发展进程往往是与资本积累进程动态地有机融合在一起的。而仅仅通过全要素生产率的计算，则很难观察出这种资本体现式技术进步水平。中国过去高投入式增长是工业化和城市化进程加快的一个阶段性现象，全要素生产率低也是以技术模仿为主、以设备投资为主的经济增长历程中的一个阶段性现象。况且，即便过去 20 多年来中国的高速经济增长是高投入型增长，但因在这种高投入中的设备资本投资包含着我们没有考虑到的技术进步，因此，中国经济高投入式增长未必就完全属于“粗放型”增长，更不一定就是低效增长，否则，中国的高速经济增长也不会持续这么长时间。

最后，赵志耘等还强调，鉴于我国所处的经济发展阶段和存在资本体现式技术进步的客观事实以及为尽快实现工业化的历史使命，我们在积极倡导和大力推进经济增长方式转变的同时，还不能忽视促进资本的有效积累，努力优化资本投资的结构，特别是还应鼓励技术（包括节能技术和减排技术）含量高的设备投资。

**4. 如何从内涵与外延来理解统筹城乡发展?**

自从2002 年党中央在十六大首次提出统筹城乡发展战略以来，无论是学术界还是业界，对于统筹城乡发展是什么、其本质内涵和外延展开了较大的争论，但总的说来，提出统筹城乡发展的根本目的在于要解决我国二元经济结构问题。我国长期以来实行的重城市、轻农村和重工业、轻农业的城乡差别发展战略，在计划经济体制下形成的二元经济结构，造成了城乡居民的两种身份、两种教育体制、两种就业制度、两种财政税收体系等不平等的制度，导致了中国城乡之间的隔阂形成、经济社会发展的失衡加剧、收入差距的不断拉大。二元经济结构已成为阻碍中国经济社会发展的一个十分严重的问题，因此，统筹中国城乡经济社会发展的当务之急，就是要转变二元经济结构。

（1）从内涵来看，统筹城乡发展是指统筹城乡的全面发展，主要是通过统筹城乡经济发展、统筹城乡社会发展和统筹城乡生态环境发展三个方面来解决我国城乡二元结构问题。

首先，统筹城乡经济发展，主要是针对城乡经济发展严重失衡、农业、农村、农民相对地“处后居下”现状，关键是要建立统一、有序的城乡产品和要素市场，特别是要统筹土地、劳动力、资金三大要素市场，要在城乡统一的大市场中协调城乡产业的发展，促进城乡要素自由流动和资源优化配置，发挥各自的比较优势，实现以城带乡，以工促农，以工业化和城市化带动农业、农村现代化，形成城乡互补、工农互促、共同发展的格局，进而实现城乡经济协调发展乃至整个国民经济可持续发展。

其次，统筹城乡社会发展，重点是要给农民以国民待遇，使农民拥有和城市人口平等的发展机会和享受同等的公民权利，这就要把影响城乡社会发展各个方面的制度统一起来，建立城乡统一的户籍制度、教育制度、卫生医疗制度、社会保障制度、社会管理制度、精神文明建设制度，在此基础上加大政府对农村基础设施、教育、文化、卫生、社会保障等方面的投资，逐步缩小城乡社会发展方面的差距。

最后，统筹城乡生态环境发展，主要是用科学发展观指导城乡发展规划，将城市中心组团与周围乡镇及乡村居民点作为一个整体，使城乡建设各项规划的内容相互衔接、相互促进、良性互动，把城市与农村作为生态系统的有机整体，着力形成农村支撑城市、城市促进农村的生态环境优化机制，促进城乡经济社会的可持续发展，建立和谐一体的城乡生态环境体系。

（2）从外延来看，主要要把握统筹城乡发展与城乡一体化的关系。总体来说，城市化是现代经济社会发展的过程，城乡一体化是城市化的高级阶段，而统筹城乡发展则是要在我国城市化过程中，兼顾城乡的发展，推进城乡共同协调发展，实现城乡一体化。

城市化表现为人口和社会经济资源向城市集中，经济发展将在更大程度上依赖于城市的发展，地区竞争日益表现为城市之间的竞争，城市在经济、社会、文化等方面的不断发展，成为现代人类的主要生存空间和活动场所。当城市化进入高级阶段，即城乡一体化阶段。城乡一体化是指城市与乡村充分发挥各自的优势和作用，实现融合发展，成为一个相互依存、相互促进的统一体，人口、资金、信息和物质等要素在城乡间自由流动，城乡经济、社会、文化相互渗透、相互融合、高度依存，城乡居民能够平等地共同享受现代文明。统筹城乡发展是实现城乡一体化的手段，城乡一体化是城乡统筹发展的目标。

城乡统筹，说到底是在新的发展时期，城市与农村、工业与农业之间要协调发展、共同进步，要通过改变二元经济社会结构，在市场经济体制下实现城乡社会一体化发展。城乡一体化更多的是作为一种长远奋斗的目标，它强调的是城乡融合的结果；城乡统筹发展则主要是一种工作思路、工作方法，是用统筹的思想来指导发展的实践，它强调的是一种过程。

**5. 怎样看待新阶段中国的可持续发展①：问题与政策取向？**

当前，中国进入一个发展的新阶段。所谓新阶段，就是按照三步走的发展战略，从

① 王梦奎. 新阶段的可持续发展［J］. 管理世界，2007（5）：1-6.

实现第二步战略目标，转到实施第三步战略部署。在这一阶段，中国经济继续保持较为强劲的发展势头。同时，随着经济体制的转型、社会结构的变迁，中国也逐渐步入了现代社会发展的高风险阶段。资源和环境的制约、发展不平衡、社会转型期的矛盾，以及国内体制和外部环境中的新问题，开始较为集中地显露出来。由此产生了这样的问题：中国的发展是可持续的吗？中国能够克服工业化和城市化进程中的重重困难和矛盾，比较顺利地实现现代化的目标吗？英国《金融时报》一篇文章——《中国经济：不可阻挡，却难以持续》，代表了国际上相当一部分人的看法，国内也有这样的疑虑。王梦奎从以下五个方面论述了新阶段我国可持续发展的基本政策取向。

一是以转变增长方式和优化结构减轻资源和环境的压力。中国经济发展受到资源和环境的制约，而国际社会对中国能否持续发展所关注的焦点，也大多集中在资源和环境问题上。因此，我们应该把推进增长方式转变、优化产业结构放在突出位置，更加注重技术进步和服务业特别是现代服务业的发展，在合理规划工业发展的同时，注意协调经济增长与节约资源、保护环境的关系，把握工业化和城市化的适当规模和进度，注重建设资源节约型社会，在规划、建设、生产、流通和消费各个领域杜绝浪费，厉行节约。

二是以协调发展战略缓解发展不平衡的矛盾。改革开放以来，全国各地区经济和城乡经济都有很大发展，特别是工业化和城市化得以快速推进。但是，地区差距和城乡差距总体上是扩大的趋势，城乡二元经济转型期的阶段性特征较为明显。国家区域政策可以发挥或者减缓某种因素的作用，但不能改变现阶段地区发展的基本格局。考虑到起相反作用的诸多因素，看来近期还难以形成地区差距稳定缩小的态势，需要实施更积极的协调发展战略，抑制差距继续扩大。

三是以全民共享改革发展成果促进社会和谐。社会矛盾归根到底是利益关系问题。而化解社会矛盾和实现社会和谐的基础，则是全体人民共享改革和发展的成果。需要强调的是，共享并不是平均主义，也不是劫富济贫，而是使各阶层人民的实际利益都能够随着改革和发展的进展而增加。只有这样，才能在全社会进一步扩大对于改革和发展的共识，调动全民参与的积极性。

四是全球化背景下的中国可持续发展。中国作为世界最大的发展中国家，近年来，全世界都强烈感觉到了其经济高速发展的影响。这是具有世界性影响的，不论是中国对世界，还是世界对中国，都有一个相互调整和适应的问题。在新形势下，要实施更加主动进取的开放战略，促进国内经济增长方式转变和产业结构优化升级。这是新阶段发展的需要，也是提高国际竞争力的根本途径。

五是关于制度建设。实现新阶段的可持续发展，需要通过改革和创新提供制度保障。新阶段改革举措取舍的标准，在于是否有利于实现科学发展与社会和谐。经济体制改革和其他领域的改革都要坚持这个标准。经济体制没有固定模式，经济发展没有“标准道路”。各种理论体系和知识构架，各种各样的“模式”，包括中国特色社会主义理论和中国发展模式，都是基于实践经验的创造。在新的发展阶段，在世界技术革命和经济全球化的时代，中国社会主义市场经济需要依靠体制创新而保持生机与活力。

**6. 如何正确认识“五大发展理念”与转变经济增长和发展方式？**

创新、协调、绿色、开放、共享“五大发展”理念，是马克思主义政治经济学时代化中国化的重要理论成果，极大地丰富了马克思主义发展观①。作为深刻变革中国发展全局的新理念，“五大发展理念”根植于中国发展的实际，是对推动经济增长和发展方式转变在新常态下“实现什么样的发展、怎样发展”问题的新回答，具有深刻丰富的内涵和内在关联。

（1）创新，是引领发展的第一动力。坚持创新发展，就是把创新摆在国家发展全局的核心位置，解决发展动力问题。就外延而言，从科技创新的单轮驱动到理论创新、制度创新、科技创新、文化创新的多轮驱动，创新的范围愈加广阔；从内涵来看，创新逐渐提高到发展第一动力的核心位置，成为“贯穿党和国家一切工作”的核心要素。坚持创新发展，必须把发展基点放在创新上，形成促进创新的体制架构，依靠创新驱动发展。

（2）协调，是经济社会持续健康发展的内在要求。坚持协调发展，旨在补齐发展短板，解决发展不平衡问题，重点促进城乡区域协调发展，促进经济社会协调发展，促进新型工业化、信息化、城镇化、农业现代化同步发展，在增强国家硬实力的同时注重提升国家软实力，不断增强发展的平衡性、包容性、整体性及其可持续性。

（3）绿色，是实现中华民族永续发展的必要条件。坚持绿色发展，必须匡正“唯GDP”式的粗放型发展，解决人与自然和谐问题。坚持节约资源和保护环境的基本国策，坚持可持续发展，坚定走生产发展、生活富裕、生态良好的文明发展道路，加快建设资源节约型、环境友好型社会，形成人与自然和谐发展现代化建设新格局。

（4）开放，是国家繁荣富强的必由之路。坚持开放发展，旨在发展更高层次的开放型经济，解决发展内外联动问题。积极参与全球经济治理和公共产品供给，增加我国在全球经济治理中的制度性话语权，构建广泛的利益共同体。开放发展是中国基于改革开放成功经验的历史总结，也是拓展经济发展空间、提升开放型经济发展水平的必然要求。

（5）共享，是全面建成小康社会的必然结果。坚持共享发展，旨在增进人民福祉，增强获得感，解决社会公平正义问题。坚持发展为了人民、发展依靠人民、发展成果由人民共享，坚定不移地走共同富裕的道路，这是社会主义的本质要求，是社会主义制度优越性的集中体现，是全面建成小康社会、加快社会主义改革开放和现代化建设步伐的根本目的。可以说，创新、协调、绿色、开放是发展的手段，而共享则是发展的最终目的。这一价值取向和目的指引应当牢牢把握，不可丝毫偏废。

---

① 马克思主义发展观认为，生产力是社会发展的最终决定力量，社会发展是社会诸领域全面协调的发展，而人的全面和自由发展则是社会发展的最高目标。

五大发展理念相互贯通、相互促进，是具有内在联系的集合体。创新发展，注重的是更高质量、更高效益。坚持创新发展，将使一国、一地区的发展更加均衡、更加环保、更加优化、更加包容。也就是说，创新发展对协调发展、绿色发展、开放发展、共享发展具有很强的推动作用。协调发展，注重的是更加均衡、更加全面。坚持协调发展，将显著推进绿色发展和共享发展进程。

绿色发展，注重的是更加环保、更加和谐。实现绿色发展，需要不断地技术创新和理念创新。同时，绿色发展将显著提高人们的生活质量，使共享发展成为有质量的发展。开放发展，注重的是更加优化、更加融入。开放发展，将使发展更加注重创新，更加重视生态文明的影响，更加有利于实现共享发展。共享发展，注重的是更加公平、更加正义，是坚持其他四种发展的出发点和落脚点。坚持共享发展，将为其他四种发展提供伦理支持和治理动力。五大发展理念缺一不可。

概言之，创新、协调、绿色、开放、共享的发展理念，将经济增长和发展的动力、要求、条件、路径和目的相互贯通、相辅相成，其深刻的内在联系更好地体现了发展理念内蕴的系统性、科学性和引领性的思想特质，指引着我国实现更高质量、更有效率、更加公平、更可持续的发展。深刻认识、全面贯彻五大发展新理念，对切实转变经济增长和发展方式，推动全面建成小康社会乃至实现中华民族的伟大复兴，都具有重大现实意义和深远历史意义。